主编简介

邓纯东 男，中国社会科学院“马骨干”博士生导师。现任十三届全国政协社会和法制委员会委员，中国社会科学院马克思主义研究院党委书记、院长。主持国家重点课题多项。在《人民日报》《求是》等报刊发表理论文章多篇。主编《中国特色社会主义理论研究》《中国梦与中国特色社会主义研究》《马克思主义中国化最新成果研究报告》等图书多部。

中国社会科学院
马克思主义理论学科建设与
理论研究工程项目

治国理政思想专题研究文库

创新发展思想研究

邓纯东　主编

ChuangXin FaZhan
SiXiang
YanJiu

人民日报出版社

图书在版编目（CIP）数据

创新发展思想研究 / 邓纯东主编 .—北京：人民日报出版社，2018. 1
ISBN 978 - 7 - 5115 - 5233 - 4

Ⅰ. ①创… Ⅱ. ①邓… Ⅲ. ①中国经济—经济发展—文集 Ⅳ. ①F124 - 53

中国版本图书馆 CIP 数据核字（2018）第 005586 号

书　　名：创新发展思想研究
主　　编：邓纯东

出 版 人：董　伟
责任编辑：周海燕　孙　祺
装帧设计：中联学林

出版发行：人民日报出版社
社　　址：北京金台西路 2 号
邮政编码：100733
发行热线：（010）65369509　65369846　65363528　65369512
邮购热线：（010）65369530　65363527
编辑热线：（010）65369518
网　　址：www. peopledailypress. com
经　　销：新华书店
印　　刷：三河市华东印刷有限公司

开　　本：710mm × 1000mm　1/16
字　　数：269 千字
印　　张：15
印　　次：2019 年 1 月第 1 版　　2019 年 1 月第 1 次印刷

书　　号：ISBN 978 - 7 - 5115 - 5233 - 4
定　　价：68. 00 元

编者说明

中国共产党是高度重视理论指导、不断推进马克思主义中国化、善于进行理论创新的党。同时，我们党重视对马克思主义理论的学习和研究工作，重视用马克思主义中国化最新理论成果武装全党和教育人民，推进马克思主义大众化。

党的十八大以来，以习近平同志为核心的党中央坚持以马克思列宁主义、毛泽东思想、邓小平理论、"三个代表"重要思想、科学发展观为指导，坚持解放思想、实事求是、与时俱进、求真务实，坚持辩证唯物主义和历史唯物主义，紧密结合新时代条件和实践要求，以巨大的政治勇气和强烈的责任担当，对经济、政治、法治、科技、文化、教育、民生、民族、宗教、社会、生态文明、国家安全、国防和军队、"一国两制"和祖国统一、统一战线、外交、党的建设等各方面都做出了理论上的回答，以全新的视野深化对共产党执政规律、社会主义建设规律、人类社会发展规律的认识，进行艰辛理论探索，取得重大理论创新成果，提出一系列治国理政新理念新思想新战略。

围绕习近平总书记关于系列治国理政新理念新思想新战略的相关论述，学术界理论界发表了非常多的高质量的阐释性、研究性文章。为了更好地配合学习、研究和宣传习近平系列重要讲话精神，为了更好地推进和加强对习近平关于治国理政思想的研究，中国社会科学院马克思主义理论学科建设与理论研究工程决定编辑出版这套《治国理政思想专题研究文库》。文库从丰富的治国理政思想中撷取二十个方面的重要思想，分二十专题编辑出版。包括：《中国梦思想研究》《创新发展思想研究》《协调发展思想研究》《绿色发展思想研究》《开放发展思想研究》《共享发展思想研究》《意识形态工作思想研究》《经济建设思想研究》《文化建设思想研究》《生态文明建设思想研究》《人类命运共同体思想研究》等。文库采集的论文来自党的十八大至党的十九大期间，在重要报刊上发表的部分理论和学术文章。

限于篇幅,不能把所有的高质量文章收入;基于编者水平,可能会遗漏一些高质量文章。另外,在编辑出版过程中对个别文章的标题和内容有所改动。在选编工作中难免出现错误与不妥之处,敬请作者与读者一一谅解与指正。

2017 年 10 月

目　录
CONTENTS

治国理政新理念新思想新战略是马克思主义中国化的最新理论成果*

鲜明主题是坚持和发展中国特色社会主义。治国理政新理念新思想新战略紧紧围绕着坚持和发展中国特色社会主义这个主题而形成。深入研究和贯彻落实治国理政新理念新思想新战略,首要的就是要坚持和发展中国特色社会主义。

宏伟目标是实现中华民族伟大复兴中国梦。习近平总书记确立起来的民族复兴中国梦的宏伟目标,实现了共产主义远大理想和中国特色社会主义共同理想的有机统一,成为当今中国发展进步的高昂旋律、思想引领和精神旗帜。

战略布局是统筹推进经济、政治、文化、社会和生态建设,协调推进全面建成小康社会、全面深化改革、全面依法治国、全面从严治党。“五位一体”总体布局和“四个全面”战略布局相辅相成、相互贯通、相得益彰,为坚持和发展中国特色社会主义开创了新领域、新局面、新境界。

发展理念是创新、协调、绿色、开放、共享。“五大发展理念”创造性地回答了新形势下我们要实现什么样的发展、如何实现发展的重大问题,是对马克思主义发展理论的丰富和发展。

政治保证是党要管党、从严治党。以习近平同志为核心的党中央聚焦全面从严治党重大问题,就新形势下加强党的建设做出新的重大部署,开启了全面从严治党的新局面。

党的十八大以来,以习近平同志为核心的党中央形成了一系列治国理政新理念新思想新战略,集中体现在习近平总书记系列重要讲话中,这是马克思主义中国化的最新理论成果,是我们进行具有许多新的历史特点的伟大斗争的科学指南。治国理政新理念新思想新战略是我们党团结和带领全国各族人民,在观察、分析和判断国内外复杂形势,顺应历史和时代潮流,科学把握发展规律的基础上逐步形成和发展的,具有广阔的历史视野、丰富的理论内涵和根本性的指导意义。

---

* 本文作者:王伟光,中国社会科学院院长、党组书记。

深入学习、研究、宣传、贯彻习近平总书记系列重要讲话精神和治国理政新理念新思想新战略,是全党的重要政治任务,也是哲学社会科学界的重要学术使命。

一、坚持和发展马克思主义是治国理政新理念新思想新战略的根本灵魂

习近平总书记始终强调坚持马克思主义指导地位,坚持马克思主义根本方向,不断推进马克思主义中国化、时代化和大众化。坚持和发展马克思主义是贯穿治国理政新理念新思想新战略的根本灵魂。宣传研究和贯彻落实治国理政新理念新思想新战略,必须深刻领会坚持和发展马克思主义的重大意义。

第一,始终坚持以马克思主义为指导。马克思主义尽管诞生在一个半多世纪之前,但历史和现实都证明它是科学的真理,迄今依然有着强大生命力。邓小平同志指出:“我坚信,世界上赞成马克思主义的人会多起来的,因为马克思主义是科学。”对马克思主义的信仰,对社会主义和共产主义的信念,是共产党人的政治灵魂,是共产党人经受住任何考验的精神支柱。我们党从诞生之日起就把马克思列宁主义写在自己的旗帜上,不断巩固马克思主义在意识形态领域的指导地位,巩固全党全国人民团结奋斗的共同思想基础。

纵观中国革命、建设和改革开放各个历史时期,我们党始终坚持把马克思主义基本原理同中国具体实际相结合,运用马克思主义立场、观点和方法分析和解决中国的理论和实践问题,从而推动党和人民事业取得一个又一个胜利。马克思主义最善于从纷繁复杂的现象中抓住问题的本质,最善于从错综复杂的关系中理清关节点,最善于从聚讼纷纭的思潮中获得科学的真知。中国今日成功的经验,就在于我们党实际运用马克思主义这一“伟大的认识工具”,在于我们党无论处于顺境还是逆境,从未动摇过对马克思主义的信仰。学习领会、研究宣传和贯彻落实治国理政新理念新思想新战略,必须深刻领会贯穿其中的马克思主义立场、观点和方法,必须始终坚持马克思主义指导地位和正确的政治方向,不断把党和人民的各项事业推向新的胜利。

第二,始终坚持创新和发展马克思主义。马克思主义具有与时俱进的理论品质,必然随着时代、实践和科学的发展而不断发展,不可能一成不变。恩格斯早就说过:“马克思的整个世界观不是教义,而是方法。它提供的不是现成的教条,而是进一步研究的出发点和提供这种研究使用的方法。”任何封闭、僵化、教条式地对待马克思主义的态度,都会抽掉马克思主义活的灵魂,都是不可取的。实践发展永无止境,理论发展也永无止境,我们必须把坚持马克思主义和发展马克思主义统一起来,根据新的实践不断推进理论创新。

马克思在《德意志意识形态》中谈到,“一切划时代的体系的真正的内容都是

由于产生这些体系的那个时期的需要而形成起来的。”一部马克思主义的历史，就是马克思主义创始人及其后继者对已经变化了的实践进行新的理论概括，又用创新理论指导发展了的实践的历史。马克思主义永葆生机活力的奥秘就在于它同现实紧密结合，不断在实践中解决新问题，提出新观点，形成新理论。习近平总书记指出，“实践发展永无止境，我们认识真理、进行理论创新就永无止境。今天，时代变化和我国发展的广度和深度远远超出了马克思主义经典作家当时的想象。同时，我国社会主义只有几十年实践、还处在初级阶段，事业越发展新情况新问题就越多，也就越需要我们在实践上大胆探索、在理论上不断突破。”

马克思主义进入中国，既引发了中华文明深刻变革，也经过了一个逐步实现中国化的过程。中国共产党人根据马克思主义基本原理，对中国革命、建设、改革实践中的一系列独创性经验进行理论概括，实现了马克思主义中国化的两次历史性飞跃，形成了毛泽东思想和中国特色社会主义理论体系两大理论成果。这两大理论成果不仅对中国革命和建设发挥了巨大的指导作用，而且为世界社会主义运动和共产主义运动增添了宝贵的财富。

历史的车轮滚滚向前，中国共产党领导的伟大历史实践进入到新的发展阶段，正在进行许多具有新的历史特点的伟大斗争。习近平总书记指出：“坚持不忘初心、继续前进，就要坚持马克思主义的指导地位，坚持把马克思主义基本原理同当代中国实际和时代特点紧密结合起来，推进理论创新、实践创新，不断把马克思主义中国化推向前进。”中国经过 30 多年的改革开放，社会生产力、国家综合国力和人民生活水平得到极大提升，但时代和社会在不断发生变化，我们面临的风险和难题也发生了重大变化。执政环境不会一成不变，治国理政需要与时俱进。越是在纷繁复杂的形势下，越是需要我们不断增强理论定力和理论自信，推动社会发展稳步向前。以习近平同志为核心的党中央，直面当代中国和世界的重大问题，运用历史唯物主义和辩证唯物主义的世界观方法论，对发展方位有新判断、对发展路径有新思考、对发展目标有新部署，在变与不变中把握住了治国理政的根本和关键。在这一过程中形成、发展和不断完善的治国理政新理念新思想新战略，是马克思主义中国化的最新理论成果，是指导处于新历史起点和新发展阶段的当代中国实践的科学指南。

二、治国理政新理念新思想新战略具有鲜明主题、宏伟目标、战略布局和政治保证

治国理政新理念新思想新战略涉及改革发展稳定、内政外交国防、治党治国治军等各个方面，具有鲜明主题、宏伟目标、战略布局和政治保证，是一个系统的、

科学的理论体系。

第一，鲜明主题是坚持和发展中国特色社会主义。改革开放以来，我们的社会主义制度不断自我完善，中国特色社会主义道路在世界历史舞台上越走越宽广，中国特色社会主义建设取得了巨大的成果。实践表明，只有坚持和发展中国特色社会主义，才能实现中华民族的伟大复兴。习近平总书记深刻指出，"中国特色社会主义，是科学社会主义理论逻辑和中国社会发展历史逻辑的辩证统一，是根植于中国大地、反映中国人民意愿、适应中国和时代发展进步要求的科学社会主义，是全面建成小康社会、加快推进社会主义现代化、实现中华民族伟大复兴的必由之路。"治国理政新理念新思想新战略紧紧围绕着坚持和发展中国特色社会主义这个主题而形成。深入研究和贯彻落实治国理政新理念新思想新战略，首要的就是要坚持和发展中国特色社会主义。

第二，宏伟目标是实现中华民族伟大复兴中国梦。习近平总书记系统阐释了中国梦的重大意义、历史逻辑、基本内涵、精神实质、实现路径，揭示了中华民族的历史命运和当代中国的发展走向，体现了中华民族实现民族独立、民族自强的伟大觉醒，抒发了我们党以人为本、执政为民的豪情壮志，丰富了中国特色社会主义的科学内涵，为深入推进中国特色社会主义伟大事业指明了方向。习近平总书记确立起来的民族复兴中国梦的宏伟目标，实现了共产主义远大理想和中国特色社会主义共同理想的有机统一，成为当今中国发展进步的高昂旋律、思想引领和精神旗帜。

第三，战略布局是统筹推进经济、政治、文化、社会和生态建设，协调推进全面建成小康社会、全面深化改革、全面依法治国、全面从严治党。习近平总书记强调，"坚持不忘初心、继续前进，就要统筹推进'五位一体'总体布局，协调推进'四个全面'战略布局。"习近平总书记创造性地把生态文明建设与经济建设、政治建设、文化建设、社会建设并列在一起，形成了中国特色社会主义事业"五位一体"总体布局。经济建设是根本，政治建设是保证，文化建设是灵魂，社会建设是条件，生态文明建设是基础，相互协调、相互促进，构成一个有机整体。"五位一体"总体布局的提出，标志着我们党对中国特色社会主义规律的认识达到了新的高度，为实现"两个一百年"奋斗目标、实现中华民族伟大复兴中国梦进行了顶层设计。习近平总书记从坚持和发展中国特色社会主义全局出发，立足中国实际、总结中国经验、针对中国难题，提出了"四个全面"作为新的历史条件下党和国家各项工作的战略布局。全面建成小康社会是重大战略目标，全面深化改革、全面依法治国、全面从严治党是重大战略举措，为如期实现全面建成小康社会提供重要保障，"四个全面"相互之间密切联系，有机统一，共同支撑起中国特色社会主义事业全局。

"五位一体"总体布局和"四个全面"战略布局相辅相成、相互贯通、相得益彰,为坚持和发展中国特色社会主义开创了新领域、新局面、新境界。

第四,发展理念是创新、协调、绿色、开放、共享。"五大发展理念"创造性地回答了新形势下我们要实现什么样的发展、如何实现发展的重大问题,是对马克思主义发展理论的丰富和发展。习近平总书记指出,"发展理念是发展行动的先导,是管全局、管根本、管方向、管长远的东西。发展理念搞对了,目标任务就好定了,政策举措也就跟着好定了。""五大发展理念"适应了时代发展和实践深化的新要求,凝结了我们党对经济社会发展规律的深刻认识,是我国当前及未来一段时间内破解发展难题、增强发展动力、厚植发展优势的行动指南,也为世界发展贡献了中国智慧、中国方案。"五大发展理念"中,创新是引领发展的第一动力,协调是持续健康发展的内在要求,绿色是永续发展的必要条件和人民对美好生活追求的重要体现,开放是国家繁荣发展的必由之路,共享是中国特色社会主义的本质要求。这"五大发展理念"既各有侧重又相互支撑,作为统领我国经济社会发展的总纲要和大逻辑,统一于中国特色社会主义伟大实践之中,统一于实现"两个一百年"奋斗目标和民族复兴中国梦的历史进程之中。

第五,政治保证是党要管党、从严治党。党的建设理论在治国理政新理念新思想新战略中占有重要地位,全面从严治党为坚持和发展中国特色社会主义提供了政治保证。习近平总书记关于党的建设提出了一系列重要论断,进一步强调了党在中国特色社会主义各项事业中总揽全局、协调各方的领导核心作用,回击了对中国特色社会主义的各种质疑,提出了"确保党始终成为中国特色社会主义事业的坚强领导核心"是党的建设的根本目标。以习近平同志为核心的党中央聚焦全面从严治党重大问题,就新形势下加强党的建设做出新的重大部署,开启了全面从严治党的新局面。必须以改革创新精神全面推进党的建设新的伟大工程,始终保持"打铁还需自身硬"的政治清醒,切实增强党要管党、从严治党的坚定性,保持自我净化、自我完善、自我革新、自我提高的政治自觉,始终保持党的先进、纯洁的政治品质,为坚持和发展中国特色社会主义提供坚如磐石的政治保证。

三、深入学习研究宣传落实治国理政新理念新思想新战略是哲学社会科学界的重要使命

深入学习研究和贯彻落实治国理政新理念新思想新战略,是推进中国特色哲学社会科学繁荣发展的重要着力点,也是哲学社会科学界的神圣职责和光荣使命。哲学社会科学工作者一定要以马克思主义为指导,学习贯彻落实习近平总书记关于哲学社会科学的重要讲话,加快构建中国特色哲学社会科学,繁荣发展哲

学社会科学,为中国特色社会主义服务。

一是要坚持正确的政治方向,确保马克思主义在哲学社会科学领域的指导地位。坚持以马克思主义为指导,是当代中国哲学社会科学区别于其他哲学社会科学的根本标志。回顾当代中国学术发展史可以发现,许多研究领域的大家大师,正是由于坚定地信仰马克思主义并将它实际地应用到研究中,找到了指导研究的科学世界观和方法论,才取得了辉煌的学术成就。今天的哲学社会科学工作者,肩负着建设中国特色哲学社会科学的历史使命,这就要求我们始终坚持马克思主义的指导地位,深入学习马克思主义中国化的最新理论成果,做到真学、真懂、真信、真用,真正树立马克思主义世界观,掌握马克思主义方法论,不断提高用马克思主义指导工作的能力,学会运用马克思主义指导科学研究,做出更多有创造性的科研成果。

二是要尊重人民主体地位,坚持为人民做学问的学术导向。哲学社会科学事业是党和人民的重要事业,哲学社会科学战线是党和人民的重要战线。繁荣发展哲学社会科学,要求我们哲学社会科学工作者,首先要解决好哲学社会科学为什么人的问题。为什么人的问题是哲学社会科学研究的根本性、原则性问题。说到底,就是要解决哲学社会科学工作者为什么人从事学术研究的问题、为谁服务的问题。人民群众是人类社会发展的决定性力量,是历史的真正创造者和真正的英雄。我国哲学社会科学事业是党领导的中国特色社会主义事业的有机组成部分,从根本上说是人民的事业,是为人民利益服务的事业。广大哲学社会科学工作者要牢固树立人民至上的价值观、人民是真正英雄的历史观,坚持为人民群众做学问,反映人民群众心声,为人民群众谋利益,努力多出经得起实践、人民、历史检验的研究成果。

三是要强化问题意识,深入研究和回答时代提出的重大理论和实践问题。马克思曾指出,“问题就是时代的口号,是它表现自己精神状态的最实际的呼声。”哲学社会科学研究,要面对现实,要体现到研究我国发展和我们党执政面临的重大理论和实践问题上来,落实到提出问题、解决问题的正确思路和有效办法上来。问题是创新的起点,也是创新的动力源。哲学社会科学从来都是在对重大理论和实践问题的深入分析和探索中不断前进的。只有准确把握、科学回答这些重大问题,才能把思想理论向前推进一步,进而把整个社会向前推进一步。面对处在复杂变化中的中国与世界,哲学社会科学界要清醒地认识世情、国情、党情的变与不变,根据时代发展和实践要求,运用马克思主义世界观、方法论,善于发现问题、提出问题、研究问题、回答问题,以高质量的科研成果,集聚发展的正能量,更好地为党和国家决策服务。

四是要坚定文化自信，增强全党全国各族人民的精神力量。文化自信是一个国家、一个民族、一个政党对自身在文化价值层面所拥有的力量的坚强信心和充分肯定。在习近平总书记治国理政新理念新思想新战略中，“文化自信”的地位日益凸显，它是继道路自信、理论自信和制度自信之后，中国特色社会主义的“第四个自信”，并且是更基础、更广泛、更深厚的自信，融入治国理政的方方面面当中，为实现中华民族伟大复兴提供着更基本、更深沉、更持久的力量。习近平总书记强调，在5000多年文明发展中孕育的中华优秀传统文化，在党和人民伟大斗争中孕育的革命文化和社会主义先进文化，积淀着中华民族最深层的精神追求，代表着中华民族独特的精神标识。文化自信鲜明地体现在三个方面，即中华优秀传统文化、革命文化和社会主义先进文化。尤其是中国共产党和中国人民在革命、建设和改革各个历史时期，形成了以马克思主义为指导的优秀革命文化和先进社会主义文化，从井冈山精神、长征精神，到延安精神，再到西柏坡精神；从雷锋精神、焦裕禄精神，到两弹一星精神，再到抗震救灾精神等等，无不融入中国人民的血液之中，构成了一种以革命精神和改革精神为底色的新的文化传统，它同样是中华民族最为独特的精神标识。中国共产党人在对待传统文化方面，不是历史虚无主义者，也不是文化虚无主义者。哲学社会科学工作者应当通过艰苦的研究，成为中华优秀文化的传承者和弘扬者，不断促使中华民族最基本的文化基因与当代文化相适应、与现代社会相协调。

五是要创新哲学社会科学研究，构建中国特色哲学社会科学和中国特色新型智库。在深刻把握当今时代、当代中国新形势新实践新需要基础上，习近平总书记提出了加快构建中国特色哲学社会科学的战略任务和加强中国特色新型智库建设的重要任务。构建中国特色哲学社会科学，要在指导思想、学科体系、学术体系、话语体系等方面充分体现中国特色、中国风格、中国气派，充分体现继承性、民族性，原创性、时代性以及系统性、专业性。这是以习近平同志为核心的党中央，赋予哲学社会科学界最为直接也最为重要的发展任务。中国特色新型智库建设，是哲学社会科学界贯彻落实治国理政新理念新思想新战略的重要举措。要正确把握中国特色哲学社会科学研究与中国特色新型智库建设的辩证关系，把个人学术活动与党和国家的需要高度统一起来，坚持理论联系实际，强化问题意识，大胆创新研究，积极建言献策，为推动科学决策、民主决策，推进国家治理体系和治理能力现代化，增强国家软实力提供智力支持。

六是要加强党的意识形态工作，对各种错误思潮敢于举旗亮剑。当今中国，社会思想观念和价值取向日趋活跃，主流话语和非主流话语同时并存，先进观念和落后观念相互交织，各种学术思潮相互激荡。这就需要哲学社会科学界坚持正确的政治方向和学术导向，不断巩固马克思主义在意识形态领域的指导地位，巩固全党全国各族人民团结奋斗的共同思想基础。“祛其疑，乃能坚其信，指其瑕，益以见其美。”我国广大哲学社会科学工作者，必须自觉接受马克思主义指导，把正确的政治方向和学术导向统一起来，寓政治于学术之中，寓马克思主义道理于学理之中。对各种错误思潮，要加强辨析和引导，敢于发声亮剑，善于解疑释惑，以学术的方式、学理的方式，进行有理、有据、有力的剖析和批驳。

习近平总书记强调，当代中国正经历着我国历史上最为广泛而深刻的社会变革，也正在进行着人类历史上最为宏大而独特的实践创新。这种前无古人的伟大实践，必将给理论创造、学术繁荣提供强大动力和广阔空间。这是一个需要理论而且一定能够产生理论的时代，这是一个需要思想而且一定能够产生思想的时代。中国哲学社会科学界应当自觉承担起自身的历史使命，掌握马克思主义基本立场、观点、方法，将其转化为坚定的政治信念、科学的思维方法、清醒的理论自觉、强大的文化自信，贯穿到认识世界和改造世界的全过程中，为中国特色社会主义伟大事业贡献强大的精神动力和智力支持。

（本文是作者2016年11月5日在第十届中国社会科学前沿论坛上的书面讲话）

（原载于《中国社会科学报》2016年11月14日）

创新发展的四大维度*

党的十八届五中全会通过的《中共中央关于制定国民经济和社会发展第十三个五年规划的建议》提出“创新是引领发展的第一动力。必须把创新摆在国家发展全局的核心位置,不断推进理论创新、制度创新、科技创新、文化创新等各方面创新,让创新贯穿党和国家一切工作,让创新在全社会蔚然成风。”这一论述不仅阐明了创新发展在中国发展全局中的关键作用,而且提出了理论创新、制度创新、科技创新、文化创新等方面的创新要求。把握创新发展的基本要义,离不开这四个方面的内容。

一、理论创新:创新发展的先导

中国的创新发展不是自发、盲目进行的,需要正确的理论指导,更需要理论创新的牵引。改革开放38年来,我们党不断推进理论创新,为国家的创新发展提供了深厚的思想基础。

1. 理论创新不断解放着我们的思想,为创新发展提供了广阔的思维空间。解放思想是一个党、一个国家、一个民族兴旺发达的前提,也是创新发展的基本前提。正如邓小平指出的那样:不解放思想,不实事求是,不从实际出发,理论与实际不相结合,不可能有现在的一套方针、政策,不可能把人民的积极性统统调动起来,也就不可能搞好现代化建设,显示出社会主义制度的优越性。邓小平连用了“三个不可能”强调解放思想的重要性。什么是解放思想?解放思想就是要求我们的思想认识符合客观实际,冲破落后的传统观念和主观偏见的束缚,改变因循守旧、不接受新事物的精神状态。解放思想就是要求我们用辩证唯物主义和历史唯物主义的世界观、方法论去分析和解决问题,使思想适应发展变化的新形势。解放思想的过程本身就是观念创新的过程。2001年7月1日,在庆祝中国共产党成立80周年大会上的讲话中,江泽民指出:“马克思主义的发展史充分说明:解放

---

* 本文作者:辛向阳,中国社会科学院马克思主义研究院。

思想、实事求是,是引导社会前进的强大力量。社会实践是不断发展的,我们的思想认识也应不断前进,应勇于和善于根据实践的要求进行创新。要坚持实践是检验真理的唯一标准,在党的基本理论指导下,一切从实际出发,自觉地把思想认识从那些不合时宜的观念、做法和体制中解放出来,从对马克思主义的错误的和教条式的理解中解放出来,从主观主义和形而上学的桎梏中解放出来。"①没有理论创新和思想解放,各种束缚我们发展的旧框框无法打破,创新发展就是一句空话。正因为如此,习近平在 2013 年 11 月 12 日党的十八届三中全会第二次全体会议上的讲话中明确指出:"没有解放思想,我们党就不可能在十年动乱结束不久作出把党和国家工作中心转移到经济建设上来、实行改革开放的历史性决策,开启我国发展的历史新时期;没有解放思想,我们党就不可能在实践中不断推进理论创新和实践创新,有效化解前进道路上的各种风险挑战,把改革开放不断推向前进,始终走在时代前列。"②可以说,我们所有的创新都是以解放思想为前提的。

2. 中国特色社会主义理论体系始终高度重视创新在国家发展中的战略地位。进入改革开放新时期,我们党不断推进马克思主义中国化的进程,产生了第二次飞跃的理论成果即中国特色社会主义理论体系。这一体系始终把创新放在突出的位置来考虑。第一,中国特色社会主义理论体系强调"科学技术是第一生产力"。1988 年,邓小平根据我国革命与建设的实践经验以及当代科学技术发展的新形势和新特点,提出了"科学技术是第一生产力"的科学论断,这为我国科技发展奠定了重要的理论基础。邓小平还指出,"中国必须发展自己的高科技,在世界高科技领域占有一席之地。如果 60 年代以来中国没有原子弹、氢弹,没有发射卫星,中国就不能叫有重要影响力的大国,就没有现在这样的国际地位。这些地位反映一个民族的能力,也是一个民族、一个国家兴旺发达的标志。"③第二,科学的本质就是创新,无论是自然科学,还是哲学社会科学都是如此'创新是一个民族进步的灵魂,是一个国家兴旺发达的不竭动力。"④这是"三个代表"重要思想的一个科学论断。全部人类历史,就是一个不断创新、不断进步的过程。没有创新,就没有人类的进步,就没有人类的未来。当代科学技术的发展,更加雄辩地证明了这一点。第三,知识创新成为国家竞争力的核心要素,知识生产和消费成为经济发展、社会进步乃至人的全面发展的重要方式。创新会不断创造新的知识资源和知

① 《江泽民文选》第 3 卷,人民出版社 2006 年版,第 284 页。

② 习近平:《切实把思想统一到党的十八届三中全会精神上来》,《求是》2014 年第 1 期。

③ 《邓小平文选》第 3 卷,第 279 页。

④ 《江泽民文选》第 3 卷,人民出版社 2006 年版,第 103 页。

识需求,创造新的供给,创造以知识为基础的新工艺、新服务、新产业、新市场,推动创造更多更好的社会财富,为促进社会发展提供物质基础。当今世界,科学技术作为第一生产力的作用日益突出,科学技术作为人类文明进步的基石和原动力的作用日益凸显,科学技术比历史上任何时期都更加深刻地决定着经济发展、社会进步、人民幸福。"①第四,创新始终是推动一个国家、一个民族向前发展的重要力量,也是推动整个人类社会向前发展的重要力量。习近平在2013年10月21日欧美同学会成立一百周年庆祝大会上的讲话中指出:"创新是一个民族进步的灵魂,是一个国家兴旺发达的不竭动力,也是中华民族最深沉的民族禀赋。在激烈的国际竞争中,惟创新者进,惟创新者强,惟创新者胜。"②这些重要观点为创新发展提供了丰富的思想营养。

3. 中国特色社会主义理论体系的思想创新为创新发展提供正确的引导。我们的理论创新不仅仅停留在观念上,而是不断地转化为实践创新。对市场经济的科学认识指导我们建立和完善了社会主义市场经济体制。1992年,党的十四大报告提出了建立社会主义市场经济体制的目标。这是一个重大理论突破,对中国改革开放和经济社会发展发挥了极为重要的作用。江泽民曾在1993年7月明确指出:"建立和完善社会主义市场经济体制,是一个复杂的社会系统工程,是一个史无前例的伟大创造,需要从理论和实践上进行许多艰辛的探索……"③习近平也明确指出:"提出建立社会主义市场经济体制的改革目标,这是我们党在建设中国特色社会主义进程中的一个重大理论和实践创新,解决了世界上其他社会主义国家长期没有解决的一个重大问题。"④这一理论创新使我国成功实现了从高度集中的计划经济体制到充满活力的社会主义市场经济体制、从封闭半封闭到全方位开放的伟大历史转折,实现了人民生活从温饱到总体小康再到全面小康的历史性跨越,实现了经济总量从位列世界第十跃居世界第二的巨大飞跃,极大调动了亿万人民的积极性和创造性,极大促进了生产力发展和社会进步,极大增强了党和国家的生机活力。党的十一届三中全会以来,中国共产党把马克思主义政治经济学基本原理同改革开放新的实践结合起来,不断丰富和发展马克思主义政治经济学,形成了当代中国马克思主义政治经济学的许多重要理论成果,例如,关于社会主义本质的理论,关于树立和落实创新、协调、绿色、开放、共享的发展理念的理论

---

① 《十七大以来重要文献选编》中,中央文献出版社2011年版,第746页。

② 中共中央文献研究室编:《习近平关于科技创新论述摘编》,中央文献出版社2016年版,第3页。

③ 江泽民:《论社会主义市场经济》,中央文献出版社2006年版,第101页。

④ 习近平:《切实把思想统一到党的十八届三中全会精神上来》,《求是》2014年第1期。

等。正是这些理论创新推动了中国经济社会大踏步地发展,而且还在继续深刻影响着中国发展的全局。

二、制度创新:创新发展的基础

创新发展是以制度为基础的,没有完善的制度作为依托,任何创新都是不可能持续进行的。我们的创新发展始终建立在中国特色社会主义制度之上,依靠制度的优越性,推动创新持续健康发展。

1. 社会主义制度集中力量办大事的优势使科技创新跃上一个又一个台阶。习近平总书记反复强调,中国特色社会主义制度是中国发展进步的根本制度保障,也是推动科学技术创新的保障。2013 年 7 月 17 日,在中国科学院考察工作时,习近平指出:“长期以来,我国科技事业快速发展,取得举世瞩目的成就。为什么会成功? 我看,最重要的经验有三条。”第一条就是“发挥社会主义制度的优越性,集中力量办大事,抓重大、抓尖端、抓基本”。① 在 2014 年 6 月 9 日两院院士大会上的讲话中,习近平再次指出:“在推进科技体制改革的过程中,我们要注意一个问题,就是我国社会主义制度能够集中力量办大事是我们成就事业的重要法宝。我国很多重大科技成果都是依靠这个法宝搞出来的,千万不能丢了!”②社会主义制度能够集中力量办大事的政治优势使我们能够做到全国一盘棋,统一规划、统一调度、统一安排。这也是中国科技创新的重要组织方式。利用这种组织方式,20 世纪五六十年代,在物质技术基础薄弱、经济困难、帝国主义封锁的艰难条件下,在较短时间内,我们取得了以“两弹一星”的研制成功、大庆油田的勘探和开发等为代表的辉煌科技成就。1967 年 5 月 23 日,我国启动了“523”项目,动员全国 60 多个单位的 500 名科研人员,寻找新的抗疟疾的药物。1972 年 3 月,屠呦呦在南京召开的“523”项目工作会议上报告了实验结果;1973 年初,北京中药研究所拿到青蒿结晶。屠呦呦在 43 年后获得 2015 年诺贝尔生理学或医学奖。改革开放 38 年来,我们利用社会主义制度优势实现了多方面的创新。2007 年,中国大地上还没有一公里高速铁路,但截至 2015 年底,中国高铁运营总里程达到 1.6 万公里,达到世界高铁总里程近 60% 。实现这一奇迹,靠社会主义制度。2008 年 2 月 26 日,科技部和铁道部共同签署了《中国高速列车自主创新联合行动计划》。

① 中共中央文献研究室编:《习近平关于科技创新论述摘编》,中央文献出版社 2016 年版,第 38 页。

② 中共中央文献研究室编:《习近平关于科技创新论述摘编》,中央文献出版社 2016 年版,第 48 页。

国家为此专门成立了领导小组,铁道部部长和科技部部长任组长。又成立了协调组织整个计划的联合办公室—'226 办公室",共负责协调 20 多个项目。承担这些研究项目的机构包括 25 所大学、11 个科研院所和 51 家国家级实验室和研究中心,包括 60 多名院士、700 多名教授和研究员,技术人员上万名。这种制度优势使我们能够克服创新过程中一个又一个难题。

2. 不断完善的社会主义初级阶段基本经济制度为大众创业、万众创新提供了巨大空间。公有制为主体、多种所有制经济共同发展,是中国社会主义初级阶段的一项基本经济制度。这一制度的确立,极大地推动了市场主体的创新发展。党的十八届三中全会指出:公有制为主体、多种所有制经济共同发展的基本经济制度,是中国特色社会主义制度的重要支柱,也是社会主义市场经济体制的根基。此次会议还提出“国有资本、集体资本、非公有资本等交叉持股、相互融合的混合所有制经济,是基本经济制度的重要实现形式,有利于国有资本放大功能、保值增值、提高竞争力,有利于各种所有制资本取长补短、相互促进、共同发展。”①社会主义初级阶段基本经济制度的完善和发展正在催生一波又一波的创业浪潮。2016 年 2 月 22 日,在国务院新闻办公室就深化商事制度改革、推动经济社会发展等方面情况举行的新闻发布会上,时任国家工商行政管理总局局长张茅讲道:“2015 年,全国新增的市场主体是 1479. 8 万户,增长 14. 5% ,其中企业 433. 9 万户,比上年增长 21. 6% 。”②基本经济制度所包含的所有制结构既是平等的结构,又是效率的结构:毫不动摇巩固和发展公有制经济,坚持公有制主体地位,发挥国有经济主导作用,不断增强国有经济活力、控制力、影响力;毫不动摇鼓励、支持、引导非公有制经济发展,激发非公有制经济活力和创造力。在这种兼有平等和效率的所有制结构下,企业创新能力不断提升。国有企业创新步伐在加快,以国家电网为例,由于掌握了自主创新的特高压电网核心关键技术,国家电网位列世界 500 强第七位,成为国际电工委员会副主席单位并发起新成立四个技术委员会,主导制定 21 项国际标准。民营和外资企业在中国的所有制结构下也有着充足的创新空间:阿里巴巴网络技术有限公司 1999 年由马云等 18 人创立,是一家规模很小的外商投资企业。16 年后,该公司 2015 财年营业收入达到 123 亿美元,比 2014 年增长 45% 。

3. 中国特色社会主义法律体系的确立和社会主义法治国家的建设为创新发展提供法治基石。1997 年 9 月,党的十五大明确提出:到 2010 年形成有中国特色

① 《中共中央关于全面深化改革若干重大问题的决议》,《人民日报》2013 年 11 月 13 日。

② 国家工商总局:《2015 年商事制度改革推动(GDP 增长 0. 4% 》,新华网 2016 年 2 月 22 日。

社会主义法律体系的立法工作目标。2011 年 3 月 10 日,吴邦国委员长在十一届全国人大四次会议第二次全体会议上宣布:中国特色社会主义法律体系已经形成。这一法律体系的形成,把国家各项事业发展纳入法制化轨道,从制度上、法律上解决了国家发展中带有根本性、全局性、稳定性和长期性的问题,为社会主义市场经济体制的不断完善、社会主义民主政治的深入发展、社会主义先进文化的日益繁荣、社会主义和谐社会的积极构建,提供了坚实的法治基础。2014 年 10 月,党的十八届四中全会通过的《中共中央关于全面推进依法治国若干重大问题的决定》提出,全面依法治国的总目标是建设中国特色社会主义法治体系,建设社会主义法治国家。中国特色社会主义法治体系和社会主义法治国家建设将为创新发展提供有效保障。我们要完善社会主义市场经济法律制度,基本导向是保护产权、维护契约、统一市场、平等交换、公平竞争、有效监管,还要健全以公平为核心原则的产权保护制度,加强对各种所有制经济组织和自然人财产权的保护,使人们的创新收益得到财产权法治体系的有效保护;创新适应公有制多种实现形式的产权保护制度,加强对国有、集体资产所有权、经营权和各类企业法人财产权的保护,使财产权的保护成为引导人们创新的强大力量;要完善激励创新的产权制度、知识产权保护制度和促进科技成果转化的体制机制,使人们的创新能够得到与其贡献相匹配的收益。

三、科技创新:创新发展的核心

创新是发展的第一动力,科技创新又是创新的第一动力,可以说,科技创新是创新发展动力中的动力,处于发展的核心地位。科技创新决定着世界政治经济力量对比的变化,也决定着各国各民族的前途命运。

1. 历史规律昭示,唯有不断推进科技创新,才能避免近代中国那种被动挨打的命运。一个国家、一个民族能否站在世界科技创新的前沿,决定了这个国家和民族在国际社会中的地位。科学技术站在世界前沿的科技强国一般都是世界发展的主导国家,反之,则会受制于人。2014 年 8 月 18 日,习近平在主持召开中央财经领导小组第七次会议时强调,我们必须认识到,从发展上看,主导国家发展命运的决定性因素是社会生产力发展和劳动生产率提高,只有不断推进科技创新,不断解放和发展社会生产力,不断提高劳动生产率,才能实现经济社会持续健康发展,避免陷入“中等收入陷阱”。他上升到历史规律的高度来看待这一问题,进一步指出:“罗马帝国、波斯帝国、阿拉伯帝国、奥斯曼帝国等古代大帝国最终走向衰败和解体,除了政治、军事、地缘上的原因外,创新不足和技术停滞也是重要原因。鸦片战争我们被动挨打，也是这个原因。对历史规律，我们要认真研究和镜鉴。"①可以说，科技兴则民族兴，科技衰则民族衰；科技强则国家强，科技弱则国家弱。近代以来，中国屡屡被经济总量远不如我们的国家打败，这是为什么？正如习近平总书记所言："其实不是输在经济规模上，而是输在科技落后上。"②事实的确如此，英美一些著名的经济学家或者经济史学家认为，1840 年前后中国的 GDP 是英国的四倍左右，1860 年中国的 GDP 仍是英国的两倍以上，而且大于英法的总和，尽管有这样大的 GDP，但鸦片战争我们被英国人打败了，更没能阻止英法联军在 1860 年火烧圆明园。这里面除了封建制度的落后外，就是由于科学技术的不发达。新中国成立以来特别是改革开放以来，我们取得了"两弹一星"、多复变函数论、陆相成油理论、人工合成牛胰岛素等成就，取得了高温超导、中微子物理、量子反常霍尔效应、纳米科技、干细胞研究、人类基因组测序等基础科学突破，获得了超级杂交水稻、汉字激光照排、高性能计算机、三峡工程、载人航天、探月工程、移动通信、量子通讯、北斗导航、载人深潜、高速铁路、航空母舰等工程技术成果，不仅振奋了民族精神，而且极大地提高了中国的国际地位。

2. 坚定不移地走中国特色自主创新道路，建设创新型国家。2006 年 1 月 9 日，在全国科学技术大会上的讲话中，胡锦涛第一次提出了建设创新型国家的思想。他指出"面对汹涌澎湃的世界新科技革命浪潮，我们必须认清形势、坚定信心、抢抓机遇、奋起直追。总体目标是：到 2020 年，使我国的自主创新能力显著增强，科技促进经济社会发展和保障国家安全的能力显著增强，基础科学和前沿技术研究综合实力显著增强，取得一批在世界具有重大影响的科学技术成果，进入创新型国家行列，为全面建设小康社会提供强有力的支撑。"③建设创新型国家，核心就是把增强自主创新能力作为发展科学技术的战略基点，走出中国特色自主创新道路；就是把增强自主创新能力作为国家战略，贯穿到现代化建设各个方面，激发全民族创新精神。党的十八大以来，中央领导集体坚持自主创新、重点跨越、支撑发展、引领未来的方针，加快创新型国家建设步伐。2015 年 9 月，中共中央办公厅、国务院办公厅印发了《深化科技体制改革实施方案》（以下简称《方案》）。《方案》规定：到 2020 年，在科技体制改革的重要领域和关键环节取得突破性成

① 中共中央文献研究室编：《习近平关于科技创新论述摘编》中央文献出版社 2016 年版，第 30–31 页。

② 中共中央文献研究室编：《习近平关于科技创新论述摘编》中央文献出版社 2016 年版，第 23 页。

③ 胡锦涛：《坚持走中国特色自主创新道路，为建设创新型国家而努力奋斗》，《人民日报》2006 年 1 月 10 日。

果,基本建立适应创新驱动发展战略要求、符合社会主义市场经济规律和科技创新发展规律的中国特色国家创新体系,进入创新型国家行列;到2030年建成更加完备的国家创新体系,进入创新型国家前列。为此《方案》提出了建立技术创新市场导向机制的17条举措,构建更加高效的科研体系的11条举措,改革人才培养、评价和激励机制的14条举措,健全促进科技成果转化机制的13条举措,建立健全科技和金融结合机制的18条举措,构建统筹协调的创新治理机制的20条举措,推动形成深度融合的开放创新局面的15条举措,营造激励创新的良好生态的23条举措,推动区域创新改革的4条举措,共100多条实打实的措施。很多措施是"硬通货",如《方案》强调将职务发明成果转让收益用于奖励科研负责人、骨干技术人员等重要贡献人员和团队的比例,可以从现行不低于20%提高到不低于50%。党的十八届五中全会也明确指出,实行以增加知识价值为导向的分配政策,提高科研人员成果转化收益分享比例。这将会大大激励科研人员的创新积极性。正如李克强总理所说:"科技人员是科技创新的核心要素,是创造社会财富不可替代的重要力量,应当是社会的中高收入群体。在基础研究收入保障机制外,还要创新收益分配机制,让科技人员以自己的发明创造合理合法富起来,激发他们持久的创新动力。"①

3. 科技创新要解决一系列突出问题。第一,解决"阿喀琉斯之踵"。习近平在党的十八届五中全会第二次全体会议上的讲话中指出:"创新发展注重的是解决发展动力问题。我国创新能力不强,科技发展水平总体不高,科技对经济社会发展的支撑能力不足,科技对经济增长的贡献率远低于发达国家水平,这是我国这个经济大个头的'阿喀琉斯之踵'。"②比如中国科技对于经济增长的贡献率有各种说法,但就高的来说只有50%,而发达国家的指标都在70%80%,差别非常大。这是中国科技创新中的"阿喀琉斯之踵"。第二,解决创新过程中的"孤岛现象"。习近平总书记一再强调科技创新要避免"孤岛现象"。所谓"孤岛现象"就是各部门闭门搞自己的创新,互不沟通,互不协调,造成重复创新、低水平创新。对此,习近平在2014年6月9日中国科学院第17次院士大会、工程院第12次院士大会上的讲话中就指出:"加强科技创新统筹协调,努力克服各领域、各部门、各方面科技创新活动中存在的分散封闭、交叉重复等碎片化现象,避免创新中的'孤

① 李克强:《让科技人员合理合法富起来》,人民网2015年7月28日。

② 习近平:《在党的十八届五中全会第二次全体会议上的讲话》,《求是》2016年第1期。

岛’现象,加快建立健全各主体、各方面、各环节有机互动、协同高效的国家创新体系。”①第三,破解“引进——落后——再引进”的恶性循环。改革开放30多年来,中国发展主要靠引进上次工业革命的成果,基本是利用国外技术,早期是二手、三手技术,后期是同步技术,结果是“重引进轻消化的问题还大量存在,形成了‘引进——落后——再引进’的恶性循环”②。我们要明白:核心关键技术是买不来的,靠市场换技术是不靠谱的,走引进仿造的路子是走不远的,甚至还会摔跟斗。必须大力推进自主创新、原始创新、引进消化吸收再创新、集成创新等,在关键领域、卡脖子的地方狠下功夫,牵住“牛鼻子”,发展独有的“撒手锏”,打制中国的“定海神针”和“不二法器”,确保国家发展、安全和稳定。

四、文化创新:创新发展的保障

人类的创新时代往往都是文化繁荣发展的时代。欧洲文艺复兴时代,文化蓬勃发展,推动了以牛顿、伽利略等为代表的科学技术创新的大发展。回顾人类历史,可以看出,创新发展的基本条件之一就是文化创新。

1. 文化创新的基本目的就是创造一个鼓励创新、支持创新、保护创新的文化环境,培育创新文化,形成支持创新创业的社会氛围。我们要在全社会营造崇尚科学、尊重创新的文化氛围和价值理念。这是非常重要的。美国著名经济学家、诺贝尔经济学奖获得者加里·斯坦利·贝克尔(Gary Stanley Becker)曾经说过这样一段话:“我们的模型表明,世界各国经济发展速度的差异,在更大程度上取决于各国人民的国民性之一——时间偏好的差异,而较少依赖于资本在国与国之间的流动。”这里的国民性就包含着国民的创新意识。美国在全球创新中的主导地位的形成离不开美国人的国民性,美国人的国民性主要体现为对创新的认知、认同,它反映为对新技术的发明与利用,对新的经济制度的创造与运用。培育创新文化应当做好以下工作:第一,在高校中培养学生的创新意识和创新技能,回答好“钱学森之问”。2005年,温家宝在看望钱学森的时候,钱老感慨地说:“这么多年培养的学生,还没有哪一个的学术成就,能够跟民国时期培养的大师相比。”钱老又发问:“为什么我们的学校总是培养不出杰出的人才?”对于“钱学森之问”,习近平总书记在2013年7月考察中国科学院时的一番讲话做了很好的回答:“‘学

① 中共中央文献研究室编:《习近平关于科技创新论述摘编》,中央文献出版社2016年版,第63-64页。

② 中共中央文献研究室编:《习近平关于科技创新论述摘编》,中央文献出版社2016年版,第42页。

贵知疑,小疑则小进,大疑则大进。’要创新,就要有强烈的创新意识,凡事都要有打破砂锅问到底的劲头,敢于质疑现有的理论,勇于开拓新的方向,攻坚克难,追求卓越。”①高校学生就应该有这样的素质。第二,大力普及科学知识,提高公众的科学素养《方案》要求:深入实施全民科学素质行动计划纲要,加强科学普及,推进科普信息化建设,实现到2020年我国公民具备基本科学素质的比例达到10%。第三,提高全社会的知识产权意识,尊重和保护创新者的贡献与权益,为创新创业提供好的社会文化支持。

2. 文化创新应当注重哲学社会科学的创新。哲学社会科学的创新既是创新的内在组成部分,也是科学创新的重要条件。自然科学的创新往往是与哲学社会科学创新紧密联系在一起的。曾经深刻影响了20世纪数学发展的天才数学家戴维·希尔伯特(David Hilbert)曾经在哥尼斯堡自然科学家大会上做过一次演讲,他说:“我以为,在本质上,康德认识论的基本思想也体现在我对数学原理的研究中。”②社会科学研究方向的正确与否,社会科学发展状况如何,对人们的思想意识和社会道德风尚,对创新发展,对经济建设,对社会稳定和发展,都会产生巨大而深刻的影响。文化创新必须注重这些社会科学创新。2001年8月,江泽民也曾指出哲学社会科学与自然科学“四个同样重要”:哲学社会科学与自然科学同样重要,培养高水平的哲学社会科学家与培养高水平的自然科学家同样重要,提高全民族的哲学社会科学素质与提高全民族的自然科学素质同样重要,任用好哲学社会科学人才并充分发挥他们的作用与任用好自然科学人才并充分发挥他们的作用同样重要。2004年1月,中共中央颁布了《关于进一步繁荣发展哲学社会科学的意见》,明确指出‘繁荣发展哲学社会科学事关党和国家事业发展的全局。哲学社会科学是人们认识世界、改造世界的重要工具,是推动历史发展和社会进步的重要力量。哲学社会科学的研究能力和成果是综合国力的重要组成部分。建设中国特色社会主义离不开以马克思主义为指导的哲学社会科学的繁荣发展。实施科教兴国战略包括繁荣发展自然科学和社会科学两个方面。”③党的十八大以来,以习近平为总书记的党中央积极推进哲学社会科学创新体系建设,推动哲学社会科学不断发展。党的十八届五中全会明确提出“实施哲学社会科学创新工

① 中共中央文献研究室编:《习近平关于科技创新论述摘编》,中央文献出版社2016年版,第42页。

② 赵鑫珊:《科学·艺术·哲学断想》,生活·读书·新知三联书店1985年版,第81页。

③ 《关于进一步繁荣发展哲学社会科学的意见》,《人民日报》海外版2004年3月22日。

程,建设中国特色新型智库”①。我们要通过实施哲学社会科学创新工程,为创新发展提供科学的世界观、方法论、认识论,为创新发展提供强大的人文支持和文化环境,为创新发展提供正确的引导和趋势判断。

中华民族有着很强的创新意识,儒家经典《礼记·大学》中就说:“苟日新,日日新,又日新。”如果能每天除旧更新,就要天天除旧更新,不间断地更新又更新。在新的历史时期,我们要不断弘扬这种创新精神,推动中国的创新发展再上新台阶。

(原载于《当代世界与社会》2016 年第 2 期)

① 《中共中央关于制定国民经济和社会发展第十三个五年规划的建议》,《求是》2015 年第 22 期。

扎实推进创新驱动发展战略*

党的十八大明确提出要实施创新驱动发展战略，强调科技创新是提高社会生产力和综合国力的战略支撑，必须摆在国家发展全局的核心位置。这是我们党放眼世界、立足全局、面向未来做出的重大决策。我们要认真学习领会、扎实贯彻落实党的十八大精神，坚持走中国特色自主创新道路，切实抓好创新驱动发展战略各项工作，为全面建成小康社会、加快推进社会主义现代化做出新的更大贡献。

一、实施创新驱动发展战略，必须始终坚持走中国特色自主创新道路

我们党始终高度重视科技进步和创新。从“向科学进军”到“科学技术是第一生产力”，从“科教兴国战略”到“提高自主创新能力、建设创新型国家”，党领导我国科技事业在实践中探索出一条底蕴深厚、前途广阔的中国特色自主创新道路，展现出强大的生机和旺盛的活力，昭示了我国经济社会和科技发展的光明前景，成为科学发展观的重要内容、中国特色社会主义理论体系的重要组成部分。

党的十六大以来，党中央做出增强自主创新能力、建设创新型国家的重大战略决策，制定和实施《国家中长期科学和技术发展规划纲要（2006－2020年）》，明确提出“自主创新，重点跨越，支撑发展，引领未来”的新时期科技工作指导方针。党的十七大明确提出提高自主创新能力、建设创新型国家是国家发展战略的核心、提高综合国力的关键，强调坚持走中国特色自主创新道路，把增强自主创新能力贯彻到现代化建设各个方面。2008年，我国把科技支撑作为应对国际金融危机一揽子计划的四大措施之一，科技在克服现实困难、创造未来繁荣中的支撑引领地位进一步强化。党的十七届五中全会明确提出，加快转变经济发展方式，最根本的是要靠科技的力量，最关键的是要大幅度提高自主创新能力。2012年7月，党中央、国务院召开全国科技创新大会，对深化科技体制改革、加快国家创新体系建设做出全面部署，提出了创新驱动发展的战略要求。实施创新驱动发展战略已

* 本文作者：王志刚，科学技术部党组书记、副部长。

写入党的十八大报告。这是我们党在我国改革发展的关键时期做出的重大抉择，开启了我国加快建设创新型国家和迈向科技强国的新征程。

沿着中国特色自主创新道路，我国科技事业取得了巨大成就，创新型国家建设成效显著。党的十六大以来的10年，是创新铸业的10年，面向经济发展、民生改善、社会和谐和国家安全等重大战略需求，科技发挥了重要的支撑引领作用；是创新铸剑的10年，载人航天、探月工程、载人深潜、超级计算机、高速铁路等实现重大突破，一批影响重大的关键核心技术和原创成果相继涌现；是创新铸基的10年，科技改革稳步推进，自主创新能力显著提高，我国整体科技实力迈上新台阶，与主要发达国家不断接近，一些方面甚至成为领跑者；是创新铸魂的10年，全民科学素质不断提高，创新政策体系、文化环境和社会氛围不断优化。实践证明，中国特色自主创新道路是符合我国国情、符合科技经济发展规律的正确道路。

新的发展时期，我们必须充分认识到，建设创新型国家与全面建成小康社会是同步走、同向行的关系，创新驱动发展的成效直接影响到我国加快转变经济发展方式、推动经济社会科学发展的成效。当前，距离我国进入创新型国家行列还不到10年，时间紧迫、任务艰巨、使命光荣。我们必须认真学习贯彻落实党的十八大精神，奋力投入到坚持走中国特色自主创新道路的新实践，努力在创新驱动发展上有新的重大作为。必须始终坚持立足国内，充分激发广大科技人员的创新创造活力，把自主创新作为科技发展的战略基点，为创新驱动发展提供不竭的技术源泉。同时不断扩大科技开放合作，以全球视野谋划和推动自主创新，提高原始创新、集成创新和引进消化吸收再创新能力，更加重视协同创新，在开放合作中提升我国科技水平。

二、实施创新驱动发展战略，必须着力强化科技创新对提高社会生产力和综合国力的战略支撑

在当代中国，坚持发展是硬道理的本质要求就是坚持科学发展。以科学发展为主题，以加快转变经济发展方式为主线，是关系我国发展全局的战略抉择。必须着力增强创新驱动发展新动力，加快转变经济发展方式，不断提升发展质量和效益，推动经济社会科学发展。

从国际上看，世界范围内新的科技革命和产业变革孕育新突破。全球知识创造和技术创新的速度明显加快，新科技革命的巨大能量正在不断蓄积。以新技术突破为基础的产业变革呈现加速态势，正在深刻改变着世界科技和经济社会发展形态。国际金融危机加快催生了新一轮科技革命和产业变革。科技创新已成为

经济结构调整和持续健康发展的决定性力量，许多国家都将创新提升到国家发展的战略核心层面，全球进入了空前的创新密集时代。我们必须更加自觉地把握机遇、应对挑战，以科技创新的新成果开辟社会生产力持续提高的广阔空间。

从国内看，创新驱动成为加快转变经济发展方式“最根本、最关键”的力量。我国以较少的人均资源占有量和脆弱的生态环境，承载着巨大的人口规模和实现持续快速发展的压力，面临着节能减排、应对气候变化等严峻挑战。经过多年来的艰苦努力，我国经济社会发展取得历史性成就。但发展中不平衡、不协调、不可持续的问题依然突出，经济结构问题已经成为一个带有根本性、全局性的问题。经济结构问题与科技创新能力、人才队伍水平密切相关。如果没有创新能力特别是科技创新能力的大幅提升，就难以真正完成经济结构的调整和发展方式的转变，影响经济社会科学发展。因此，必须紧紧依靠科技创新，不断提高科技进步对经济发展的贡献率，充分发挥科技创新在提高社会生产力和综合国力中的战略支撑作用，实现创新驱动发展。

推进创新驱动发展，促进科技实力提升是基本前提，促进自主创新能力提升是关键所在。要进一步统筹落实好科技、教育、人才三个规划纲要，深入实施科教兴国战略、人才强国战略和可持续发展战略，把科技进步与国家发展战略、经济社会发展目标、人民日益增长的物质文化需要紧密结合起来，立足长远，超前部署，强化基础研究、前沿技术研究、社会公益技术研究，提高科学研究水平和成果转化能力，抢占科技发展制高点，不断夯实我国从科技大国迈向科技强国的坚实基础。

推进创新驱动发展，促进经济实力提升和发展方式转变是首要任务。要更加注重围绕产业发展需求部署创新链，实施国家科技重大专项，突破重大技术瓶颈，充分发挥自主创新示范区和高新区的示范辐射带动作用，培育发展战略性新兴产业。加强技术集成和商业模式创新，加快共性技术突破和成果转移转化，促进传统产业改造升级。

推进创新驱动发展，促进综合国力提高是根本目的。新时期，我国经济社会发展对科技的需求日益多元化，科技工作的领域越来越宽、责任越来越大。我们要紧紧围绕农业发展、民生改善、社会管理、文化繁荣、生态文明和国家安全等方面的重大战略需求，充分激发全社会的创新创造活力，促进中国特色新型工业化、信息化、城镇化、农业现代化同步发展，更好地服务于科学发展和社会和谐。

三、实施创新驱动发展战略，必须不断深化科技体制改革、加快国家创新体系建设

我国过去30多年的快速发展靠的是改革开放，我国未来发展也必须坚定不移依靠改革开放。充分释放创新驱动发展的活力，不断增强创新驱动发展的能力，根本动力也在于改革开放。学习贯彻落实党的十八大精神，要求我们坚持把改革创新精神进一步贯彻到科技领域，努力在科技改革发展上取得新的重大进展，加快创新型国家建设。

科技体制改革始终伴随着我国改革开放全过程。多年来特别是党的十六大以来，围绕促进科技与经济结合，党中央、国务院采取了一系列重大措施，取得了一系列重大突破。市场导向的创新格局在发展中日益完善，市场配置科技资源的基础性作用不断增强。技术创新、知识创新、国防科技创新、区域创新和科技中介服务体系建设全面推进，国家创新体系建设取得显著进展。激励企业和科技人员创新创业的政策环境不断优化，科技与金融结合日益紧密。这是我国科技体制改革带来的根本性重大变化。但同时我们也要看到，面对新形势新要求，一些突出问题仍然制约着科技创新，特别是科技与经济结合的问题还没有得到根本解决。一方面，经济社会发展对科技创新的需求牵引还不足；另一方面，科技创新的支撑引领能力还需要进一步提高。企业技术创新能力还不强，科技创新的基础也还不牢。

解决好制约科技创新的突出问题，根本出路在于深化科技体制改革。全国科技创新大会和《中共中央国务院关于深化科技体制改革加快国家创新体系建设的意见》，在继承国家中长期科技发展规划纲要的基础上，提出了新时期科技改革发展的总体思路、目标任务和政策措施。党的十八大进一步强调要深化科技体制改革。我们要坚决落实中央的重大决策部署，切实加快科技改革发展步伐。

始终坚持把解决科技与经济相结合问题、增强企业创新能力作为中心任务，着力构建以企业为主体、市场为导向、产学研相结合的技术创新体系。加快建立企业主导产业技术研发创新的体制机制，完善市场导向的创新格局。积极支持科技型中小企业发展。完善知识创新体系，加强基础研究、应用研究、技术创新和应用推广的有机衔接，促进科技资源开放共享，加强统筹协调和协同创新，提高国家创新体系整体效能。深化科技管理体制改革，促进科技管理科学化和资源高效利用。统筹各类创新人才发展，完善人才激励制度，建设高水平创新创业人才队伍，以人才强促进科技强，带动产业强、经济强。

完善落实国家中长期科技发展规划纲要配套政策，总结推广相关试点政策，积极研究制定深化科技体制改革、加快国家创新体系建设有关政策措施。完善科

技创新评价标准、激励机制、转化机制,不断形成激励创新的正确导向。深入实施知识产权战略,加强知识产权保护。不断健全科技政策法规体系、创新法治环境和多元化科技创新投入体系。大力倡导创新光荣,强化科学道德建设,提高全民科学文化素质,培育创新文化土壤。不断优化科技创新政策环境,把全社会的智慧和力量凝聚到创新发展上来,努力实现创新驱动发展。

(原载于《求是》2012 年第 23 期)

创新发展思想论析*

创新是对旧事物的变革和新事物的创立，泛指一切创造性的活动。在经济学范畴，按照美籍奥地利经济学家约瑟夫·熊彼特的创新理论观点，把由于创新而带来的不断地从经济体系内部革新经济结构的过程，即不断地破坏旧结构、不断地创造新结构的过程称之为"创造性毁灭过程"或"创造性破坏过程"。① 我国经济学家吴敬琏也强调，"与科学相关的技术的发展和广泛运用，是现代经济增长中效率改进的一个基本源泉。"②党的十八大以来，习近平多次强调创新驱动发展战略的重大意义，并把科技创新放在了更加重要的位置，先后赴中国科学院、武汉东湖国家自主创新示范区、大连高新技术产业园区等地调研，针对我国当前创新驱动发展战略实施的现状、问题和举措等发表了一系列重要讲话。2013 年 9 月 30 日，中共中央政治局举行第九次集体学习，习近平指出要把创新驱动发展作为面向未来的一项重大战略实施好。③ 2014 年 1 月 6 日，习近平在会见探月工程嫦娥三号任务参研参试人员代表时再次强调，坚持走中国特色自主创新道路，敢于走别人没有走过的路，不断在攻坚克难中追求卓越，加快向创新驱动发展转变。④ 党的十八届五中全会将"坚持创新发展"作为"十三五"时期必须牢固树立的五大发展理念之一，并排在首位；习近平强调，"落实创新驱动发展战略，必须把重要领

---

* 本文作者：张占斌（1962－），男，吉林通榆人，国家行政学院二级岗教授，发展经济学学科带头人，博士生导师，经济学博士、博士后，国家行政学院经济学教研部主任、新型城镇化研究中心主任。研究方向为政府经济学、发展经济学、公共经济学、政治经济学。

① 约瑟夫·熊彼特：《经济发展理论》，商务印书馆 1990 年版，第 70 页。

② 吴敬琏：《中国增长模式抉择》，上海远东出版社 2013 年版，第 170 页。

③ 习近平：《敏锐把握世界科技创新发展趋势，切实把创新驱动发展战略实施好》，《人民日报》2013 年 10 月 02 日。

④ 习近平：《坚持走中国特色自主创新道路，不断在攻坚克难中追求卓越》，《人民日报》2014 年 01 月 07 日。

域的科技创新摆在更加突出的地位”①。习近平关于创新驱动发展战略的重要论述，对于激发全社会创造新活力，塑造经济新常态发展新动力，拓展新时期发展新空间，具有重大而深远的指导意义。

一、把创新摆在国家发展全局的战略核心位置

习近平在党的十八届五中全会上强调：“必须把创新摆在国家发展全局的核心位置，不断推进理论创新、制度创新、科技创新、文化创新等各方面创新，让创新贯穿党和国家一切工作，让创新在全社会蔚然成风。”②这一重要论述，扩展了对“创新”的理解和认识，丰富了“创新”的内涵与外延，有利于我们将“坚持创新发展”这一基本理念贯彻于经济社会建设的全过程之中。

从理论创新角度看，习近平提出了一系列新理论和新观点。马克思主义理论创新是以实践发展为基础、以回应和解决问题为导向的，理论的每一步创新，又指导和带动了实践的进一步发展。在 2013 年的中央经济工作会议上，习近平首次提出了“新常态”③概念，此后多次对“新常态”的特征、内涵、路径等做了深刻的论述和分析，揭示了中国经济潜在增长率的新变化，研判了我国未来经济社会发展的新趋势，这既是对马克思主义政治经济学的重大理论创新，也是发展经济学的新突破。习近平在党的十八届三中全会上强调：“市场决定资源配置是市场经济的一般规律，市场经济本质上就是市场决定资源配置的经济。”④这里实质上提出了“市场决定论”，这也是我们党在认识市场与政府关系上的一次重大理论创新，集中凸显了习近平创新思想的理论亮点。

从制度创新看，习近平推动了一系列制度改革与创新措施。创新既包括技术创新，也包括理念、制度、机制创新。创新不仅能够直接转化为生产力，而且具有乘数作用，可以放大各生产要素的效应，从而提升国家综合竞争力，提高经济发展的质量和效益，促进转型升级。党的十八届三中全会以“全面深化改革”为主题，是我们党进行制度创新的一个里程碑式的会议。习近平指出：“全面深化改革的总目标是完善和发展中国特色社会主义制度，推进国家治理体系和治理能力现代

---

① 习近平：《关于〈中共中央关于制定国民经济和社会发展第十三个五年规划的建议〉的说明》，《人民日报》2015 年 11 月 04 日。

② 《中国共产党第十八届中央委员会第五次全体会议公报》，人民出版社 2015 年版，第 7 页。

③ 陈芳：《施芝鸿独家解读新常态：认为 GDP 不再重要是误解》，凤凰网，http://news.ifeng.com/a/20150304/43268312_0.shtml.

④ 习近平：《关于〈中共中央关于全面深化改革若干重大问题的决定〉的说明》，《〈中共中央关于全面深化改革若干重大问题的决定〉辅导读本》，人民出版社 2013 年版，第 71 页。

化。"①在这里,习近平将"制度创新"提到了全面深化改革"总目标"的高度,从而强化了"制度"在治国理政中的重中之重。党的十八届三中全会确定了336项重要改革举措,当前,在所有制、财税、金融、价格、收入分配、人口计生等领域的改革势如破竹,极大地推动了中国制度创新的进程。

从科技创新角度看,习近平部署了一系列重大科技改革与举措。纵观两百余年来世界工业化进程,国际形势风云变幻,科技创新和体制创新始终是主宰国家兴衰和国力消长的根本力量所在。习近平强调:"科技是国家强盛之基,创新是民族进步之魂。"②党的十八大以来,我国在强化企业技术创新主体地位、加强知识产权运用和保护、完善国家重大科研基础设施、改革院士遴选和管理体制等方面迈出了重要步伐。习近平在党的十八届五中全会提出,要加快建设以国家实验室为引领的创新基层平台。③ 可以预期,在未来一段时期,我国的科技创新将在全球日趋激烈的竞争中赢得更大优势。与此同时,习近平还对"大众创业、万众创新"做了一系列的战略部署,有力地推动了在中华大地上出现大众创新创业的生动局面。

从文化创新角度看,习近平实现了一系列文化创新的成果。"取其精华,去其糟粕",这是文化创新必然要经历的过程。一方面,我们不能离开传统,空谈文化创新,因为任何时代的文化,都离不开传统文化的继承;另一方面,我们的文化创新要能够体现时代精神,能"推陈出新,革故鼎新",能实现与其他民族和国家的广泛交流。党的十八大以来,习近平的足迹遍布了七大洲五大洋,交流广泛,倡导合作共赢理念,有力地促进了中国文化与世界各个民族和国家不同文化的交融和互通。2013年9月和10月,习近平在中亚和东南亚国家期间,先后提出了"一带一路"的重大倡议,得到了国际社会的高度关注。④ 随着"一带一路"愿景与行动的加快实施,我国与沿线国家和地区通过互办文化年、艺术节、电影节、电视周等文化活动,使文化交流达到了新的高度,有力地推动了中华文化的创新。

---

① 《中共中央关于全面深化改革若干重大问题的决定》,人民出版社2013年版,第3页。

② 习近平:《习近平在中国科学院第十七次院士大会、中国工程院第十二次院士大会上的讲话》,《人民日报》2014年06月10日。

③ 《中共中央关于制定国民经济和社会发展第十三个五年规划的建议》,人民出版社2015年版,第55页。

④ 国家发展改革委,外交部,商务部:《推动共建丝绸之路经济带和21世纪海上丝绸之路的愿景与行动》,人民出版社2015年版,第12页。

二、实现从要素驱动、投资驱动向创新驱动转变

改革开放三十多年来,我国既有的经济增长模式主要是依靠大量的劳动力、资本、资源等传统要素投入,与许多发展中国家走过的道路一样,是一种典型的要素驱动型。从当前的情况看,出现了许多新情况、新变化,按照传统的经济增长方式,传统的生产要素供给均面临着一系列的瓶颈制约因素。

从劳动力角度看,改革开放以来,随着东部沿海地区经济的崛起,我国农村人口大规模地向东部沿海地区转移,由于我国的劳动人口(16-60岁)在总人口中所占的比重较大,从整体上看,劳动力总体上处于无限供给的状态,但这一情况在最近几年已悄然发生了变化。长三角、珠三角等地都接连出现不同程度的"民工荒"现象,或者说,经济学意义上的"刘易斯拐点"已加速到来。劳动力市场供求关系的变化,反映到实体经济中,就是劳动力成本的持续上升。据《全国农民工监测调查报告》的数据显示:2005年以前,农民工月平均工资不足1000元,此后农民工工资开始缓步攀升,2013年外出农民工人均月收入(不包括包吃包住)2609元,较2012年增长13.9%。不仅如此,全社会的整体工资水平都在攀升,"巴拉萨—萨缪尔森效应"①正在显现。

从资本角度看,在早期的发展经济学理论体系中,资本是一国经济增长的决定性力量。通过多年的对外开放以及国内经济发展所形成的积累,我国资本总量已经十分充足。中国人民银行的最新统计数据表明,截至2015年6月底,我国个人存款余额已达53.9万亿元。但是,高额储蓄并不意味着高效的投资。事实上,从我国的实际情况看,居民的储蓄转为投资还存在一系列的体制障碍,主要表现在投资总量过度依赖政府投资,对企业投资、社会投资造成了"挤出效应"。应当清醒地看到,随着几轮积极财政政策的刺激,我国的政府公共投资已面临着边际回报率递减的尴尬境地,同时,地方债务风险显性化等严重问题也不得不引起重视。

从资源角度看,资源总量虽然大,但由于我国人口基数多,各类资源的人均保有量显著低于世界平均水平。改革开放以来,我国经济快速增长,与此同时,土地、矿产资源等各类要素的消耗量急速上升,而资源产出率却并不高。国家统计局的数据表明:2013年,我国GDP已占到世界经济总量的12.3%,但消耗的煤炭、

---

① 巴拉萨—萨缪尔森效应:又称"巴萨效应",是国际经济学中的一个概念,具体是指在经济增长率越高的国家,工资实际增长率越高、实际汇率的上升也越快的现象。

一次性能源和淡水却分别占世界消耗总量的50.3%、22.4%和15%左右。① 事实上，资源的粗放式利用和过度消耗，不仅不利于经济的可持续增长，而且带来了严重的环境污染和生态退化，导致雾霾等天气频发。

因此，随着支撑过去经济高速增长的传统人口红利、资源红利和环境红利的逐渐衰减，我国以要素驱动、投资驱动为主的发展道路已走到尽头。经济新常态下，能否通过加快实施创新驱动发展战略，以科技创新促经济发展，以经济发展推动科技创新，是有效解决发展面临的不平衡、不协调和不可持续问题的必由之路。

三、紧握科技创新这根"撬动地球的杠杆"

"苟日新，日日新，又日新。"党的十八届三中全会提出必须把实施创新驱动发展战略摆在国家发展全局的重要位置，对"深化科技体制改革"做了具体的战略部署，这对于我国加快建设创新型国家、开启迈向科技强国新征程具有十分重大的意义。习近平指出："科技创新，就像撬动地球的杠杆，总能创造令人意想不到的奇迹。"②

第一，现代化的历程本质上是科技进步和创新的历史，实施创新驱动发展战略决定着中华民族前途命运。习近平指出，科技是国家强盛之基，创新是民族进步之魂。③ 从世界范围看，近现代社会经济政治发展始终与科技革命、科技创新相伴而行，每一次革命性的科技突破都会造就新的世界强国，谁抓住了科技创新的机遇，谁就掌握了向强国迈进的"金钥匙"。历史上，我国的经济发展水平曾长期居于世界首位，但18世纪后科技发展水平被西方国家赶超并逐步拉开，错过了代表当时先进生产力发展方向的工业革命，最终沦落到落后挨打的地步。新中国成立尤其是改革开放以来，党和政府尤为重视科技事业的发展，出台了一系列旨在促进科技创新的方针政策，取得了一批基础性、战略性、前沿性和原创性重大科技创新成果，有力地支撑了国民经济社会的稳步发展，提升了国家的核心竞争力。历史雄辩而生动地告诉我们，科学是最高意义上的革命力量，各国综合国力竞争说到底就是科技实力的竞争，具有强大的科技创新力量是成为世界经济强国的前提条件和客观基础。

第二，创新是破解经济发展深层次矛盾和问题、增强经济发展内生动力和活

---

① 马建堂：《保持中高速，迈向中高端，全面建成小康社会——"十三五"时期我国发展环境、深刻变化和主要任务》，《国家行政学院学报》2015年第3期。

② 《习近平谈治国理政》，外文出版社2014年版，第120页。

③ 习近平：《习近平在中国科学院第十七次院士大会、中国工程院第十二次院士大会上的讲话》，《人民日报》2014年06月10日。

力的根本措施。从我国发展现状来看,创新驱动是形势所迫。当前,我国经济总量已居世界第二位,但万元GDP能耗在世界上还处于高位,产能过剩问题较为严重,环境污染持续加重,经济发展中不平衡、不协调、不可持续问题依然突出。同时,科技创新对经济的拉动作用仍然较小,很多核心技术受制于人,一些重点领域还处于跟踪模仿为主的阶段,"中国创造"大幅落后于"中国制造","中国智造"还没有成为中国工业的代名词,经济发展在很大程度上受制于科技发展水平,经济发展已经到了"无创新则无出路"的关键节点。在新的经济发展阶段,需要推动产业向价值链中高端跃进,提升经济的整体质量;需要打造新的经济增长点,拓展市场空间,满足社会需求;需要培育未来发展的支柱性、先导性产业,形成全球领域的竞争新优势。这些方面的现实需要激发经济发展的内生动力和活力,根本出路就在于创新,关键要靠科技力量,依靠科技创新引领、支撑经济发展和社会进步。正如习近平所强调的:"如果把科技创新比作我国发展的新引擎,那么改革就是点燃这个新引擎必不可少的点火系。我们要采取更加有效的措施完善点火系,把创新驱动的新引擎全速发动起来。"①

第三,新一轮科技革命和产业变革,为我们实施创新驱动发展战略提供了难得的重大机遇。当今世界正掀起新一轮技术革命,一些重要的科学问题和关键核心技术已经呈现出革命性突破的先兆,我们如果不能紧跟技术创新潮流,在未来的全球经济版图中就可能失去话语权。科技革命的发生源于知识与技术体系创新和突破的革命性驱动,取决于现代化进程中形成的强大需求拉动。历史经验表明,每一次全球性经济危机都是上一轮科技革命逐渐式微、新的重大科技即将登台的标志。1857年和1929年两次大的世界经济危机之后,分别爆发了电气革命和电子革命两次技术革命高潮。2008年国际金融危机后,不少国家都把科技创新作为走出经济困境的重要支撑力量。从当前和未来一段时期看,新一轮科技创新的范围涵盖信息技术、生物技术、新材料、新能源、航天技术、海洋技术等诸多新兴领域,大数据、云计算、3D打印等前沿新技术发展方兴未艾,将对社会生产和生活方式带来革命性变化。② 从世界科技发展的态势看,奠定现代科技基础的重大科学发现基本发生在20世纪上半叶,"科学的沉寂"至今已达60余年,科技知识体系积累的内在矛盾已经凸显,变革突破的能量正在不断积累,一场新科技革命和产业革命即将到来。这启示我们:必须增强忧患意识,紧紧抓住和用好新一轮科技革命和产业变革的机遇,前瞻谋划、及早着手,力争抢占全球科技创新制高点。

---

① 《习近平谈治国理政》,外文出版社2014年版,第125页。

② 隆国强:《全球新一轮科技创新风起云涌》,《人民日报》2015年05月22日。

四、最根本的是要增强自主创新能力

"实施创新驱动发展战略,最根本的是要增强自主创新能力,最紧迫的是要破除体制机制障碍,最大限度解放和激发科技作为第一生产力所蕴藏的巨大潜能。"①习近平强调的这三个"最",从本质上揭示了实施创新驱动发展战略的关键难题和期盼。

第一,着力推动科技创新与经济社会发展紧密结合。当前,我国科技体制中还存在许多迫切需要解决的问题,如科技创新与经济发展"两张皮"问题,使得科技创新的应有作用没有得到充分发挥。习近平强调,关键是要处理好政府和市场的关系,通过深化改革,进一步打通科技和经济社会发展之间的通道,让市场真正成为配置创新资源的力量,让企业真正成为技术创新的主体。② 推动科技创新与经济社会发展紧密结合,一要进一步突出企业的技术创新主体地位,充分发挥企业在技术创新决策、研发投入、科研组织和成果转化中的主体作用,变"要我创新"为"我要创新";二要健全技术创新市场导向机制,加大应用研究向市场转化的力度,推动科技成果产业化进程,建立健全产学研用的体制机制;三要大力减少和纠正政府用行政手段包揽、直接介入或干预科技创新活动的做法,把主要精力放在完善创新激励政策、营造公平公正的竞争环境上来,发挥好"推手"作用,为科技创新之树"施肥增养"。③

第二,着力增强自主创新能力与掌握关键核心技术。实施创新驱动发展战略,促进科技实力提升是基本前提,而促进自主创新能力大幅提升是关键环节。只有把核心技术牢牢地掌握在自己手中,才能在日趋激烈的国家竞争中立于不败之地。习近平指出,要大幅提高自主创新能力,关键要掌握关键核心技术。④ 在载人航天、探月工程、载人深潜、超级计算机、高级杂交水稻、高速铁路、核电技术等领域实现重大突破,这是我国自主创新能力显著提高的突出表现。加强自主创新能力,一要抓住关系国家全局的一些关键领域和重大科技项目,牢牢把握战略方向,加强产学研紧密合作,开展协同创新和联合攻关,破除制约科技成果转移转化的障碍,提升国家创新体系整体效能;二要健全激励机制,引导、鼓励、支持企业

---

① 《习近平谈治国理政》,外文出版社 2014 年版,第 121 页。

② 习近平:《在十八届中央政治局第九次集体学习时的讲话》,《人民日报》2013 年 10 月 02 日。

③ 中国国际经济交流中心课题组:《打造中国经济升级版》,人民出版社 2014 年版,第 51 – 55 页。

④ 习近平:《敏锐把握世界科技创新发展趋势,切实把创新驱动发展战略实施好》,《人民日报》2013 年 10 月 02 日。

和个人从事重大原创成果和关键核心技术研究,大幅提升原始创新、集成创新和引进消化吸收再创新能力;三要支持和加强基础学科、基础理论研究,夯实自主创新的基础;四要优化科技资源配置,改革中央财政科技计划管理方式,建立公开统一的国家科技管理平台。政府重点支持基础研究、前沿技术和重大关键共性技术研究,鼓励原始创新,加快实施国家科技重大项目,向社会全面开放重大科研基础设施和大型科研仪器。

第三,着力完善人才发展机制与人才培养保障制度。诺贝尔经济学奖获得者西奥多·舒尔茨曾提出"人力资本理论",其核心思想是呼吁各个国家要重视人力资本的积累。① 要围绕有利于发挥人的创造力这一核心命题,制定政策措施,创新体制机制。在实施创新驱动发展战略的征程中,着力完善人才发展机制与人才培养保障制度,其根本目的就是要促进创新人力资本的积累。一要用好用活人才,破除阻碍人才发挥作用的各种体制机制障碍,打破各种瓶颈制约因素,充分调动各类科技人员创新创业的积极性;二要深化教育体制综合改革,努力形成有利于创新人才成长的育人环境,逐渐把更多资源投到"人"身上而不是"物"上面,努力培养出更多的像德国工程师、科学家那样的尖端人才;三要不断优化完善人才引进政策措施,进一步制定更加积极的国际人才引进计划,优化国内政策环境,吸引更多海外高端人才到国内从事创新创业工作;四要改革院士遴选和管理体制,优化学科布局,提高中青年人才比例,为年轻的科技创新人才脱颖而出创造条件和机会。

第四,着力扩大科技开放合作与充分利用全球创新资源。近些年,伴随着中国经济发展和全球化进程,我国一些企业依托海外研发机构从全球范围获取创新资源,积极参与国际竞争。例如华为、中兴、联想、海尔等公司,通过企业研发国际化,成为中国企业参与国际竞争的重要力量。当前,我国的科技创新正在加快"走出去"和"引进来"的步伐,下一步还有很多事情要做:一要把握全球科技资源流动和配置规律,积极参与国际规则制定,合理运用国际规则,加大对国际创新资源的引进力度,提高我国科技创新的国际影响力;二要做好科技交流与科技合作工作,深入研究当前及未来一段时期的世界科技发展态势、全球范围内国际科技合作的大趋势,关注发达国家和重要发展中国家在重点领域的科研优势,积极参与前沿领域的合作研究,实施面向周边的科技开放合作战略;三要支持企业和高水平科研机构在海外建立研发机构,加强引进海外优秀智力资源到中国来创新创业。

---

① 西奥多·W·舒尔茨:《论人力资本投资》,北京经济学院出版社 1990 年版,前言。

五、抢占全球科技创新主动权和制高点

习近平在党的十八届五中全会上再次强调:“深入实施创新驱动发展战略。发挥科技创新在全面创新中的引领作用,加强基础研究,强化原始创新、集成创新和引进消化吸收再创新。”①面对世界科技革命和产业变革历史性交汇、抢占未来制高点的竞争日趋激烈的形势,对科技进步和创新提出了更加全面、更加紧迫的需求。我们必须牢固树立“坚持创新发展”的理念,统筹布局、积极谋划、科学决策,努力抢占全球科技创新主动权和制高点。

第一,深化改革,释放科技体制创新红利。实施创新驱动发展战略涉及面广,牵涉链长,面对的矛盾和问题很多。惟有改革,才能破除阻碍创新的思想藩篱;惟有改革,才能冲破制约创新的体制机制。党的十八届三中全会明确指出,要“建立健全鼓励原始创新、集成创新、引进消化吸收再创新的体制机制,健全技术创新市场导向机制,发挥市场对技术研发方向、路线选择、要素价格、各类创新要素配置的导向作用”②。习近平亦强调,“要着力从科技体制改革和经济社会领域改革两个方面同步发力,改革国家科技创新战略规划和资源配置体制机制”③。在此过程中,我们必须直面问题、承认差距,深入剖析我国科技发展与经济社会发展不相适应的突出矛盾,找准束缚创新的体制机制弊端,明确改革路线图,破除制约科技成果转移转化的障碍,消除科技创新中的“孤岛现象”,以改革促创新,使社会各类创新要素有序流动、有机结合,确保创新驱动发展战略真正落到实处。

第二,系统谋划,完善国家创新体系建设。推动实施创新驱动发展战略,应当充分发挥制度优势,形成推进创新的强大合力。一是要做好创新驱动发展战略的顶层设计,明晰新时期科技发展的总体目标、战略任务和政策措施,确保创新驱动发展战略稳步有序推进,扎实落地;二是要着力构建以企业为主体、市场为导向、产学研相结合的技术创新体系,完善市场导向的创新格局,发挥市场在科技资源配置中的决定性作用;三是要发挥制度优势,集合科技界、产业界等社会各方面力量共同参与创新合作,在重大创新领域组建一批国家实验室④,打造共享创新资源的合作研发与产业应用平台;四是要敏锐把握世界科技创新发展趋势,并在此

① 《中共中央关于制定国民经济和社会发展第十三个五年规划的建议》,人民出版社 2015 年版,第 12 页。

② 《中共中央关于全面深化改革若干重大问题的决定》,人民出版社 2013 年版,第 14 页。

③ 习近平:《习近平在中国科学院第十七次院士大会、中国工程院第十二次院士大会上的讲话》,《人民日报》2014 年 06 月 10 日。

④ “组建一批国家实验室”是党的十八届五中全会关于“实施创新驱动发展战略”的一项重要决策部署。

基础上结合我国发展需求，牵头组织一批国际大科学计划和大科学工程。

第三，依托优势，发挥科研机构骨干引领作用。形成带动产业发展的核心技术，对于实现创新驱动发展战略具有重要引领作用，这需要努力实现优势领域和关键技术的重大突破。在这个过程中，要发挥国家科研机构的骨干引领作用，努力实现“四个率先”。习近平在中国科学院调研时强调，要“紧紧围绕实施创新驱动发展战略，不断出创新成果、出创新人才、出创新思想，率先实现科学技术跨越，率先建成国家创新人才高地，率先建成国家高水平科技智库，率先建设国际一流科研机构”①。科研机构要立足长远，制定分阶段的战略任务和发展路线图，加快提升科技创新能力，加快重大成果产出。各地高新技术区要发挥科技和人才密集的综合优势，加大实施创新驱动发展战略力度，充分发挥好高新区在全国科技创新中的示范引领作用。

第四，加大投入，营造良好宏观政策环境。实施创新驱动发展战略离不开政府支持和良好的政策环境。习近平强调：“要加大政府科技投入力度，引导企业和社会增加研发投入，加强知识产权保护工作，完善推动企业技术创新的税收政策，加大资本市场对科技型企业的支持力度。”②对政府而言：一要投入，加大财政支持力度，利用财政资金支持、奖励创新研究，而且要“好钢用在刀刃上”，做到该花的钱一分不少，不该花的钱一分不能多；二要引导，加快建设一批国家实验室，充分利用好国家科技重大专项和重大工程等抓手，引导社会投入，集中力量抢占制高点；三要减负，重点是减轻创新型企业税收负担，支持企业技术创新，让企业有更大能力和更多财力从事创新研究和技术改造升级；四要保护，用完善的立法、严格的执法、公正的司法保护知识产权，为创新营造健康的法治环境，使竞争机制在创新中发挥作用；五要衔接，在社会资本与社会创新之间搭建畅通的桥梁，引导社会资本向创新领域增加投入，激发全社会的创新活力、释放全社会的创新潜力，从而为我国加快实现创新型国家和科技强国提供战略支撑。

（原载于《中共贵州省委党校学报》2015年第6期）

---

① 习近平：《深化科技体制改革增强科技创新活力，真正把创新驱动发展战略落到实处》，《人民日报》2013年07月18日。

② 习近平：《敏锐把握世界科技创新发展趋势，切实把创新驱动发展战略实施好》，《人民日报》2013年10月02日。

创新驱动发展模式的关键支撑要素*

——学习习近平总书记关于创新发展的重要论述

党的十八大以来，习近平总书记关于创新驱动发展发表了系列重要讲话，涉及创新发展形势、创新发展重点、创新体制改革、创新人才发展等四大方面，提出十二个重要的新论断，核心是加快形成以创新为引领和支撑的经济体系和发展模式。这些新论断深刻回答了新形势下创新发展的重大理论和实践问题，进一步升华了对创新发展规律的认识，既是中国特色自主创新道路的最新理论成果，也是全面建设小康社会和创新型国家的行动纲领。

关于创新发展形势的论断

我国已经成为具有重要影响力的科技大国，但总体上科技创新基础还不牢。实施创新驱动发展战略，首先就要弄清我国创新发展的水平。有人认为中国创新水平已经世界一流，能够引领全球创新，也有人认为中国创新水平属于三流。习近平同志深刻分析了我国创新发展的形势，得出总的判断：我国已经成为具有重要影响力的科技大国，但总体上科技创新基础还不牢。这就是指明了我国创新发展的阶段性特征，确定了我国创新发展的历史方位和新起点。

习近平同志多次谈到这个论断。例如，2014 年在中科院、工程院两院大会上，习近平同志指出，“从总体上看，我国科技创新基础还不牢，自主创新特别是原创力还不强，关键领域核心技术受制于人的格局没有从根本上改变”。① 同年在中央财经领导小组第七次会议上，习近平在讲话中指出，“改革开放 30 多年来，我国

---

* 本文作者：郭铁成，中国科学信息研究所副所长、研究员。研究方向为科技发展战略、技术扩散和承接、先进适用技术。主要著作有《全球化对中国自主创新政策的影响》《把公私合作创新模式引入科技计划管理》（论文）等。

① 《习近平谈治国理政》，外文出版社 2014 年版，第 122 页。

实现了科技水平整体跃升,已经成为具有重要影响力的科技大国”。①

习近平同志的论断是符合我国科技创新实际的。第一,我国科技实力快速提升,主要总量指标已经居于世界前列。2015 年,科技人力资源总量超过 7100 万,连续几年世界第一;研发人员超过 535 万,也位居世界第一。研发投入强度达到 2.1%,连续几年超过欧盟 28 个成员国的平均水平(1.96%),也超过了一些老牌资本主义国家,如英国、加拿大、意大利、西班牙等。研发支出总量有望达到 1.43 万亿,占全球比重的 20%,居全球第二。发明专利申请量突破 100 万件,连续 5 年位居世界首位。国际科技论文数量连续 6 年居世界第二位;被引次数位居世界第四位;从当前趋势来看,我国科技论文发表数量和被引用次数,在未来相当长的时期内,将双双居于世界第二位。

第二,我国科技水平整体跃升,某些领域正由“跟跑者”变为“同行者”,甚至是“领跑者”。我国载人航天和探月工程、北斗导航系统、新一代高速动车组、“天河”高性能计算、“蛟龙号”载人潜水、深海钻探技术等,都达到了国际领先水平。在未来技术方面,我国在量子通讯、量子芯片、量子反常霍尔效应等领域世界领先。更重要的是,在很多细分市场上,特别是在民用市场上已经出现一些居于全球产业链高端的技术和产品,如陶瓷太阳能技术、汽车 8AT 变速器等。据华通明略咨询公司的报告,在全球最具价值的 100 个品牌中,我国占 14 个;据波士顿咨询公司的报告,在全球最具创新力的 50 强企业中,我国占据 4 席。

第三,自主创新特别是原始创新能力还不强,关键领域核心技术受制于人的格局没有从根本上改变。重大创新成果较少,处于“领跑”的领域还不多,大多数领域还是跟跑。关键技术、高端设备对外依存度过高,精密仪器、大型科学仪器等高技术含量的产品大多数依靠进口。表现在经济上,主要是劳动生产率和排放产出率不高。

新一轮科技革命和产业变革正在孕育兴起。实施创新驱动发展战略,还必须看清世界科技发展大势,准确把握新一轮科技革命和产业变革的动向。有人认为新产业革命已经发生,有人认为即将发生,也有人认为在可预见的将来不会发生。习近平同志密切跟踪、科学研判世界科技创新发展趋势,得出明确判断:新一轮科技革命和产业变革正在孕育兴起。或者说,新一轮科技革命和产业变革的兴起,正在孕育之中,尚未到来,但即将到来,突破的能量处于临界积累阶段。这是面向未来的重大判断,指明了转变发展方式和创新发展的战略方向。

---

① 《习近平:加快实施创新驱动发展战略》,《经济参考报》2014 年 8 月 19 日,新华网,http://news.xinhuanet.com/fortune/2014-08/19/c_126887271.htm。

习近平同志一直很注意新一轮科技革命和产业变革的情况,反复讲到这一判断。例如,2014 年在中科院、工程院两院大会上,习近平同志指出,“进入 21 世纪以来,新一轮科技革命和产业变革正在孕育兴起,全球科技创新呈现出新的发展态势和特征”。①

习近平同志认为,“即将出现的新一轮科技革命和产业变革与我国加快转变经济发展方式形成历史性交汇,为我们实施创新驱动发展战略提供了难得的重大机遇”,②“催生智能制造、互联网 + 、分享经济等新科技、新经济、新业态,蕴含着巨大商机”。③ 我们必须紧紧抓住新一轮科技革命和产业革命的重大机遇。在传统国际发展赛场上,规则是既定的,我们没有更多主动权。而当新一轮科技革命和产业变革到来时,全球产业和经济竞争的赛场将发生转换,新的经济秩序和政治秩序将要形成。我们要在新赛场建设之初就加入其中,甚至主导一些赛场建设,从而成为新的竞赛规则的重要制定者、新的竞赛场地的重要主导者。

新一轮科技革命和产业变革正在孕育兴起,表现出一些新的态势和特征。第一,一些重要科学问题和关键核心技术呈现出革命性突破的先兆。学科交叉融合加速,新兴学科不断涌现,前沿领域不断延伸,物质结构、宇宙演化、生命起源、意识本质等基础科学领域正在或有望取得重大突破性进展。

第二,群体性技术显现出绿色、智能、泛在的特点。一是移动互联网、智能终端、大数据、云计算、高端芯片等新一代信息技术深入发展;二是围绕新能源、气候变化、空间、海洋开发的技术创新更加密集;三是绿色制造、低碳经济等新兴技术和新兴产业蓬勃兴起;四是生命科学、生物技术带动形成庞大的健康、现代农业、生物能源、生物制造、环保等产业,一些跨国公司纷纷推出节能环保技术和智能型技术。这些变化无不指向以绿色、智能、泛在为特征的群体性技术。面对这种趋势,世界主要国家纷纷加快发展新兴产业,加速推动数字技术同制造业的结合,通过互联网平台汇集社会资源、集合社会力量、推动合作创新,形成人机共融的制造模式,给产业形态、产业结构、产业组织方式带来深刻影响。

第三,产业变革的基本要素加快积累并逐渐成熟。历次产业革命都有一个共同规律,就是生产方式发生飞跃式变化。这些变化包括:新的科学理论的出现,新的生产工具的出现,大量新的投资热点和就业岗位的形成,经济结构和发展方式

---

① 《习近平谈治国理政》,外文出版社 2014 年版,第 119 页。

② 万钢、马建堂:《国家科技创新政策读本》,国家行政学院出版社 2016 年版,第 5 页。

③ 中共中央文献研究室编:《习近平关于科技创新论述摘编》,中央文献出版社 2016 年版,第 31 页。

发生重大调整并形成新的规模化经济效益，生活方式和社会结构发生重大改变。目前，生产方式质变的能量正在积累，投入无形化、工具数字化、产品服务化、资源共享化、社会扁平化的端倪初步显现。

关于创新发展重点的论断

创新是引领发展的第一动力，关键要依靠科技创新转换发展动力。传统发展方式主要依靠资源等要素投入推动，外延扩张、粗放增长，是不可持续的。我国人口众多，如果以传统发展方式实现现代化，以现有发达水平人口消耗资源的方式来生产，全球现有资源都给我们也不够。出路在哪里，增长动力从何处来？习近平同志深刻地指出，创新是引领发展的第一动力，关键要依靠科技创新转换发展动力。这就解决了发展方式转变的动力和转换方式的问题，指明了新发展方式创新驱动的根本特征，丰富和发展了“科技是第一生产力”的论断。

为创新发展注入新的动力和活力，始终是习近平同志的关注点。2013 年在参加十二届全国人大一次会议上海代表团审议时，习近平同志指出：“我国经济已由较长时期的两位数增长进入个位数增长阶段。在这个阶段，要突破自身发展瓶颈、解决深层次矛盾和问题，根本出路就在于创新，关键要靠科技力量。”①2015 年在参加十二届全国人大三次会议上海代表团审议时，习近平同志指出：“创新是引领发展的第一动力。抓创新就是抓发展，谋创新就是谋未来。适应和引领我国经济发展新常态，关键是要依靠科技创新转换发展动力。”②

创新是引领发展的第一动力，也是新发展方式的核心。第一，创新是化解过剩产能、提高产业整体素质、构建现代产业体系的根本动力。所谓产能过剩，并不是所有产能过剩，而是低端产能过剩，高端产能的缺口很大。造成低端产能过剩的原因，就是创新不足，外延扩张、粗放增长。只有依靠创新，才能化解劣质的供给存量，逆势增长。

第二，创新是形成新的经济增长点，推动经济持续健康发展的根本动力。创新是科学技术要素进入生产的过程，也是科学技术价值化的过程。增强科技进步对经济增长的贡献，形成新的增长动力源泉，只能依靠创新。通过创新提供优质的供给增量，创造有效需求，推动经济持续健康发展。

---

① 《习近平的两会时间(四)：“创新是引领发展的第一动力”》，中国共产党新闻网，http://cpc.people.com.cn/n/2015/0306/c64094-26650088.html。

② 中共中央文献研究室编：《习近平关于科技创新论述摘编》，中央文献出版社 2016 年版，第 7 页。

第三,创新是提高社会生产力和综合国力的根本动力。国家的发展集中体现在社会生产力的发展和劳动生产率的提高,而决定的因素则是广泛的不断的科技创新。只有持续的科技创新才能不断解放和发展社会生产力,不断提高劳动生产率,增强综合国力和国家竞争力。

创新必须落实到创造新的增长点上,变成实实在在的产业活动。科技创新绝不仅仅是实验室里的研究,科技成果只有同国家需要、人民要求、市场需求相结合,完成科学研究、实验开发和推广应用,才能真正创造价值、驱动发展。否则成果再多,束之高阁,也不可能对现实社会产生作用。习近平同志深刻分析了我国科技力量对经济增长和社会发展支持不足的问题,明确要求创新必须落实到创造新的增长点上,把创新成果变成实实在在的产业活动。这就抓住了科技促进发展的关键点,指明了科技工作必须面向经济主战场和民生大领域的根本方向。

2013 年在考察中科院时,习近平同志就明确要求,“要优先支持促进经济发展方式转变、开辟新的经济增长点的科技领域”;①2014 年在上海考察时讲,“科技创新及其成果决不能仅仅落在经费上、填在表格里、发表在杂志上,而要面向经济社会发展主战场,转化为经济社会发展第一推动力,转化为人民福祉”。② 在中央财经领导小组第七次会议上强调,实施创新驱动发展战略,就要“增强科技进步对经济增长的贡献度,形成新的增长动力源泉,推动经济持续健康发展”。③ 在当年的中央经济工作会议上,明确指出:“创新不是发表论文、申请到专利就大功告成了,创新必须落实到创造新的增长点上,把创新成果变成实实在在的产业活动。”④

创造新的增长点,把创新成果变成实实在在的产业活动,必须做到“三要”“四对接”。第一,“三要”就是市场要活、创新要实、政策要宽。市场要活,就是主要靠市场发现和培育新的增长点,使市场在创新资源配置中起决定性作用。创新要实,就是科技创新要面向经济建设主战场,面向民生建设大领域,更多靠产业化创新来培育和形成新的增长点,把创新成果变成实实在在的产业活动,尽快形成一批带动产业发展的核心技术。政策要宽,就是营造有利于大众创业、市场主体创新的政策和环境。政府要加快转变职能,创造更好的市场竞争环境,培育市场化

---

① 中共中央文献研究室编:《习近平关于科技创新论述摘编》,中央文献出版社 2016 年版,第 56 页。

② 中共中央文献研究室编:《习近平关于科技创新论述摘编》,中央文献出版社 2016 年版,第 97 页。

③ 《习近平论经济建设——十八大以来重要论述摘编》,《党建》2015 年 11 月 03 日,新华网,http://news. xinhuanet. com/politics/2015 - 11/03/c_128388351. htm。

④ 中共中央文献研究室编:《习近平关于科技创新论述摘编》,中央文献出版社 2016 年版,第 6 页。

的新机制,在保护产权、维护公平、改善金融支持、强化激励机制、集聚优秀人才等方面积极作为。

第二,"四对接"就是科技同经济对接、创新成果同产业对接、创新项目同现实生产力对接、研发人员创新劳动同其利益收入对接,形成有利于产出创新成果,有利于创新成果产业化的新机制。

实施创新驱动发展战略,就是要推动全面创新。在工业时代,创新主要是科技创新,核心是研发活动。新一轮科技革命和产业革命将把我们带入智能时代,创新仍以研发为核心,但不限于研发。从创新投入来看,科技创新是一种"三角形"结构,由研发资本、知识资本、催化资本组成;从创新内容来看,创新是一种"软硬"复合的结构,由以科技(狭义)为基础的创新与以知识为基础的创新组成。因此,创新除了研发这种形式,还包括创意、设计、标准、品牌、大数据、经营管理、市场开发,以及科技金融等形式。习近平同志根据创新结构和创新形式的新变化,深刻地指出,实施创新驱动战略就是要推动全面创新。这就把创新从工业时代提升到了智能时代,由单纯的科技创新扩大到科技界、产业界、社会各方面参与的全员创新。

早在2012年在广东考察工作时,习近平同志就要求"全方位推进科技创新、企业创新、产品创新、市场创新、品牌创新";①2014年在中央财经领导小组第七次会议上讲话,明确指出,"党的十八大提出的实施创新驱动发展战略,就是要推动以科技创新为核心的全面创新",②"创新是多方面的,包括理论创新、体制创新、制度创新、人才创新等,但科技创新地位和作用十分显要"。③ 之后在中科院、工程院两院大会讲话中,又进一步要求"要着力以科技创新为核心,全方位推进产品创新、品牌创新、产业组织创新、商业模式创新,把创新驱动发展战略落实到现代化建设整个进程和各个方面"。④

推动全面创新,必须正确处理科技创新和非科技创新的关系。第一,科技创新与非科技创新相互促进。在转变发展方式、发展新兴产业过程中,要以科技创新带动商业模式、管理体制、经营机制等方面的创新,也要以非科技创新支撑研

① 中共中央文献研究室编:《习近平关于科技创新论述摘编》,中央文献出版社2016年版,第13页。

② 中共中央文献研究室编:《习近平关于科技创新论述摘编》,中央文献出版社2016年版,第17页。

③ 中共中央文献研究室编:《习近平关于科技创新论述摘编》,中央文献出版社2016年版,第4页。

④ 《习近平谈治国理政》,外文出版社2014年版,第126页。

发、设计等科技创新。

第二,科技创新与非科技创新统筹推进。统筹推进科技、管理、品牌、组织、商业模式创新,统筹推进军民融合创新,统筹推进引进来与走出去合作创新,实现科技创新、制度创新、开放创新的有机统一和协同发展。

建设具有全球影响力的科技创新中心,促进区域协同发展。中国曾经是二元经济国家,虽然经过多年发展,区域发展和区域创新不平衡的问题仍然存在。解决这一问题必须发挥优势地区的示范引领作用,由优势地区带动我国经济社会整体跃升,参与国际竞争。为此,习近平同志要求北京、上海等优势地区建设全球有影响力的科技创新中心,促进区域协同发展,带动全局转变发展方式。这就把区域创新提升到国家战略的高度,对创新发展的战略布局做出区域安排。

2013 年在中央政治局第九次集体学习时,习近平指出:"面向未来,中关村要加大实施创新驱动发展战略力度,加快向具有全球影响力的科技创新中心进军,为在全国实施创新驱动发展战略更好发挥示范引领作用。"①2014 年在北京考察时提出:"要明确城市战略定位,坚持和强化首都全国政治中心、文化中心、国际交往中心、科技创新中心的核心功能"。② 同年在上海考察时,要求上海"努力在推进科技创新、实施创新驱动发展战略方面走在全国前头、走到世界前列,加快向具有全球影响力的科技创新中心进军"。③

建设北京、上海等科技创新中心,必须从国家战略出发。第一,科技创新中心必须具备全球影响力。建设科技创新中心首先是国家战略,其次才是地方战略。因此创新中心必须面向未来,在全球范围内定位,确定国际一流的创新目标。国际一流的创新目标就是实现原始创新,提供未来技术供给,成为新产业革命的创新中心。

第二,科技创新中心必须具备广泛带动力。之所以建设创新中心,就是要发挥示范和引领作用。创新中心的发展不能局限于当地的一亩三分地,必须放眼全国甚至全球,向其他地区延展创新链和产业链,对相对落后地区和传统产业形成带动能力,依靠人力资本和知识资本等无形资本实现智能型增长,成为新发展方式的创新中心。

---

① 《习近平主持中央政治局第九次集体学习》,新华网,http://news. cnwest. com/content/2013 - 10/02/content10124609. htm。

② 《习近平就推进北京发展和管理工作提出 5 点要求》,新华网,http://www. bj. xinhuanet. com/bjzw/2014 - 02/27/c - 119527934. htm。

③ 《上海科创中心迈向全球目标》,《人民日报海外版》2015 年 7 月 8 日,凤凰网,http://news. ifeng. com/a/20150718/44193357 - O. html。

第三,科技创新中心具备强大价值实现力。我国已经度过了温饱阶段,实现了整体小康,正在建设全面小康。近年的统计公报显示,城镇居民和农村居民消费的恩格尔系数都在下降,而且两个数值越来越接近。从经济规律来看,在温饱问题尚未解决的阶段,人们的需求主要集中在生活资料领域,生产和消费方式比较粗放;而在温饱问题解决以后,人们的物质消费不仅有一个大的增长,而且出现重大的升级,同时人们的非物质性消费也大幅度增长、升级。因此科技创新中心必须适应消费升级和产业升级的需要,建立强大的商业价值和社会价值转化能力,成为小康社会的创新中心。

实施创新驱动发展战略,根本在于增强自主创新能力。党的十八大提出实施创新驱动发展战略,那么,创新驱动发展战略与自主创新是什么关系呢?这是人们普遍关心的问题。习近平同志深刻地指出,实施创新发展战略的根本在于增强自主创新能力。这就是说,创新驱动发展战略包括自主创新,自主创新是创新驱动发展战略的核心,二者在本质上是一致的。区别仅在于着眼点不同:自主创新的着眼点是提升国家在世界的竞争力;而创新驱动发展的着眼点不仅包括国家竞争力的提升,而且包括经济社会发展动力的转换。习近平同志的这一论断把创新驱动发展与自主创新统一起来,找到了后发国家在全球化时代创新崛起的道路。

2014 年在中科院、工程院两院大会上,习近平同志指出,“实施创新驱动发展战略,最根本的是要增强自主创新能力”;①2015 年在参加“两会”上海团审议时,再次强调:“实施创新驱动发展战略,根本在于增强自主创新能力。”②

实施创新驱动发展战略,要把立足点放在自主创新上。第一,采取“非对称”赶超战略。不能发达国家搞什么我们也搞什么,人云亦云、亦步亦趋。首先,要坚持主动跟进、精心选择、有所为有所不为的方针,明确我国科技创新主攻方向和突破口,研究“非对称”性赶超措施和突破策略;其次,发挥自己的优势,集中力量办大事,抓重大、抓尖端、抓基本,在关键领域、卡脖子的地方下功夫,形成局部绝对强势;再次,超前规划布局,抢占先机,着力攻克一批关键核心技术,在前瞻性、战略性领域占有一席之地,从而赢得主动、赢得优势、赢得未来。

第二,强化自主创新成果的源头供给。基础研究是整个科学体系的源头,是所有技术问题的总机关,是高端装备发展的原动力。必须加强科学基础设施建设,推进基础性、系统性、前沿性研究的创新,强化自主创新成果的源头供给,确保

---

① 《习近平谈治国理政》,外文出版社 2014 年版,第 121 页。

② 中共中央文献研究室编:《习近平关于科技创新论述摘编》,中央文献出版社 2016 年版,第 50 页。

我国创新发展的后劲。

第三,在更高起点上推进自主创新。在全球化、信息化、网络化深入发展的条件下,自主创新必须全球定位,开源创新。通过融入全球创新网络,积极整合、充分利用全球创新资源,全面提高我国科技创新水平。有选择有重点地参加国际大科学装置和科研基地及其中心建设和利用,在科技创新中积极争取国际话语权和主导权。

第四,建立健全优先使用自主创新成果的机制。新技术、新方法、新产品要发展,必须要使用。如果有了技术突破,却没有用户,那就跨不过创新的"死亡谷"。因此必须从供给侧与需求侧两方面发力,建立健全优先使用自主创新成果的机制,大力实施以科技创新为导向的公共采购政策和其他有针对性的优惠政策,为自主创新培育领先市场。促进自主技术、自主品牌、自主标准的成果优先为我所用,使我们自己的先进产品能推得开、用得上、有效益,让我们的民族品牌大放光彩。

关于科技创新体制改革的论断

推动科技创新与经济社会发展紧密结合,关键是要处理好政府和市场的关系。科研和经济联系不紧密问题,是多年来的一大痼疾,也是我们与发达国家创新体系的最大差距。主要表现是:公共投入与企业需求脱节,目前在很多地方,还程度不同地存在计划项目由政府推荐、审批,科学家立题、评审的现象。基础研究成果与市场价值脱节,缺乏技术商业化体系,科研人员难以确定科研成果的市场价,而企业用户又不了解科研成果的技术性能。政府采购与研发投入脱节,政府采购政策没有把创新作为重要因素考虑,公共研发项目也没有把技术商业化作为重要内容。科技人员与企业创新脱节,大量高等学校研发活动较少,缺乏为企业创新服务的政策。那么,如何进一步打通科技和经济社会发展之间的通道呢?习近平同志深刻地指出,推动科技创新与经济社会发展紧密结合,关键是要处理好政府和市场的关系。这就找到了科技与经济脱节的真正原因,指明了解决这一问题的根本方法。

2013 年在中央政治局第九次集体学习时,习近平同志指出:"改革的目标只有一个,那就是要进一步打通科技和经济社会发展之间的通道。"①"着力推动科技

① 中共中央文献研究室编:《习近平关于科技创新论述摘编》,中央文献出版社 2016 年版,第 58 页。

创新与经济社会发展紧密结合。……关键是要处理好政府和市场的关系。"①在中共十八届三中全会上进一步指出:"进一步处理好政府和市场关系,实际上就是要处理好在资源配置中市场起决定性作用还是政府起决定性作用这个问题。经济发展就是要提高资源尤其是稀缺资源的配置效率,以尽可能少的资源投入生产尽可能多的产品、获得尽可能大的效益。理论和实践都证明,市场配置资源是最有效率的形式。市场决定资源配置是市场经济的一般规律,市场经济本质上就是市场决定资源配置的经济。健全社会主义市场经济体制必须遵循这条规律,着力解决市场体系不完善,政府干预过多和监管不到位问题。"②

只有处理好政府和市场的关系,才能推动科技创新与经济社会发展紧密结合。第一,让企业真正成为技术创新主体。着力构建以企业为主体、市场为导向、产学研结合的技术创新体系,让企业真正成为技术创新的主体,即成为技术创新决策、研发投入、科研组织、成果转化的主体,变"要我创新"为"我要创新"。以企业需求为优先顺序配置创新资源,支持和引导创新要素向企业聚集,不断增强企业创新动力、创新活力、创新实力。

第二,通过市场筛选培育新兴产业。在一般性产业中,发展哪些行业或选择何种技术路线应该由企业决定,政府不要大包大揽,不该管也管不好的事就不要管。培育公平的市场环境,通过市场筛选把新兴产业培育起来,特别要发挥好中小微企业应对技术路线和商业模式变化的独特优势。

第三,推进政府科技管理体制改革。以转变职能为目标,做好"三个分工"和"一个加强",即政府和市场分工、中央各部门功能性分工、中央和地方分工,加强党对科技工作的领导。政府从分钱分物的具体事项中解脱出来,集中力量抓战略规划和政策环境,提高宏观管理和预算统筹协调能力,研究提出中央财政科技资金管理方案;同时选择一批体现国家战略意图的重大科技项目和重大工程,在关系国计民生和产业命脉的领域积极作为,加强支持,统筹协调,组织全社会力量来推动。

第四,构建总体布局合理、功能定位清晰、具有中国特色的科技计划体系和管理制度。政府部门主要负责科技计划(专项、基金)的宏观管理,不再直接具体管理项目,通过统一的国家科技管理平台,建立决策、咨询、执行、评价、监管各环节职责清晰、协调衔接的新体系。

---

① 中共中央文献研究室编:《习近平关于科技创新论述摘编》,中央文献出版社 2016 年版,第 57 页。

② 《习近平谈治国理政》,外文出版社 2014 年版,第 77 页。

第五，加强公共服务和监管。加强和优化公共服务，把公共财政投资形成的国家重大科研基础设施和大型科研仪器向社会开放，让它们更好地为科技创新服务、为社会服务。保障公平竞争，加强市场监管，维护市场秩序，推动可持续发展，促进共同富裕，弥补市场失灵。

要从科技体制改革和经济社会领域改革两个方面同步发力。科技成果向现实生产力转化不力、不顺、不畅的问题，除了科技体制的原因以外，还有一个重要原因，就是在经济和社会体制方面存在着诸多体制机制关卡。比如，市场秩序不规范，以不正当手段谋取经济利益的现象广泛存在：生产要素市场发展滞后，要素闲置和大量有效需求得不到满足；市场规划不统一，部门保护主义和地方保护主义大量存在；市场竞争不充分，阻碍优胜劣汰和结构调整，等等。单纯进行科技体制改革，或者单纯进行经济体制改革，都难以奏效。根据这种情况，习近平同志深刻指出，改革要着力从科技和经济社会两个方面同步发力。这就指明了现阶段必须进行配套改革，打通从科技强到产业强、经济强、国家强的通道。

2013年，在十八届二中全会第二次全体会议上，习近平同志指出："要深入研究全面深化体制改革的顶层设计和总体规划，加强对各项改革关联性的研判，把经济、政治、文化、社会、生态等方面的体制改革有机结合起来，把理论创新、制度创新、科技创新、文化创新以及其他各方面创新有机衔接起来。"①在参加全国政协十二届第一次会议联组讨论时指出："科技体制改革必须与其他方面改革协同推进，加强完善科技创新管理，促进创新链、产业链、市场需求有机衔接。"②2014年在中科院、工程院两院大会讲话中进一步指出，"要着力从科技体制改革和经济社会领域改革两个方面同步发力"。③

从科技与经济社会两个方面进行改革，就是要打通科技和经济转移转化的通道。第一，打破非科技性的创新瓶颈。我们现行的经济体制和社会体制，很多是适应传统发展方式的，有利于简单再生产和扩大再生产，但并不利于创新。要清除经济社会领域各种有形无形的栅栏，让机构、人才、装置、资金、项目都充分活跃起来，形成推进科技创新发展的强大合力，建立新的利益轨道。

第二，改革国家研究体系。加快完善基础研究体制机制，形成适合基础性、公益性、战略性研发的评价体系，建设一批在国际科技领域具有影响力、吸引力、竞

---

① 《习近平关于全面深化改革论述摘编》，中央文献出版社2014年版，第37页。

② 中共中央文献研究室编：《习近平关于科技创新论述摘编》，中央文献出版社2016年版，第56页。

③ 《习近平谈治国理政》，外文出版社2014年版，第126页。

争力的一流科研机构,形成一支能打硬仗、打大仗、打胜仗的战略科技力量。按照遵循规律、强化激励、合理分工、分类改革要求,继续深化科研院所改革,扩大院所自主权,构建高效强大的共性关键技术供给体系,在一些重大创新领域组建一批国家实验室,加快建设以国家实验室为引领的创新基础平台,成为抢占国际科技制高点的重要战略创新力量。

第三,改革国家创新体系。完善以企业为主体的技术创新体系,促进用、产、学、研、政、社协同创新,加快建立健全各主体、各方面、各环节有机互动、协同高效的国家创新体系,形成产学研结合、上中下游衔接、大中小企业协同的机制,解决好“由谁来创新”、“动力哪里来”、“成果如何用”三个基本问题,提升国家创新体系的效能。

第四,着力完善科技创新基础制度。加快建立健全国家科技报告制度、创新调查制度、国家科技管理信息系统,大幅提高科技资源开放共享水平和专业化服务能力。

关于创新人才发展的论断

创新驱动实质上是人才驱动。人才资源是第一资源,也是创新活动中最为活跃、最为积极、最为关键的因素,已经成为综合国力竞争的核心。谁能培养和吸引更多优秀人才,谁就能在竞争中占据优势、拥有未来。习近平同志根据人才资源战略地位的重大变化,深刻地指出,创新驱动实质上是人才驱动。这一论断切中了我国创新活动中存在的见物不见人、重权力轻人才的弊端,是新时期我国知识分子政策的基石,对于尊重知识、尊重创新、尊重人才,调动全体科技人员自主创新的积极性、主动性,具有重要意义。

2014 年,在中科院、工程院两院大会上,习近平同志指出,“人是科技创新最关键的因素”“我们要把人才资源开发放在科技创新最优先的位置”。① 在当年的中央经济工作会议上,又指出,“随着要素质量不断提高,经济增长将更多依靠人力资本质量和技术进步”。② 2015 年在参加“两会”上海团审议时,进一步明确提出,“人才是创新的根基,创新驱动实质上是人才驱动”。③

创新驱动就是人才驱动,必须把人才资源开发放在科技创新最优先的位置。

---

① 《习近平谈治国理政》,外文出版社 2014 年版,第 127 页。

② 中共中央文献研究室编:《习近平关于科技创新论述摘编》,中央文献出版社 2016 年版,第 5 页。

③ 中共中央文献研究室编:《习近平关于科技创新论述摘编》,中央文献出版社 2016 年版,第 122 页。

第一,按照人才成长规律改革人才发展体制。改革教育、培养、引进、使用等体制,建立更为灵活的人才管理机制,形成有利于创新人才成长的环境,培养造就一批世界水平的科学家、工程师和科技领军人才、高水平创新团队,特别是面向未来的青年科技人才。

第二,以用为本,人才培养与生产活动和创新活动相结合。放手使用人才,用好科学家、科技人员、企业家和技术工人;在实践中发现、培育、凝聚人才,最大限度支持和帮助科技人员创新创业,培养造就规模宏大、结构合理、素质优良的创新型科技人才队伍。

第三,尊重创新劳动和创新自主权。在全社会积极营造鼓励大胆创新、勇于创新、包容创新的良好氛围,为人才发挥作用、施展才华提供广阔的天地。尊重科研、创新等复杂劳动,完善人才评价体系,强化收入分配激励,使发明者、创新者能够合理分享创新收益,从物质和精神两个方面激发创新、创业激情。

第四,按需引进,实行更加开放的人才政策。不唯地域引进人才,不拘一格用好人才,招商引资与招人聚才并举。广泛吸引各类创新人才特别是最缺的人才,重点引进能够突破关键技术、发展高新技术产业、带动新兴学科的战略型人才和创新创业的领军人才;更加积极主动地引进国外优秀人才特别是高层次人才,吸引外国专家和优秀人才以各种方式参与中国的自主创新。

不要用行政化的"参公管理"约束科学家。我国是一个人力资源大国,也是一个智力资源大国,13 亿多人中蕴藏的智慧资源是最可宝贵的。但是,科研、创新等复杂劳动低于其价值的现象,用行政化办法评价、管理人才的做法,在很大程度上还存在。针对这种现象,习近平同志深刻地指出,不要用行政化的"参公管理"约束科学家。这就抓住了大学和科研机构人才管理体制的弊端,为我国人才发展指明了方向。

2014 年在中央财经领导小组第七次会议上,习近平同志指出:"要想让科学家多出成果,必须给他们创造条件。在基础研究领域,也包括一些应用科技领域,要尊重科学家研究灵感瞬间性、方式随意性、路径不确定性的特点,允许科学家自由畅想、大胆假设、认真求证。"科学发现是有规律的,要容忍在科学问题上的'异端邪说'。不要以出成果的名义干涉科学家的研究,不要动辄用行政化的'参公管理'约束科学家。"①

科学家管理不能参照公务员管理方法,而是要按照科研规律、创新规律和人

① 中共中央文献研究室编:《习近平关于科技创新论述摘编》,中央文献出版社 2016 年版,第 20 页。

才成长规律管理。落实习近平同志的上述意见,建立科层制和专家制相结合的科研人才管理体制,是很重要的方面。

多年来大家反映的学术界官僚化问题,本质上不是科研单位的行政级别问题,而是参照公务员的管理办法即科层制管理科技人才的问题。科层制是按照权力职能和职位进行分工和分层,以严格的层级规则为核心的组织体系和管理方式。利用现代科层制进行行政管理是必要的,但如果利用科层制管理科学研究,则违背了科研和创新的规律。学术研究从本质上是"反科层"的,"吾爱我师,但吾更爱真理",在真理面前不分高低贵贱,人人平等,结果常常是年轻的超过年老的,资历浅的超过资历深的,小人物超过大人物,新理论超过旧理论,因此只有"反科层"才能发明创造,坚持科层就会窒息创新。

破除科研单位的官僚化弊端,就是要在坚持党对科研单位领导的根本制度下,采取科研、行政两条线协调运行的体制,既避免官僚化,又避免学阀化。行政管理采取科层制,科研管理采取专家制。行政体系由行政负责人等组成,负责本单位的行政事务,同上级单位、外单位的联系等。科研体系由学术委员会主任、学术委员等专家、教授组成,负责科研规划、政策、预算、课题等业务工作,以及职称评审、业务培训等。两个体系人员的任职可以交替,但不交叉,各司其职,协同运作。

企业家是推动创新的重要动力。现代社会由企业、居民户和政府组成。企业是社会经济基础的主体,是技术创新的主体,而企业家则是企业的核心和灵魂。据《2015 德勤高科技成长中国 50 强报告》,被调查企业 50% 的创新是由 CEO 主导的,其中大多数 CEO 还兼任企业的技术专家。许多企业 CEO 将创新视为其核心职责的一部分,不仅从技术角度重视产品创新,而且还从更宽广层面来审视公司的各种创新活动,并把自己定位为企业创新的"领头羊"。但是长期以来,我们在创新人才队伍建设中,强调了科研人员的作用,这是正确的;但对企业家的作用却重视不够。习近平同志针对这种现象,深刻地指出,企业家是推动创新的重要动力。这就揭示了创新活动的经济实质,丰富和发展了企业主体和人才驱动的内涵。

2012 年在中央经济工作会议上,习近平同志指出,"我们要着力构建以企业为主体、市场为导向、产学研相结合的技术创新体系,注重发挥企业家才能";①2014 年在中央财经领导小组第七次会议上,习近平同志进一步指出:"用好人才,还要

① 中共中央文献研究室编:《习近平关于科技创新论述摘编》,中央文献出版社 2016 年版,第 55 页。

用好企业家。企业家是推动创新的重要动力。世界上一些很著名的企业家并不是发明家,但他们是创新的组织者、推动者。企业家有十分敏锐的市场感觉,富于冒险精神,有执着顽强的作风,在把握创新方向、凝聚创新人才、筹措创新投入、创造新组织等方面可以起到重要作用。"①

企业家是推动创新的重要动力,必须推动他们积极投身创新事业。依法保护企业家的财产权和创新收益,消除他们的后顾之忧;同时注重发挥企业家在技术创新体系中的作用,调动他们组织、推动科技创新和全面创新的积极性、主动性、创造性。

(原载于《学术前沿》2016年3月下)

① 中共中央文献研究室编:《习近平关于科技创新论述摘编》,中央文献出版社2016年版,第121页。

中国共产党发展理念的演进与创新*

——兼论习近平发展理念的科学内涵

1949年6月30日,毛泽东在为纪念中国共产党诞生28周年写的《论人民民主专政》中非常恰切地把我们党比喻成"像一个人一样,有他的幼年、青年、壮年和老年"。毛泽东意在说明:中国共产党对中国革命规律和事物生存与发展规律的认识,是要经历一个由知之不多、知之不深,到知之较多、知之较深的过程的。同样的道理,我们党对发展理念的认识也经历了这样一个过程。

回顾中国共产党近百年的历史,我们可以清楚地看出,中国共产党发展理念演进的历史轨迹:从中国共产党对发展理念的最初认识,到十一届三中全会以来发展理念的不断推进,再到十八大以来习近平的发展思想对发展理念的创新。我们可以从中国共产党发展理念的演进与创新的历史过程中得出重要的规律性的结论。

中国共产党对发展理念的最初认识

中国共产党对发展理念的最初认识,主要体现在党成立时对肩负的历史使命的理解和新民主主义革命时期对现代化的认识,以及新中国成立后探索社会主义建设道路的理论和实践中。

中国共产党一成立就肩负两大历史使命:争取民族独立、人民解放(即救亡)和实现国家富强、人民幸福(即发展)。这是两个历史阶段的奋斗纲领。既有明显区别,又有密切联系。只有赢得救亡胜利才能为发展奠定政治前提和制度基础。中国共产党在近百年的奋斗历程中,用了28年时间完成了救亡这个使命,建立了

---

* 本文作者:严书翰,中共中央党校科学社会主义教研部教授、博导,马克思主义理论研究和建设工程课题组首席专家。研究方向为马克思主义理论、科学社会主义和中国特色社会主义。主要著作有《社会主义基本问题研究》《中国特色社会主义前沿问题研究》《经济全球化背景下社会主义与资本主义的关系》等。

新中国。用了60多年时间致力于发展，取得了举世公认的成就。

新民主主义革命时期，由于中国国情和中国革命的客观形势，使中国共产党长期只能在几乎完全没有现代工业的最落后的偏僻农村开展斗争。但是，以马克思主义为指导的中国共产党对中国一定要走上现代化发展道路，始终抱有强烈愿望并对此充满信心。1944年5月22日，毛泽东在陕甘宁边区一次讲话中指出："共产党是要努力于中国的工业化的"，"日本帝国主义为什么敢于这样地欺负中国，就是因为中国没有强大的工业，它欺侮我们的落后。因此，消灭这种落后，是我们全民族的任务。老百姓拥护共产党，是因为我们代表了民族与人民的要求。但是，如果我们不能解决经济问题，如果我们不能建立新式工业，如果我们不能发展生产力，老百姓就不一定拥护我们"。① 1944年8月31日，毛泽东在给博古的信中指出，新民主主义社会的基础是工厂与合作社，不是分散的个体经济。分散的个体经济即家庭农业与家庭手工业是封建社会的基础，不是新民主主义社会的基础。这是马克思主义区别于民粹主义的地方。1945年召开的党的七大指出："中国工人阶级的任务，不但为着建立新民主主义的国家而斗争，而且为着中国的工业化和农业的近代化而斗争。"七大还提出判断中国一切政党的政策及其实践在中国人民中所表现的作用的好坏、大小的标准，"归根到底，看它对中国人民的生产力的发展是否有帮助及其帮助之大小，看它是束缚生产力的，还是解放生产力的"。②

当年我们党把发展理解为现代化，把现代化等同于工业化或工业社会等，虽然从今天的眼光看，这些认识还没到位，但是，这些认识是非常宝贵的，体现了我们党当时的认识水平，是符合马克思主义的。从这些认识中可见，以毛泽东为核心的党的第一代中央领导集体对中国一定要走上现代化发展道路，始终抱有强烈愿望并充满自信。新中国成立前夕，毛泽东向全世界发出这样的豪言壮语："我们不但善于破坏一个旧世界，我们还将善于建设一个新世界。"③毛泽东还指出："从我们接管城市的第一天起，我们的眼睛就要向着这个城市的生产事业的恢复和发展。"

三大改造完成后，我国建立起了社会主义基本制度。这时期我们党对中心任务是发展的认识仍然是清醒的、正确的。毛泽东在《关于正确处理人民内部矛盾的问题》中指出，革命时期的大规模的急风暴雨式的群众阶级斗争基本结束。并

---

① 中共中央文献研究室编：《毛泽东文集》第3卷，人民出版社1999年版，第147页。
② 《毛泽东选集》第3卷，人民出版社1991年版，第1079页。
③ 《毛泽东选集》第4卷，人民出版社1991年版，第1439页。

且明确指出,我们的中心任务是"向自然界开战""建设我们的新国家"。

在我国这样经济文化落后的东方大国搞社会主义建设,是一项全新的实践。由于这时期党对社会主义现代化建设规律的认识还知之不多、知之不深,加上当时经济社会发展水平的限制和复杂的国际环境的影响,党对社会主义建设道路的探索和对发展理念的认识发生了挫折,特别是发生了"文化大革命"这样全局性、长时间的错误,毛泽东关于现代化发展的正确思想没有得到贯彻。但是,毛泽东对发展理念的最初认识,尤其是艰辛探索中国社会主义建设道路的理论成果,为后来我们党对发展理念认识的不断推进和创新,提供了理论来源和宝贵的思想资料。

十一届三中全会以来党对发展理念认识的不断推进

十一届三中全会实现了党的历史上第二次伟大转折。这一时期以邓小平为核心的党的第二代中央领导集体在发展问题上解放思想,拨乱反正,由此开始,党和国家的工作重心转移到了社会主义现代化建设上来,也由此开始了党对发展理念认识的不断推进。

邓小平指出,贫穷不是社会主义,发展太慢也不是社会主义。社会主义就是要消灭贫穷,提高人民的生活水平。发展才是硬道理。在社会主义国家,一个真正的马克思主义政党在执政以后,一定要致力于发展生产力,并在这个基础上逐步提高人民的生活水平。邓小平论述了搞社会主义现代化建设一定要重视综合平衡,防止单打一。要让一部分人、一部地区先富起来,先富要带动后富,最终实现共同富裕。区域发展要坚持两个大局的发展战略。要两手抓、两手都要硬,实现我国现代化事业的全面发展。在邓小平领导下,我们党制定了"三步走"的发展战略。尤其是邓小平在总结新中国成立以来社会主义建设正反两方面经验和世界社会主义兴衰成败的基础上对社会主义本质做了新的概括:解放生产力,发展生产力,消灭剥削,消除两极分化,最终达到共同富裕。从而把党对发展理念的认识提高到新的科学水平。

十三届四中全会以后,以江泽民为核心的党的第三代中央领导集体,根据国内外形势的发展变化,根据我国经济社会发展的新要求,对我们党肩负的发展使命和发展理念有进一步的认识和论述。江泽民强调,对于"一个中心、两个基本点"的党的基本路线,一要"坚定不移,毫不动摇";二要"全面执行,一以贯之"。他还指出,发展是党执政兴国的第一要务,发展决定人心向背,要坚持用发展的办法解决前进中的问题。要把改革发展稳定的关系,作为整个社会主义初级阶段都要正确处理好的重大关系。社会主义社会是以经济建设为重点的全面发展、全面进步的社会,要促进社会主义物质文明、政治文明、精神文明协调发展,促进人的全面发展。

党的十六大以后,以胡锦涛同志为总书记的党中央立足社会主义初级阶段基本国情,总结我国发展实践,借鉴国外发展经验,适应新的发展要求,提出了科学发展观。这是对党的三代中央领导集体关于发展的重要思想的继承和发展。十六届三中全会提出以人为本的全面协调可持续的科学发展观。十七大指出,科学发展观的第一要义是发展,核心是以人为本,基本要求是全面协调可持续,根本方法是统筹兼顾。贯彻落实科学发展观要求始终坚持"一个中心、两个基本点"的基本路线,要求积极构建社会主义和谐社会,要求继续深化改革开放,要求切实加强和改进党的建设。十七大后,在全面总结党领导人民推动科学发展、促进社会和谐实践的基础上,进一步发展了科学发展观。十七届五中全会提出,在当代中国,坚持发展是硬道理的本质要求,就是坚持科学发展。要更加注重以人为本,更加注重全面协调可持续发展,更加注重统筹兼顾,更加注重保障和改善民生,促进社会公平正义,从而丰富发展了党的发展理念。

习近平发展思想对中国共产党发展理念的创新

十八届五中全会指出:"党的十八大以来,以习近平同志为总书记的党中央毫不动摇坚持和发展中国特色社会主义,勇于实践、善于创新,深化对共产党执政规律、社会主义建设规律、人类社会发展规律的认识,形成一系列治国理政新理念新思想新战略,为在新的历史条件下深化改革开放、加快推进社会主义现代化提供了科学理论指导和行动指南。"这里讲的新理念新思想新战略,集中体现为习近平治国理政战略思想中关于发展的新思想。习近平发展思想,主要蕴含在十八大以来习近平总书记关于发展的新论述,以及他在十八届五中全会前后对五大发展理念和经济发展新常态等思想的重要论述之中。

党的十八大以来,习近平总书记对发展的新论述主要有:发展是解决中国一切问题的金钥匙,是解决我国所有问题的关键,以经济建设为中心任何时候都不能偏离;要坚持以科学发展为主题,坚持稳中求进的工作总基调,扎实推进我国经济持续健康发展;要尊重经济规律,坚持有质量、有效益、可持续,在不断转变经济发展方式、优化经济结构中实现增长;要发挥好"两只手"的作用,使市场在资源配置中起决定性作用和更好发挥政府作用;要加大统筹城乡发展、统筹区域发展的力度,在"四化"同步推进中实现以人为核心的城镇化;保障和改善民生没有终点站,只有连续不断的新起点,做好保障和改善民生工作;要把生态文明建设融入经济、政治、文化、社会建设各方面和全过程等。

习近平总书记在党的十八届五中全会上提出并全面阐述了创新、协调、绿色、开放、共享这五大发展理念。习近平总书记在主持起草《中共中央关于制定国民经济和社会发展第十三个五年规划的建议》(简称《建议》)时就强调:“首先要把应该树立什么样的发展理念搞清楚,发展理念是战略性、纲领性、引领性的东西,是发展思路、发展方向、发展着力点的集中体现。发展理念搞对了,目标任务就好定了,政策举措跟着也就好定了。”①他在党的十八届五中全会第二次全体会上对五大发展理念做了全面的阐述。十八届五中全会通过的《建议》进一步展开了对五大发展理念的阐述。

一是坚持创新发展,也就是必须把创新摆在国家发展全局的核心位置,不断推进理论创新、制度创新、科技创新、文化创新等各方面创新,让创新贯穿党和国家一切工作,让创新在全社会蔚然成风。必须把发展基点放在创新上,形成促进创新的体制架构,塑造更多依靠创新驱动、更多发挥先发优势的引领型发展。《建议》提出了七个创新发展着力点:培育发展新动力、拓展发展新空间、深入实施创新驱动发展战略,大力推进农业现代化,构建产业新体系,构建发展新体制,创新和完善宏观调控方式。创新发展注重的是解决发展动力问题。

二是坚持协调发展,也就是必须牢牢把握中国特色社会主义事业总体布局,正确处理发展中的重大关系,重点促进城乡区域协调发展,促进经济社会协调发展,促进新型工业化、信息化、城镇化、农业现代化同步发展,在增强国家硬实力的同时注重提升国家软实力,不断增强发展整体性。增强发展协调性,必须在协调发展中拓宽发展空间,在薄弱领域中增强发展后劲。《建议》指出了要把坚持协调发展贯彻落实到四个方面即“四个推动”:推动区域协调发展,推动城乡协调发展,推动物质文明和精神文明协调发展以及推动经济建设和国防建设融合发展。协调发展注重的是解决发展不平衡问题。

三是坚持绿色发展,也就是必须坚持节约资源和保护环境的基本国策,坚持可持续发展,坚定走生产发展、生活富裕、生态良好的文明发展道路,加快建设资源节约型、环境友好型社会,形成人与自然和谐发展现代化建设新格局,推进美丽中国建设,为全球生态安全做出新贡献。《建议》指出了要把坚持绿色发展贯彻到六个方面:促进人与自然和谐共生,加快建设主体功能区,推动低碳循环发展,全面节约和高效利用资源、大环境治理力度和筑牢生态安全屏障。绿色发展注重的是解决人与自然和谐共生问题。

---

① 《习近平在党的十八届五中全会第二次全体会议上的讲话(节选)》,《求是》2016 年第 1 期。

四是坚持开放发展，也就是必须顺应我国经济深度融入世界经济的趋势，奉行互利共赢的开放战略，发展更高层次的开放型经济，积极参与全球经济治理和公共产品供给，提高我国在全球经济治理中的制度性话语权，构建广泛的利益共同体。开创对外开放新局面，必须丰富对外开放内涵，提高对外开放水平，协同推进战略互信、经贸合作、人文交流，努力形成深度融合的互利合作格局。《建议》对坚持开放发展做了五个方面的部署：完善对外开放战略布局，形成对外开放新体制，推进"一带一路"建设，深化内地和港澳、大陆和台湾地区的合作发展并积极参与全球经济治理。开放发展注重的是解决发展内外联动问题。

五是坚持共享发展，也就是必须坚持发展为了人民、发展依靠人民、发展成果由人民共享，做出更有效的制度安排，使全体人民在共建共享发展中有更多获得感，增强发展动力，增进人民团结，朝着共同富裕方向稳步前进。按照人人参与、人人尽力、人人享有的要求，坚守底线、突出重点、完善制度、引导预期，注重机会公平，保障基本民生，实现全体人民共同迈入全面小康社会。《建议》提出要把坚持共享发展落实到七个方面：增加公共服务供给，实施脱贫攻坚工程，提高教育质量，促进就业创业，缩小收入差距，建立更加公平更可持续的社会保障制度和推进健康中国建设。共享发展注重的是解决社会公平正义问题。

上述五大发展理念中，创新发展居于发展新理念的首要和引领地位。正如习近平总书记指出的："我们必须把创新作为引领发展的第一动力"，"把创新摆在国家发展全局的核心位置，不断推进理论创新、制度创新、科技创新、文化创新等各方面创新，让创新贯穿党和国家一切工作，让创新在全社会蔚然成风"。十八届五中全会通过的《建议》，"创新"一词就出现 71 次。因此，抓创新就是抓发展，谋创新就是谋未来，有创新就有希望。

习近平总书记还指出："坚持创新发展、协调发展、绿色发展、开放发展、共享发展，是关系我国发展全局的一场深刻变革。这五大发展理念相互贯通、相互促进，是具有内在联系的集合体，要统一贯彻，不能顾此失彼，也不能相互替代。哪一个发展理念贯彻不到位，发展进程都会受到影响。"①

坚持这五大发展理念是我们党对发展的新认识、新飞跃，是"十三五"乃至更长时期我国发展思路、发展方向、发展着力点的集中体现。之所以这样说，是因为发展理念是发展行动的先导，一定的发展实践都是由一定的发展理念来引导的。五大发展理念是管全局、管根本、管方向、管长远的。对于破解发展难题、增强发

① 《习近平在党的十八届五中全会第二次全体会议上的讲话（节选）》，《求是》2016 年第 1 期。

展动力、厚植发展优势具有重大指导意义。坚持五大发展理念,是关系我国发展全局的一场深刻变革。我们要充分认识这场变革的重大现实意义和深远历史意义,在实践中贯彻习近平总书记讲的“以发展理念转变引领发展方式转变,以发展方式转变推动发展质量和效益提升,为‘十三五’时期我国经济社会发展指好道、领好航”。

习近平总书记还提出并论述了经济发展新常态,这是习近平发展思想的重要内容。他明确指出,“十三五”时期,我国经济发展的显著特征就是进入新常态。“新常态下,我国经济发展表现出速度变化、结构优化、动力转换这三大特点。”①

习近平总书记指出:新常态“是我国经济向形态更高级、分工更优化、结构更合理的阶段演进的必经过程。实现这样广泛而深刻的变化对我们是一个新的巨大挑战。谋划和推动‘十三五’时期我国经济社会发展,就要把适应新常态、把握新常态、引领新常态作为贯穿发展全局和全过程的大逻辑。从历史长过程看,我国经济发展历程中新状态、新格局、新阶段总是在不断形成,经济发展新常态是这个长过程的一个阶段。这完全符合事物发展螺旋式上升的运动规律”。②

新常态也是经济社会范畴。历史唯物主义认为,经济发展状况的变化会直接影响社会并最终决定其他领域的状况。新常态是现阶段我国经济社会发展出现的新特征,正如习近平总书记指出的,“这些变化是不依人的意志为转移的”。我们只能承认它,适应它,才能驾驭它。说到底,新常态是对我国社会主义初级阶段发展过程出现新的阶段性特征形象而准确的表达。习近平总书记还指出:“既要看到社会主义初级阶段基本国情没有变,也要看到我国经济社会发展每个阶段呈现出来的新特点。”③因此,新常态是我们认识当下、规划未来、制定政策、推进事业的客观基点。正是从这个意义上说,新常态是习近平发展思想的重要内涵。

需要指出的是,认识和把握新常态要注意防止这两种倾向:一是把新常态等同于新出现的困难和问题。例如,有的观点把当前我国出现的内需回落、传统企业利润下滑、经济下行压力加大等当作新常态,这显然是不对的。这些困难和问题是在我们未完成调结构、转方式背景下主动调低发展速度后出现的问题,是我们在推动结构优化和动力转换过程中产生的矛盾。这些困难和问题正是新常态

---

① 《中共中央关于制定国民经济和社会发展第十三个五年规划的建议》,人民出版社2015年版,第47页。

② 《聚焦发力贯彻五中全会精神确保如期全面建成小康社会》,《人民日报》2016年1月19日,第1版。

③ 《坚持运用辩证唯物主义世界观方法论提高解决我国改革发展基本问题本领》,《人民日报》2015年1月25日,第1版。

下我们推动发展所要解决的;二是把新常态当作"筐",与此无关的内容也往里装。这种倾向若不加以克服,也是不利于我们做到适应、把握、引领新常态的。列宁曾深刻指出,真理只要再向前跨出一步,哪怕是小小一步,就会成为谬误。

虽然我们现在还不能说已经完全解决了当前面临的新矛盾新问题,但是我们已经看到新常态下,我国发展正朝着更加重视质量、效益、创新,更加重视生态文明建设,更加重视民生改善和社会公平的方向转变。因此,夺取全面建成小康社会决胜阶段的伟大胜利,必须"要把适应新常态、把握新常态、引领新常态作为贯穿发展全局和全过程的大逻辑"。正如《建议》指出的:"十三五"时期我国发展,既要看速度,也要看增量,更要看质量,要着力实现有质量、有效益、没水分、可持续的增长,着力在转变经济发展方式、优化经济结构、改善生态环境、提高发展质量和效益中实现经济增长。继续集中力量把自己的事情办好,不断开拓发展新境界。

党的十八大以来,以习近平同志为总书记的党中央从坚持和发展中国特色社会主义全局出发,提出并形成了"四个全面"战略布局,这是协调推进我国全方位发展的新战略。对于这个新战略,习近平做了全面深刻的论述。他指出:"四个全面"战略布局,既有战略目标,又有战略举措,每一个"全面"都具有重大战略意义。全面建成小康社会是我们的战略目标,全面深化改革、全面依法治国、全面从严治党是三大战略举措。这"四个全面"相辅相成、相互促进、相得益彰。这就是说在这个新战略中全面建成小康社会是战略目标,到 2020 年实现这个目标,我们国家的发展水平就会迈上一个大台阶,我们所有奋斗都要聚焦于这个目标。三大战略举措对实现全面建成小康社会战略目标一个都不能缺。不全面深化改革,发展就缺少动力,社会就没有活力。不全面依法治国,国家生活和社会生活就不能有序运行,就难以实现社会和谐稳定。不全面从严治党,党就做不到"打铁还需自身硬",也就难以发挥好领导核心作用。

由此可见,这个新战略是目标与举措的辩证统一,全局与重点的有机结合。"四个全面"之间具有内在逻辑关系。因此"四个全面"战略布局是实现"十三五"规划的总方略和总抓手,也是习近平的发展思想的重要内涵。

协调推进"四个全面"战略布局这个新战略,其实质和关键在于"全面"。因此,在全面建成小康社会的决胜阶段,我们必须在补齐短板上下功夫。我国农村贫困人口脱贫,就是一个突出短板。我们不可能一边宣布实现了全面小康的目标,另一边还有几千万人还生活在扶贫标准线以下。又比如,在社会事业发展、生态环境保护、民生保障方面也存在着一些明显的短板。还比如,我国科技发展水平总体不高,科技对经济社会发展的支撑能力不足,科技对经济增长的贡献率远低于发达国家水平,又是一个突出短板。推动"十三五"时期经济社会发展,必须全力做好补齐短板这篇大文章,着力增强发展的协调性和平衡性。

两点结论

马克思说过:“对人类生活形式的思索,从而对这些形式的科学分析,总是采取同实际发展相反的道路。这种思索是从事后开始的,就是说,是从发展过程的完成的结果开始的。”①回顾和思索近百年来中国共产党发展理念的演进和创新过程,至少可以得出这两点规律性的重要结论。

习近平发展思想与中国共产党对发展理念的认识既一脉相承,又有重大创新。如前所述,近百年来中国共产党发展理念的演进经历了从以毛泽东为核心的党的第一代中央领导集体对发展理念的最初认识,到以邓小平为核心的党的第二代中央领导集体对发展才是硬道理的深刻论述,从以江泽民为核心的党的第三代中央领导集体关于发展是执政兴国的第一要务的阐述,到以胡锦涛为总书记的党中央提出的科学发展观,再到以习近平同志为总书记的党中央形成的治国理政的新理念新思想新战略(简称习近平的发展思想)的长过程,从中我们可以清楚地看出,习近平发展思想与中国共产党对发展理念的认识既一脉相承,又有重大创新。

这重大创新体现为:一是明确提出了以新的发展理念引领发展。习近平总书记指出:“理念是行动的先导. 一定的发展实践都是由一定的发展理念来引领的。发展理念是否对头,从根本上决定着发展成效乃至成败。实践告诉我们,发展是一个不断变化的进程,发展环境不会一成不变,发展条件不会一成不变,发展理念自然也不会一成不变。”②总书记讲的新的发展理念就是指五大发展理念,它集中体现了今后五年乃至更长时期我国的发展思路、发展方向、发展着力点,深刻揭示了实现更高质量、更有效率、更加公平、更可持续发展的必由之路。五大发展理念是从马克思主义世界观和方法论高度来论述发展的,无疑是对发展理念的创新。

二是提出并全面阐述了新常态思想。这是习近平治国理政的重要的新思想。“十三五”时期,我国经济发展的显著特征就是进入新常态。习近平总书记指出:“随着经济总量不断增大,我们在发展中遇到了一系列新情况新问题。经济发展面临速度换挡节点、结构调整节点、动力转换节点。新常态是一个客观状态,是我国经济发展到今天这个阶段必然会出现的一种状态,是一种内在必然性,我们要

① 《马克思恩格斯文集》第5卷,人民出版社2009年版,第93页。

② 《习近平在党的十八届五中全会第二次全体会议上的讲话(节选)》,《求是》2016年第1期。

因势而谋、因势而动、因势而进。”①

习近平强调，要以新理念把握引领新常态，为此要做到“五个着力”：着力实施创新驱动发展战略，抓住创新这一牵动经济社会发展全局的“牛鼻子”，把发展基点放在创新上；着力增强发展的整体性协调性，把握“协调”这一决胜全局的制胜要诀，处理好局部和全局、当前和长远、重点和非重点的关系；着力推进人与自然和谐共生，推动形成绿色发展方式和生活方式，协同推进人民富裕、国家强盛、中国美丽；着力形成对外开放新体制，不断探索实践，提高把握国内国际两个大局的自觉性和能力，提高对外开放质量和水平；着力践行以人民为中心的发展思想，做到发展为了人民、发展依靠人民、发展成果由人民共享，不断朝着全体人民共同富裕的目标前进。

关于经济发展新常态的战略判断，是习近平总书记在深刻总结国内外发展经验教训和发展大势，尤其是针对我国发展中的突出矛盾和问题的基础上形成的，集中反映了我们党对经济社会发展规律认识的深化，这是对发展理念的创新。

三是提出了“四个全面”战略布局的新战略。这是习近平总书记从坚持和发展中国特色社会主义全局出发提出的重大战略布局，是继续推进我国改革开放和社会主义现代化建设的蓝图。虽然“四个全面”战略布局观照的时间节点主要是我们党第一个一百年目标的实现。因此，“四个全面”战略布局无疑是全面建成小康社会决胜阶段的总方略和总抓手。但是，我们更应该看到，“四个全面”战略布局中包含的这些重要思想是具有长远指导意义的。如，发展是解决中国一切问题的关键、发展仍然是党治国理政的第一要务，改革是我国经济社会发展的动力和活力的源泉，依法治国首先是依宪治国、依法执政首先是依宪执政，坚持党的领导是中国特色社会主义的最本质特征，是实现中国梦的根本保证，等等，这些重要思想仍然对2020年之后的改革发展稳定、内政外交国防、治党治国治军起指导作用。因此，“四个全面”战略布局是对发展理念的创新。

实现中华民族伟大复兴的中国梦，关键在党。前已论述，中国共产党一成立就肩负救亡和发展的两大使命。中国人民在中国共产党的领导下用了28年的时间实现了民族独立和人民解放，从而为实现中华民族伟大复兴的中国梦奠定政治前提和制度基础。而中华民族伟大复兴说到底就是解决发展问题。当然，这是更为艰巨的任务。正如毛泽东所说：“中国的革命是伟大的，但是革命以后的路程更长，工作更伟大，更艰苦。”这也只有在中国共产党的领导下才能实现。

---

① 《聚焦发力贯彻五中全会精神确保如期全面建成小康社会》，《人民日报》2016年1月19日，第1版。

邓小平深刻指出,中国的事情能不能办好,社会主义和改革开放能不能坚持,经济能不能快一点发展起来,国家能不能长治久安,从一定意义上说,关键在党、关键在人。因此,要最终解决发展问题,实现中华民族伟大复兴的中国梦,从根本上说关键在党。正如习近平指出的那样:“我们党要带领13亿多人民全面建成小康社会,必须适应、把握、引领经济发展新常态,创新党领导经济社会发展的观念、体制、方式方法,提高党把握方向、谋划全局、提出战略、制定政策、推进改革的能力,为发展航船定好向、掌好舵。”①而全面建成小康社会就为实现中华民族伟大复兴的中国梦打下了牢靠的基础。

1949年10月1日,毛泽东在天安门城楼上向全世界宣告:中国人民从此站起来了。半个世纪后,邓小平坚定地指出:中国人民既然有能力站起来,就一定有能力永远岿然屹立于世界民族之林。十八大闭幕后不久,习近平在参观《复兴之路》展览时深情地指出:现在,我们比历史上任何时期都更接近中华民族伟大复兴的目标,比历史上任何时期都更有信心、更有能力实现这个目标。

只要我们在中国共产党的领导下,坚定不移地走中国特色社会主义道路,大力弘扬以社会主义核心价值观为引领的中国精神,凝聚和依靠海内外中华儿女的磅礴力量,占世界人口五分之一的中华民族一定会实现伟大复兴,这将是人类社会发展史上又一次壮丽的日出。

(原载于《学术前沿》2016年2月上)

---

① 《习近平在党的十八届五中全会第二次全体会议上的讲话(节选)》,《求是》2016年第1期。

创新与推进:党的十九大精神解读*

2017年10月18-24日召开的党的十九大,是我国在全面建成小康社会决胜阶段、中国特色社会主义发展关键时期召开的一次具有历史意义的重要大会。习近平总书记代表第十八届中央委员会所做的十九大报告,指出了中国特色社会主义进入了新时代,确定了中国发展所处的新的历史方位,明确了新时代中国特色社会主义的思想内涵,并对中国特色社会主义发展进行了战略安排。这是中国特色社会主义理论的重大创新和突破,将对党和国家的未来发展起到决定性的指导作用,这个创新和突破是在马克思主义原则指导下的大胆创新,是在中国特色社会主义道路和方向上与时俱进的发展,是对十八大以来新时期重大实践和改革的不断深化和推进。

一、与时俱进地确定了新时代的历史方位

党的十九大报告中最为重要的理论创新,就是对于当前中国历史方位的重新确定以及对于当前中国社会主要矛盾的全新判断。十九大报告指出:"经过长期努力,中国特色社会主义进入了新时代,这是我国发展新的历史方位。"在中国特色社会主义新时代,社会主要矛盾也发生了变化,"我国社会主要矛盾已经转化为人民日益增长的美好生活需要和不平衡不充分的发展之间的矛盾。"这对于改革开放初期提出的中国社会主要矛盾是"人民日益增长的物质文化生活需要同落后的社会生产之间的矛盾"的认识是一个重大的变化,这个提法的改变是对当前中国社会特征已经发生了很多变化的一个与时俱进的反应。对于当前进入中国特色社会主义新时代历史方位和基本社会矛盾的认识,至少表达了以下四个方面的意思。

第一,明确宣示中国未来仍将继续坚持走中国特色社会主义道路。习近平总

* 本文作者:程同顺(1969-),男,经济学博士,南开大学周恩来政府管理学院副院长、教授、博士生导师。

书记多次强调指出，中国特色社会主义是改革开放以来党的全部理论和实践的主题，全党必须高举中国特色社会主义伟大旗帜，确保党和国家事业始终沿着正确方向胜利前进。这次十九大报告在第二部分再次高度肯定了中国特色社会主义对于党和国家的重要性，以及坚持中国特色社会主义的坚强决心。“中国特色社会主义是改革开放以来党的全部理论和实践的主题，是党和人民历尽千辛万苦、付出巨大代价取得的根本成就。中国特色社会主义道路是实现社会主义现代化、创造人民美好生活的必由之路，中国特色社会主义理论体系是指导党和人民实现中华民族伟大复兴的正确理论，中国特色社会主义制度是当代中国发展进步的根本制度保障，中国特色社会主义文化是激励全党全国各族人民奋勇前进的强大精神力量。全党要更加自觉地增强道路自信、理论自信、制度自信、文化自信，既不走封闭僵化的老路，也不走改旗易帜的邪路，保持政治定力，坚持实干兴邦，始终坚持和发展中国特色社会主义。”在论述必须进行伟大斗争时，他还强调“全党要更加自觉地坚持党的领导和我国社会主义制度，坚决反对一切削弱、歪曲、否定党的领导和我国社会主义制度的言行”。在十九大报告关于中国发展战略安排的第二个阶段的目标中，更是明确提出要“把我国建成富强民主文明和谐美丽的社会主义现代化强国”。这些都明确向世人昭示，中国今后仍将坚持走中国特色社会主义道路。

第二，表明中国特色社会主义必须结合实践与时俱进地不断发展。党的十八大以来，在中华人民共和国成立特别是改革开放以来我国发展取得的重大成就基础上，党和国家事业发生历史性变革，中国发展已经站到了新的历史起点上，中国特色社会主义进入了新的发展阶段。习近平总书记多次强调，中国特色社会主义不断取得的重大成就，已经使久经磨难的中华民族实现了从站起来、富起来到强起来的历史性飞跃，拓展了发展中国家走向现代化的途径，为解决人类问题贡献了中国智慧、提供了中国方案。因此，全党要更准确地把握我国社会主义初级阶段不断变化的特点，更好地解决我国社会出现的各种问题，中国特色社会主义从实践到理论都要与时俱进，不断创新发展，在奋力实现中华民族伟大复兴中国梦的同时，给世界上那些既希望加快发展又希望保持自身独立性的国家和民族提供新的选择，为解决人类问题贡献中国智慧和中国方案。

第三，要注意应对已经发生变化和正在变化着的社会主要矛盾。习近平总书记早就注意到了人民群众需求层次加速升级的变化，他多次指出，经过改革开放近40年的发展，我国社会生产力水平明显提高；人民生活显著改善，对美好生活的向往更加强烈，人民群众的需要呈现多样化多层次多方面的特点，期盼有更好的教育、更稳定的工作、更满意的收入、更可靠的社会保障、更高水平的医疗卫生服务、更舒适的居住条件、更优美的环境、更丰富的精神文化生活。在十九大报告中,他再次明确指出:“我国稳定解决了十几亿人的温饱问题,总体上实现小康,不久将全面建成小康社会,人民美好生活需要日益广泛,不仅对物质文化生活提出了更高要求,而且在民主、法治、公平、正义、安全、环境等方面的要求日益增长。同时,我国社会生产力水平总体上显著提高,社会生产能力在很多方面进入世界前列,更加突出的问题是发展不平衡不充分,这已经成为满足人民日益增长的美好生活需要的主要制约因素。”因此,“我们要在继续推动发展的基础上,着力解决好发展不平衡不充分问题,大力提升发展质量和效益,更好满足人民在经济、政治、文化、社会、生态等方面日益增长的需要,更好推动人的全面发展、社会全面进步”。

第四,还要明确当前中国仍然处于社会主义初级阶段。中国特色社会主义虽然已经进入了一个新时代,社会主要矛盾也发生了显著的变化,但是社会主要矛盾的性质仍然是人民需求同发展不足之间的矛盾,只不过在新的形势下人民群众的需求不再是简单地求温饱的低层次需求,而是更高层次、更加多元化的需求,核心问题仍然是发展不足。因此,当前中国仍然处在社会主义初级阶段,当前的主要任务仍然是求发展。正如十九大报告所指出的:“我国社会主要矛盾的变化,没有改变我们对我国社会主义所处历史阶段的判断,我国仍处于并将长期处于社会主义初级阶段的基本国情没有变,我国是世界最大发展中国家的国际地位没有变。”正因为如此,党和国家的主要任务仍然是图发展,要领导和团结全国各族人民,以经济建设为中心,坚持四项基本原则,坚持改革开放,自力更生,艰苦创业,不断奋斗。

二、充满自信地调整了新时代的战略安排

习近平总书记在党的十九大报告中指出,当前我国发展新的历史方位是中国特色社会主义进入了新时代。新时代中国特色社会主义发展的战略安排是,从2020年到本世纪中叶分两个阶段:第一个阶段,从2020年到2035年,在全面建成小康社会的基础上,再奋斗15年,基本实现社会主义现代化;第二个阶段,从2035年到本世纪中叶,在基本实现现代化的基础上,再奋斗15年,把我国建成富强民主文明和谐美丽的社会主义现代化强国。这是一个具有较大变化而充满自信的表述,有三个方面值得关注。

第一,十九大提出的新时代中国特色社会主义发展的战略安排同当年“三步走”和“新三步走”的战略目标相比较,变化是非常明显的。改革开放以来,以21世纪中叶为期限的中国发展目标经过了多次调整。1987年10月党的十三大就提

出了中国经济建设“三步走”的总体战略部署,1997 年党的十五大提出“新三步走”战略。十九大提出的新时代中国特色社会主义发展的战略安排同当年“三步走”和“新三步走”的战略目标相比较,变化是非常明显的。“三步走”和“新三步走”发展战略设定的 21 世纪中叶的发展目标,虽然文字不尽相同,但目标都是基本实现现代化:而十九大提出的新目标则是在 2035 年就要基本实现社会主义现代化,到 21 世纪中叶要更进一步建成社会主义现代化强国。

第二,十九大提出的新的战略发展目标是改革开放以来中国发展战略的持续推进。也就是说,这个变化虽然非常明显,但是并不突兀。中国在 21 世纪中叶的发展目标,从“三步走”战略设定的基本实现现代化,到“两个一百年奋斗目标”设定的建成富强、民主、文明、和谐的社会主义现代化国家,再到十九大提出要建成富强、民主、文明、和谐、美丽的社会主义现代化强国,中国的战略发展目标是在同一个方向上步步推进的。追求国家的富强和民族的复兴,是改革开放以来党和国家的长期目标,随着发展速度和进程的加快,目标一次比一次更高,一次比一次更清晰,是符合中国发展实际的。

第三,这个发展目标的调整是充满自信的调整,反映了党中央对于中国未来发展的坚定信心。因为改革开放以来,中国总是能够一步一步地比预定期限更早、更好地完成自己的发展目标,为新时期的发展奠定了坚实的基础。党中央确定中国现在已经进入了具有历史意义的中国特色社会主义的新时代,是因为经过改革开放近 40 年的发展,“久经磨难的中华民族迎来了从站起来、富起来到强起来的伟大飞跃,迎来了实现中华民族伟大复兴的光明前景”。尤其是进入 21 世纪以来,中国的发展更加突飞猛进,不仅取得了巨大的经济成就,拥有更好的发展基础和条件,成为世界第二大经济体,而且在很多重要的科学技术领域也取得了重大突破,拥有了更多重要的自主创新能力和核心技术,在很多领域已经处于世界领先水平。因此,与时俱进地调整中国的发展目标,加快实现中华民族的伟大复兴,是党中央做出的充满自信的决定。这个发展目标的调整一定会对中国未来的发展起到重要的指导和推进作用,也会对整个世界的发展产生具有历史意义的重大影响。

三、继续推进全面从严治党的制度化和常态化

十八大以来,党中央全面加强党的领导和党的建设,持续推进全面从严治党,在加强党的纪律建设和强力反腐方面取得了重大成就,使党的面貌焕然一新。既然党的建设已经取得了如此大的阶段性成就,那么十九大之后全面从严治党是否就可以告一段落呢?习近平总书记在十九大报告中指出:“中国特色社会主义进

入新时代,我们党一定要有新气象新作为。"全面从严治党永远在路上,我们党一定要"坚持问题导向,保持战略定力,推动全面从严治党向纵深发展。"十九大报告向世人宣示,党中央在十九大之后将会继续推进全面从严治党,而且会推进全面从严治党的制度化和常态化。

第一,党在新时代的伟大使命决定了必须继续推进全面从严治党。习近平总书记在十九大报告中指出,党在新时期的历史使命是进行伟大斗争、建设伟大工程、推进伟大事业和实现伟大梦想,其中伟大工程就是党正在深入推进的党的建设。习近平总书记提出:"实现伟大梦想,必须建设伟大工程。""全党要更加自觉地坚定党性原则,勇于直面问题,敢于刮骨疗毒,消除一切损害党的先进性和纯洁性的因素,清除一切侵蚀党的健康肌体的病毒,不断增强党的政治领导力、思想引领力、群众组织力、社会号召力,确保我们党永葆旺盛生命力和强大战斗力。"他明确表示,党的建设伟大工程在这四个"伟大"中居于一种至关重要的决定性地位。"伟大斗争,伟大工程,伟大事业,伟大梦想,紧密联系、相互贯通、相互作用,其中起决定性作用的是党的建设新的伟大工程。"这十分清楚地表明,党的历史使命决定了必须继续全面加强党的领导和党的建设,必须继续推进全面从严治党。

第二,坚持全面从严治党是新时代坚持和发展中国特色社会主义的基本方略之一。习近平总书记在十九大报告中提出了坚持和发展中国特色社会主义的十四个基本方略,坚持全面从严治党就位列其中的第十四条。他指出,坚持全面从严治党,"严肃党内政治生活,严明党的纪律,强化党内监督,发展积极健康的党内政治文化,全面净化党内政治生态,坚决纠正各种不正之风,以零容忍态度惩治腐败,不断增强党自我净化、自我完善、自我革新、自我提高的能力,始终保持党同人民群众的血肉联系"。这段话释放出来的强烈信号就是,全面从严治党已经成为今后党和国家长期坚持的一个基本方略,全面从严治党和以高压态势强力反腐不仅不会告一段落,而且还会在很长的一个历史时期继续推进,逐步实现常态化。

第三,十九大报告为进一步推进全面从严治党进行了周密的制度安排。从十九大报告中可以看出,继续推进全面从严治党,不仅仅是党中央对全国人民的政治承诺和表态,而且还有非常具体的制度设计和安排作为支撑和保障。习近平总书记提出要加快形成覆盖党的领导和党的建设各方面的党内法规制度体系,持之以恒正风肃纪,夺取反腐败斗争压倒性胜利。其中与全面从严治党有关的全新的制度设计包括:加大整治群众身边腐败问题力度,在市县级党委建立巡察制度;推进反腐败国家立法,建设覆盖纪检监察系统的检举举报平台;深化国家监察体制改革,将试点工作在全国推开,组建国家、省、市、县监察委员会,同党的纪律检查机关合署办公,实现对所有公职人员监察全覆盖;加强党纪国法的有效衔接协同,制定国家监察法,依法赋予监察委员会职责权限和调查手段,用留置取代“两规”措施等。

这些全新的制度设计和机构设置,是十八大以来党中央推进全面从严治党制度化和法治化思路的自然延伸,是努力实现国家治理体系和治理能力现代化的重要体现,表明党中央对于全面加强党的领导和党的建设、全面从严治党是有长期的战略部署和安排的,是绝对不会因为取得阶段性成绩而告一段落的。十八大以来的政治实践表明,党中央是把全面从严治党的这些制度安排和设计作为国家治理体系和治理能力现代化的重要组成部分和目标来定位的,正如习近平总书记在新时代中国特色社会主义发展的战略安排中所提出的,“第一个阶段,从二〇二〇年到二〇三五年,在全面建成小康社会的基础上,再奋斗十五年,基本实现社会主义现代化”。到那个时候,“法治国家、法治政府、法治社会基本建成,各方面制度更加完善,国家治理体系和治理能力现代化基本实现”。全面从严治党的这些制度设计和安排,正是实现第一阶段战略安排的重要举措。

总之,从十九大报告释放出的强烈信息中我们可以清晰地判断,党中央今后仍将继续推进全面从严治党,而且将舍持续推进全面从严治党的制度化和常态化。

(原载于《长白学刊》2017 年第 6 期)

创新和发展群众路线探论*

群众路线是马克思主义唯物史观的核心,是中共的哲学基础,是中共永葆青春的法宝,是托举“中国梦”的强大动力。《中共中央关于加强党的执政能力建设的决定》指出:“各级领导干部都要牢固树立马克思主义的世界观、人生观、价值观,坚持正确的权利观、地位观、利益观,始终与人民群众同呼吸、共命运、心连心,坚决反对脱离群众、以权谋私”。

新时期,面对世情、国情、党情的深刻变化,处于和平时期的执政党正面临“精神懈怠”“能力不足”“脱离群众”“消极腐败”的危险。这四种危险集中表现在形式主义、官僚主义、享乐主义和奢靡之风“四风”上,“四风”问题又集中表现为脱离群众。因为,面对前进中的各种风险和困难,我们必须增强紧迫感和责任感,以群众路线为抓手,适时开展群众路线教育实践活动,及时唤醒全党同志恪守群众观念,践履立党宗旨,夯实执政根基。

习近平总书记强调指出:“开展党的群众路线教育实践活动,是实现党的十八大确定的奋斗目标的必然要求,是保持党的先进性和纯洁性、巩固党的执政基础和执政地位的必然要求,是解决群众反映强烈的突出问题的必然要求。全党同志要积极参与到活动中来,以实际行动密切党群干群关系,取得群众满意的成效。”①习近平总书记提倡开展的群众路线教育实践活动是对党的群众路线的继承、创新和发展,对新形势下党的执政兴国具有重要的现实意义。

---

* 本文作者:刘希良(1976 -)男,湖南益阳人,长沙大学思想政治理论课教学部讲师,博士,研究方向马克思主义中国化;薛其林(1967 -),男,湖南益阳人,长沙大学文化研究所,教授,博士后,研究方向为中国现代学术思想史。

基金项目:国家社科基金项目“中国现代学术体系构建过程中唯物史观的影响与作用研究”,项目编号:13BKS040;湖南省教育规划课题“社会主义核心价值观引领大学生理想信念提升的化育机制研究”,项目编号:XJK014BGD085。

① 《党的群众路线教育实践活动工作会议召开,习近平发表重要讲话》,《人民日报》2013 年 06 月 19 日。

一、群众路线的提出与发展

党的群众路线是新民主主义革命时期党确立的“群众至上”的群众观点的具体化，是马克思主义群众史观中国化的产物，它批判继承了中国传统的民本思想，具有鲜明的中国特色。群众路线贯彻得彻底与否历来是我党遴选、考核党员干部的重要指标，更是检验每位党员的党性和人民性，考察领导干部履职尽责的根本准则。党在不同历史时期对践行群众路线都曾提出过不同的现实要求，并努力加以创新，使之一脉相承，进而又不断深化和扩展。

（一）只有人民才是创造世界历史的动力

以毛泽东为核心的党的第一代领导集体是党的群众路线的确立者和率先践行者，是马克思主义中国化的先驱和典范。在新民主主义革命时期，为了取得革命胜利，尽快实现民族独立和人民解放，他特别强调只有人民才是创造世界历史的动力，党要依靠干部联系群众，依靠干部和领袖争取群众、团结群众、领导群众。为此他特别关心广大群众的切身利益问题，要求重视群众的生产生活问题，包括油盐柴米问题。通过确立群众观点，把群众路线贯彻于党的建设、武装斗争和革命根据地建设等各个方面，群众路线成了毛泽东思想活的灵魂和重要法宝。这为党取得新民主主义革命胜利奠定了重要的思想和群众基础。新中国成立后，这也为党领导新民主主义建设和继续取得社会主义革命胜利，开拓和发展中国社会主义建设事业提供了宝贵的思想资源和成功经验，成为我们党根本的政治优势所在。

（二）提高人民的生活水平

邓小平理论是中国特色社会主义理论体系的奠基部分，是改革开放的思想基础和实践理据。它致力于通过解放和发展社会生产力改变国家贫穷落后的面貌、发展和完善中国特色社会主义制度、提高人民生活水平、实现共同富裕。“多搞一些经济收益大、群众得实惠的东西，从群众意愿出发，这一点很重要。”①基于此，“人民拥护不拥护”“人民赞成不赞成”“人民高兴不高兴”“人民答应不答应”和“三个有利于”等成为党制定政策、衡量工作的根本依据和最高标准。这就使社会主义建设有了科学的价值评判依据和切实的行动指南，从而使群众路线在改革开放这一新的时代条件下获得了新的发展。

（三）始终代表中国最广大人民的根本利益

江泽民的“三个代表”重要思想是党在向新世纪迈进、面临新环境、解决新问

① 《邓小平文选》第3卷，1994年版。

题、接受新挑战时,做出的重大战略思想调整。他特别强调立党为公、执政为民,要求人民政府要为人民办实事,强调人民群众是国家的主人而领导干部不过是人民的公仆,领导干部要处处以党和人民的利益为重,以人民群众为本,抛弃一切官僚主义和形式主义的不良习气,要"讲学习、讲政治、讲正气",党的思想理论和方针政策都要顺应人民群众的现实需要,做到与时俱进。这为党在新时期开展群众工作、深入人民生活、了解人民需求、解决人民问题提供了新的"指南针""风向标""航海塔"。

(四)以人为本

迈入新世纪以后,为解决经济社会发展过程中的拜金主义问题、官本位问题、资源不可持续的问题、环境污染的问题等,以胡锦涛总书记为核心的党中央提出了科学发展观,并强调科学发展观的第一要义是发展,核心是以人为本,要求将经济建设和人民生活更紧密联系在一起,坚持人民群众的主体地位,执政为民,时刻将人民放在心上,做到发展为了人民、发展依靠人民、一切发展成果由人民共享。这就为党执政兴国赋予了人文情怀,创新了价值评判标准,使群众路线在理论和实践上具有了新的内涵。

当前,面对 2008 年金融危机之后世情、国情、党情的深刻变化,怀着全国各族人民的殷切期盼、充分信任和重要嘱托,习近平总书记要求党员干部要以如履薄冰、如临深渊的自觉和夙夜在公、鞠躬尽瘁的精神和毅力为人民改善生活、增进福祉、谋护利益、规划未来、实现梦想,使经济社会发展全面进入了"新常态"。"新常态"下,习近平总书记对群众路线的开拓创新,不仅是对以往党的指导思想、战略决策和优良作风的继承和弘扬,而且对党的建设和国家治理以及社会发展的方方面面都具有重大理论和实践意义。

二、创新群众路线的实质与内涵

实践证明,群众路线是能真正解决中国问题、保障人民当家作主、促进社会发展的根本领导方法和工作方法。习近平总书记强调指出:"检验我们一切工作的成效,最终都要看人民是否真正得到了实惠,人民生活是否真正得到了改善,这是坚持立党为公、执政为民的本质要求,是党和人民事业不断发展的重要保证。"①这实质上指出了人民群众在推动中国社会历史发展、建设中国特色社会主义现代化事业中的主体地位,具有非常丰富的内涵。

---

① 《习近平全面贯彻落实党的十八大精神,要突出抓好六个方面工作》,《求是》2013 年第 1 期。

（一）人民对美好生活的向往，就是我们的奋斗目标

人民群众生活水平是否改善、是否提高、是否优越，是衡量党和政府的工作是否到位、职责是否履行、权力是否滥用的重要指标。因此，必须坚持党的群众路线，把群众的安危冷暖放在心坎上，及时准确了解群众所思、所盼、所想、所忧、所急，把群众工作做实、做深、做全、做细、做透、做好，必须认真贯彻落实中央各项惠民政策，要把好事办好、实事办实、小事办牢、心事办成，让人民群众时刻感受到党和政府的关怀。

（二）善禁者，先禁其身而后人

我们党产生于人民群众之中，党的权力、政府的权力等一切公共权力都来源于人民群众，这是一种委托代理关系。执政党的地位和政府机关的设立，使得党的干部特别是领导干部都掌握着一定的权力，如何正确对待群众，如何正确对待和运用人民所赋予的权力，对每个干部来说都是一种严峻的考验。党和国家的干部是受人民委托，为人民办事的，本质上是人民的公仆和勤务员，必须密切联系群众，倾听群众呼声，关心群众疾苦。党必须以高度的自觉性加强干部队伍的建设，密切干群关系，这是社会主义事业兴旺发达的重要保证，也是构建和谐社会最直接、最具体的表现形式和重要内容。

（三）与人民心心相印、与人民同甘共苦、与人民团结奋斗

全心全意为人民服务是我们党历来高度重视和着力强调的，是今天建设服务型政党、服务型政府必须遵循的根本原则。但改革开放在带来巨大发展成果的同时，也产生了许多新的社会问题，导致社会利益关系更加复杂，社会群体利益更加多元，利益冲突明显增加。因此，党必须正确面对现实，科学处理最广大人民根本利益、现阶段群众共同利益、不同群体特殊利益的关系，切实把人民利益维护好、实现好、发展好，使全体人民共享改革发展的成果。

（四）防微杜渐，不要温水煮青蛙

无论是权力的行使、职责的履行，还是执政、行政、立法、执法、司法以及其他工作，都必须在人民群众的监督之下。只有工作做到位、做彻底、做明白，并且让群众积极参与进来，行使自身的合法权利，维护自身的合法利益，只有人民看得见、听得清、说得明，只有公正、公开、公平，只有得到人民群众的理解、支持和认可，才能说明党和政府的工作是有效的、正确的。依法治国、依法监督，树立“金杯银杯，不如老百姓的口碑”的工作标准，这需要党政干部时刻牢记在心中，落实在工作、生活和学习当中。

通过以上几个方面的分析和探讨，可见习近平总书记开展的群众路线教育实践活动和其他治国理政活动不仅是对党一贯坚持的群众路线的继承，更是根据新

的时代要求、实践要求,理论要求为其拓展了新内容,充实了新思想,提出了新的实施方法,真实体现出党以人民群众为根本、为依托、为中心、为基础的“群众路线精神”。

三、发展群众路线的具体表现

空谈误国,实干兴邦。十八大后,习近平总书记在多个场合就群众路线的理论学习意义、实践指导方式、具体工作方法等做了许多新的阐述和工作部署,具体表现在许多方面,以下仅举几例。

(一)以身作则,树立廉洁风尚

执政伊始,习近平总书记就要求党员干部改进工作作风、密切联系群众,制定了“八项规定”和“六项禁令”等一系列政策措施和规章制度,要求全党认真查找和整顿“四风”,这使全社会兴起了一阵阵“廉政之风”“务实之风”“勤俭之风”。第一,廉洁自律,严于律己。自觉遵守廉政准则,树立正确对待和行使人民赋予的权力的正确态度,自觉接受人民监督,乐于接受人民监督。“坚决反对一切消极腐败现象,坚决不搞特权,始终保持共产党人清正廉洁的政治本色。”①第二,真抓实干,实事求是。牢固树立正确的政绩观,不搞脱离实际的盲目攀比,不搞劳民伤财的“形象工程”“政绩工程”,不走过场,坚决反对一切形式主义和官僚主义。要坚持真理,坚持原则,言必信、行必果,真正做到对历史负责,对人民负责。第三,防微杜渐,牢记宗旨。节俭办公,节俭开会,禁止铺张浪费,禁止豪华奢靡之风肆意蔓延,坚定理想信念,加强道德修养,严守党的纪律。从中央到地方,从党政领导干部到基层工作人员形成自上而下榜样作用,树立“己不正,焉能正人”的学习之风和表率之风。

(二)实地走访,贴近群众生活

人民群众是历史的创造者,是国家事业的建设者,是社会进步的推动者,坚持人民的主体地位是党执政为民的核心所在。因此,党必须时刻与人民群众紧密联系、紧密团结、紧密沟通,创新建立开展群众工作的新模式、新方法、新途径。第一,走基层、下基层,吃住在基层。领导不是百事通,不是万能的。要做群众的先生,先做群众的学生。领导干部要放下架子,甘当学生,多同群众交朋友,多向群众请教。要真正领悟参透群众是真正的英雄的马克思主义观点。第二,多调研、调好研,不弄虚作假。“下去调研,要去一些困难多的地方、问题多的地方……看

① 习近平:《在党的十八届一中全会上的讲话》,《人民日报》2012 年 11 月 15 日。

了困难多、问题多的地方，才能帮助群众解决问题，也有利于我们正确决策。”①第三，建立实践联系点，做好长远工作。党的群众路线教育实践活动不是一时兴起，是决心要长期开展和推行下去的，是党和国家群众工作的重心所在。因此教育实践活动联系点的建立为今后调研工作的开展提供了覆盖全国各地方、各基层的网络化模式，同时可以为国家政策方针、法律法规的制定和健全提供第一手可靠的数据资料。

（三）依法治国，铲除腐败根基

坚持党要管党、从严治党、依法治党的根本原则，加强党的自身建设。“打虎，而且要打猛虎”，这是领导人对惩治官员贪污腐败的决心和毅力的精神体现，随着一个个贪污腐败的“一把手”“掌权人”被查处、被双开而“纷纷落马”，党的这种决心和毅力赢得了人民群众的依赖。首先，“物必先腐，而后虫生。”只要自身做到清正廉洁，不以权谋私、不搞特权、不权钱交易，能够永葆纯洁党性不变，那么一切诱惑都是过眼云烟。其次，有腐必反、有贪必肃。坚定反腐决心，不断铲除腐败现象滋生蔓延的土壤，反腐倡廉必须常抓不懈，拒腐防变必须警钟长鸣，以实际成效取信于民，赢得民心。最后，坚持法治理念，依法执政、违法必究，对一切违反党纪国法的行为，都必须严惩不贷，决不能手软，坚持杜绝“精神懈怠的危险、能力不足的危险、脱离群众的危险、消极腐败的危险”，要做到标本兼治、综合治理、惩防并举、注重预防。

（四）关注民生，实现小康之国梦

实现中华民族伟大复兴的“中国梦”是谋中华民族根本利益之梦，是富强之梦，是发展之梦，是具有丰富内容和深刻含义的伟大国梦，更是“民族梦”“小康梦”“人民梦”的集中体现。因此，要实现“中国梦”，就必须凝聚中国力量，紧紧依靠最广大人民群众，需要上下一心、精诚团结、众志成城、开拓进取的坚定信念和坚强意志。第一，美好生活，注重公平。人民群众对美好生活的向往，就是党和政府的奋斗目标、施政方向。这就要求党和政府多倾听人民群众呼声，回应人民群众期待，维护社会公平正义，保证人民群众平等参与国家政治生活，平等享受经济社会发展成果的权利，使发展成果更多更公平惠及全体人民。第二，担一己之责，树强国之心。每个人的前途命运都与国家和民族的前途命运紧密相连，只有国家好，民族好，大家才会好。党政干部在其中发挥着中流砥柱的作用，是人民群众的领头人，因此，要切实承担起自身的义务和责任，有效行使权力，自觉为以人民群众的根本利益为一切工作的出发点和归宿点。第三，众志成城，齐心协力。实现

① 习近平：《在广东考察工作时的讲话》，《中国日报》2012 年 12 月 08 日。

中国梦必须凝聚中国力量，这就是中国各族人民大团结的力量，因此必须高扬理想信念，积极培育和践行社会主义核心价值观，以促进良好社会风气的形成，增强经济社会发展的凝聚力向心力。

以上分别涉及党的工作作风、工作方式、工作行为、工作目标等治国理政的各个方面，是对党的作风建设、组织建设、反腐倡廉建设、思想建设的丰富和发展，是党坚持人民当家作主和依法治国生动体现，是党深入贯彻群众路线生动表现，也是对群众路线的发展。

习近平总书记对群众路线的创新和发展是党在新时期、新形势下创新群众路线的伟大尝试。习近平总书记对群众路线的创新和发展对于巩固党的执政地位，确保党科学执政、民主执政、依法执政具有重要的现实意义，使党执政兴国步入了全面提质增效的"新常态"。它启示我们，人民群众始终是我们党执政的坚实基础，只要我们永不动摇对马克思主义群众史观的信仰，永不脱离群众，坚持从实际出发，从群众的现实需求出发想问题、办事情、谋发展，全心全意为人民服务，我们的事业就能无往而不胜。

（原载于《长沙大学学报》2015 年第 4 期）

创新驱动发展思想探析*

习近平总书记在中国科学院第十七次院士大会、中国工程院第十二次院士大会上发表了关于创新驱动发展的重要讲话，他指出："我国能否在未来发展中后来居上、弯道超车，主要就看我们能否在创新驱动发展上迈出实实在在的步伐"①。这段话体现了习近平总书记对创新驱动发展的深切期盼，体现了我们党对社会未来发展的准确把握和科学预测，表明我们党将创新驱动发展作为国家的重要战略。

一、习近平创新驱动发展思想的时代背景

习近平创新驱动发展思想的提出具有深刻的背景。当前，科技产业革命迅猛发展，国际竞争形势日益激烈，国内发展进入关键阶段，这些因素为我国未来发展构成了严峻的挑战，对此，以习近平总书记为核心的党中央领导集体提出了创新驱动发展思想，形成了在新时期破解发展难题，引领发展方向的新论断。

（一）科技产业革命时代深刻呼唤创新驱动发展

从世界范围来看，新一轮的科技革命和产业革命在蓬勃发展，以新材料、新能源、信息技术、生物技术和人工智能等为代表的高新科技突飞猛进，同时，高新科技成果的产业化速度在加快，科技与经济之间的融合大大加深，这样一种崭新变化为社会发展带来了深刻的影响，比如，高新科技作为一种生产力要素渗透到社会生产的各个领域，大大提高了社会生产力的发展水平；而以高新技术产业为代

---

* 本文作者：张瑞（1984－），男，中共辽宁省委党校哲学教研部教师、博士研究生；徐静（1983－），女，河北省石家庄市海山实业发展总公司。

基金项目：2014 年度辽宁社会科学规划基金项目"马克思创新驱动发展思想及其中国化研究"（项目编号：L13dKS024）成果、2014 年度辽宁社会科学规划基金项目"辽宁资源节约型与环境友好型社会建设的方法论研究"（项目编号：L14CZX013）、2015 年度辽宁经济社会发展立项课题"全面深化改革的方法论研究"（项目编号：2015lslRtzimks－25）阶段性成果。

① 习近平：《在中国科学院第十七次院士大会、中国工程院第十二次院士大会上的讲话》，《人民日报》2014 年 6 月 10 日。

表的新经济结构则成为国家发展的主导方向;通过这样一种高新科技的发明和社会化应用,大大提高了物质财富的创造能力,提升了人们的生活水平,并改善了劳动者的知识结构、生产能力和科学素养,为整个社会在知识经济的背景下,引擎了源源不断的内生动力,对此,世界各国都在纷纷制定国家战略抢占科技发展的制高点,试图通过科技创新实现社会经济的跨越式发展。而从人类历史发展的经验来看,一个国家的科技实力与经济实力又能反映出这个国家的综合国力,历史上的历次产业革命也都对国际政治经济格局产生深远影响,而由于种种原因我国多次与科技革命和产业革命失之交臂,对此,我国在未来一段时间里能否把握得住发展机遇,关键取决于我国在科技创新和产业创新方面能否取得突破性进展,这不仅关系到我国社会主义现代化建设目标的实现,而且关系到中华民族的全面复兴和长远发展。

(二)国际竞争日益严峻迫切要求创新驱动发展

我国作为世界上最大的发展中国家在长期的高速增长之后,经济总量达到一定规模,但是科技经济竞争能力和发达国家相比仍旧存在较大差距,而在资源环境、劳动力成本等方面又失去了和世界上低收入国家相互竞争的优势,造成了在发展过程当中同时面临着发达国家和落后国家前后夹击的被动形势,可以说,如果不能有效地摆脱这样一种不利的局面,我国的高速发展势头存在后继无力的威胁,因此,国际竞争的激烈态势迫切要求我国实行创新驱动发展。依靠创新驱动发展的优势在于,一方面摆脱对于物质生产要素的依赖程度,减少低收入国家利用廉价资源和劳动力等成本优势与我国竞争的局势;另一方面,推动我国在国际分工的产业链中由低端走向高端,通过大力发展高新技术产业以获取更高额的利润,摆脱发达国家试图利用科技经济方面的垄断地位制约我国深度发展的局面,因此,创新驱动发展有助于提高我国经济的整体实力,提升我国核心竞争力,强力维护并保障国家的经济主权。

(三)本国发展已步入到依靠创新驱动发展阶段

波特将国家经济发展划分为四个阶段,即要素驱动阶段、投资驱动阶段、创新驱动阶段以及财富驱动阶段,而我国与之对应的是由要素驱动和投资驱动正转向为创新驱动的阶段,推动其转变的原因在于依靠要素驱动和投资驱动在我国越来越暴露其弊病。首先,传统发展模式难以为继。改革开放以来我国经济长期保持高速增长,但是资源能源方面的消耗惊人,很多工业发展必需的能源在我国储备不足,以石油为代表的各类大宗能源我国需要进口,国内很多资源型城市面临枯竭的难题,而且日益严峻的环境污染问题始终困扰着社会机体的健康发展,同时,我国已经步入老龄化社会,人口红利逐渐消失,这使得依靠使用廉价劳动力来推动社会发展的方式走到了尽头。其次,投资驱动模式制约社会长远发展。目前我国的投资驱动主体偏好将资金投入到房地产、基础性设施建设等领域,而对于提升国家高端科技实力、促进公共民生科技等方面则涉足不多,而且投资驱动容易带来贫富差距拉大的现象,影响到经济发展的整体环境。最后,创新驱动发展能够破解我国发展难题。创新驱动发展并非完全否定要素驱动和投资驱动,而是为要素驱动和投资驱动提供了一个新的组合或折新思路,创新驱动发展能够有效整合我国现有的科技、经济、智力等推动生产的各个要素,在科技是第一生产力的背景下,注重将优势资源投入到发展潜力大、社会效益好的领域当中去,兼顾国家战略安全、普通百姓民生和经济发展势头等多种方面,通过依靠发挥劳动者的创造力、企业的创新力和政府的主导力等多重力量,活跃社会生产要素,迸发创新价值潜能,为我国经济发展开辟新的路径。

二、习近平创新驱动发展思想的主要内容

习近平的创新驱动发展思想内涵丰富,习近平指出,“实施创新驱动发展战略,就是要推动以科技创新为核心的全面创新,坚持需求导向和产业化方向,坚持企业在创新中的主体地位,发挥市场在资源配置中的决定性作用和社会主义制度优势,增进科技进步对经济增长的贡献度,形成新的增长动力源泉,推动经济持续健康发展”①。可见,强调科技创新的核心地位,凸显企业创新的主体地位,发挥政府管理的重要职能,构成了习近平创新驱动发展的主要内容。

(一)强调科技创新的核心地位

习近平的创新驱动发展思想突出强调科技创新的核心地位,具体是指科技创新关系到国家的整体实力,关系到伟大复兴的中国梦。

首先,科技创新对于提升国家整体实力具有战略意义。习近平指出:“科技是国家强盛之基”②,即科技强则国家强、科技弱则国家弱,之所以强调科学技术是国家强盛的基础,就是因为科学技术已经成为生产力构成中的主导要素,成为推动社会生产发展的重要力量。在现代社会,科学技术要么物化为机器设备,要么表现为理论知识,要么表现为劳动者的工艺技巧等,它作为一种智能要素正渗透到整个劳动过程,成为提升社会劳动生产率的主导要素。从历史发展的角度来

① 《加快实施创新驱动发展战略加快推动经济发展方式转变》,《人民日报》2014 年 8 月 19 日。

② 习近平:《在中国科学院第十七次院士大会、中国工程院第十二次院士大会上的讲话》,《人民日报》2014 年 6 月 10 日。

看,在奴隶社会,奴隶的劳动能力在青铜器时代的背景下是推动社会生产的主导要素;在封建社会,土地在铁器时代背景下是发展社会生产的主导要素;在资本主义社会,机器取代了人的体力和土地成为主导要素;而在知识经济时代,科学技术又取代了机器成为主导要素。同时,从世界发展状况来看,世界上发展最为强大的国家并非是资源禀赋优越,土地面积广袤,或者人口数量占据绝对优势的国家,而是科技力量雄厚,科技人才集聚以及科技创新活跃的国家和地区,并且依靠科技创新推动经济发展也是新兴国家崛起的重要经验。由此可见,在新的时代背景下,科技创新构成了推动国家强盛的基础。

其次,科技创新关系到伟大复兴的中国梦的实现。习近平指出:“全面建设小康社会、实现中华民族的伟大复兴中国梦而团结奋斗,我们比任何时候都更加需要强大的科技创新力量”①。伟大复兴的中国梦既是一种美好理想,也是一种目标追求,即国家富强、民族振兴与人民幸福。那么实现这样一种美好的愿景,需要科学的路径作阶梯,对此,科技创新提供了一条最优解的方式。可以说,中国梦的实现程度归根到底是由我国的生产力发展水平所决定的,而由生产力发展状况所决定的社会生产方式,就成为支撑复兴中国梦的主体力量。在生产方式的构成要素中,科学技术作为一种革命性力量,可以有效利用最新的科学发现和技术发明,在劳动力积极作用下,与生产资料相互结合,以此实现社会生产方式的革命性变革,进而实现社会的创新驱动发展,最终使中华民族复兴美丽的中国梦有理想走向现实。

(二)凸显企业创新的主体地位

习近平的创新驱动发展思想着重凸显企业创新的主体地位,具体包括强调企业在创新中的主体地位、发挥不同企业的多重优势等等。

首先,企业是创新驱动发展的重要主体。习近平指出:“推动科技和经济社会发展深度融合,打通从科技强到产业强、经济强、国家强的通道”②,这里的科技与经济社会发展深度融合就是指科技成果转化为社会经济效益的问题,从科技强到产业强、经济强、国家强这一转变中,企业发挥着至关重要的作用,由企业自身的性质所决定,企业具有将科技与经济深度融合的天然属性。具体来说,企业是一个以提供生产或服务而获取经济效益的经营实体,一方面以需求为导向,企业具

---

① 习近平:《在中国科学院第十七次院士大会、中国工程院第十二次院士大会上的讲话》,《人民日报》2014 年 6 月 10 日。

② 习近平:《在中国科学院第十七次院士大会、中国工程院第十二次院士大会上的讲话》,《人民日报》2014 年 6 月 10 日。

有发现潜在的经济效益的眼光,一方面以盈利为宗旨,企业具有运用创新科技提高竞争的本能,从世界发展状况来看,大多数国家均得益于优质企业对高新科技的研发与应用,而实现了产业强、经济强和国家强。因此,企业在创新驱动发展的时代背景下,其角色不再是经济主体,而且兼具科技创新主体,也正是让企业成为创新驱动发展的主体,而提升了经济运行由"微笑曲线"的底端向两端不断攀升,进而获取了更高额的创新利润。

其次,创新驱动发展需要不同企业发挥多重优势。习近平指出,创新驱动发展,要"面向世界科技前沿、面向国家重大需求、面向国民经济主战场"①。所谓面向世界科技前沿,是指各类企业均要瞄准科技创新的前沿阵地,关注在理论方面的新突破和应用方面的新进展,深刻认识到在科技经济一体化的时代里,科技前沿的微小进步都蕴藏着巨大的经济潜能,科技领域领先一步就能让落伍者丧失竞争优势而惨遭淘汰。所谓面向国家重大需求是指企业中的大中型企业,尤其是国有企业,不能唯经济利润为唯一需求,要承担起保障国家战略安全、支撑民族未来发展的社会责任,尽管这些领域的创新风险高、难度大,但发展潜力广阔,在这一领域的突破能够有力提升国家的核心竞争力。所谓面向国民经济主战场,就是要面向百姓民生和大众需求,发展民生科技,让数量巨大的小微型企业,发挥其灵活机动、反应迅速的特点,解决科技与社会的脱节问题,为社会公众提供便利,提升日常百姓的福利。总而言之,创新驱动发展对于不同企业有共性要求,也有个性差异,不同企业要根据自身优势结合充分发挥自身的优势。

(三)发挥政府管理的重要职能

习近平的创新驱动发展思想强调充分发挥政府的管理职能。习近平指出:"要更好发挥政府作用,加强统筹协调,大力开展协同创新"②。创新驱动发展需要发挥各级政府的主导力量,这是由我国特殊国情和政府的性质所决定的。我国是晚近开放的发展中国家,推进创新驱动发展,需要在政府的主导下有条不紊地进行,需要运用政府的力量集中全国上下各方面的资源,组织各个主体广泛参与、通力协作,政府在主导创新驱动发展过程中,其承担的职能也是举足轻重的,一方面,各级政府作为国家的执行机构,可以贯彻中央的顶层设计和战略规划,将国家关于创新驱动发展的蓝图付诸实践。一方面各级政府是最大的公权力主体,可以

---

① 《加快实施创新驱动发展战略加快推动经济发展方式转变》,《人民日报》2014 年 8 月 19 日。

② 习近平:《在中国科学院第十七次院士大会、中国工程院第十二次院士大会上的讲话》,《人民日报》2014 年 6 月 10 日。

有效调动国家权力和财税资源，为创新驱动发展提供政治保证和资金支撑，同时还能运用其发达的组织管理，为创新驱动发展架构一个政府主导、企业支持和社会各界积极参与的良好环境。另一方面，政府是社会各项事业的领导和协调机构，可以在政策保障和提供信息方面提供有力支撑，还可以提供一个广泛的平台，推动创新主体交流协作，为创新驱动发展提供有力保障。

三、习近平创新驱动发展思想的实践路径

习近平创新驱动发展思想方向明确、针对性强，其中科学制定创新驱动发展的顶层设计，全面深化创新驱动发展的体制改革以及全面建设创新驱动发展的社会环境，共同构成了习近平创新驱动发展思想的实践路径。

（一）科学制定创新驱动发展的顶层设计实践

习近平创新驱动发展思想，需要科学制定创新驱动发展的顶层设计，包括确立科技创新战略、走自主创新道路，抢占科技经济发展先机以及加快创新驱动发展模式转变。

首先，确立科技创新战略。习近平指出："强调科技创新是提高社会生产力和综合国力的战略支撑，必须排在国家发展全局的核心位置，这是党中央综合分析国内外大势、立足我国发展全局作出的重大战略抉择"①。由此可见，以科技创新为引擎实现创新驱动发展，构成了当前我国一项重大的战略抉择。对此，对于科技创新就不能视其为一项简单的创意活动，或者普通的发展科技事业，而要视其为主导我国未来发展的重要战略。将科技创新作为重要战略，就是要在国家层面上提升科技创新的重要地位，全面支持科技创新的研究活动；要积极应对国内外科技革命的迅速变化，做出有助于我国科技创新长足发展的战略部署，保障我国由一个科技大国向科技强国迈进。

其次，走自主创新道路。习近平指出："实施创新驱动发展战略，最根本的是要增强自主创新能力，……我们没有别的选择，非走自主创新道路不可"②。所谓走自主创新的道路，就是依靠本国科技人员的智慧和能力，夯实基础创新，增强原创能力，扭转当前技术对外依存过高的局面，科技创新如果单纯依赖进口，只会造成我国在其他国家的创新道路后面爬行。当然，走自主创新道路，并不是否定对

① 习近平：《在中国科学院第十七次院士大会、中国工程院第十二次院士大会上的讲话》，《人民日报》2014 年 6 月 10 日。

② 习近平：《在中国科学院第十七次院士大会、中国工程院第十二次院士大会上的讲话》，《人民日报》2014 年 6 月 10 日。

外交流的必要性。科技发展历史源远流长,作为一种全人类的文明成果,积极学习、扩大合作将有助于我国缩短时间、节约成本,实现弯道超车。

再次,抢占科技经济发展先机。习近平指出:"世界各国都在寻找科技创新的突破口,抢占未来经济科技发展的先机。我们不能在这场科技创新的大赛上落伍"①。由社会发展规律所决定,创新驱动发展是人类社会发展的必经阶段,是历史发展为我们迎来了创新的时代,而依靠科技创新则是未来社会发展的重要方式,对此,忽视创新驱动发展或者试图跳跃创新驱动发展阶段的观点都是错误的,因此要有强烈的竞争意识,充分做好相应准备,全力抢占科技创新发展先机,促使我国在科技竞赛中由"跟跑者"向"并跑者"转变之后,力争做到"领跑者"。

最后,加快创新驱动发展模式转变。习近平指出:"粗放型发展方式是不可持续的,……加快从要素驱动、投资规模驱动发展为主向创新驱动发展为的转变上"②。改革开放以来,我国依靠本国自然资源和劳动力资源等条件,保持了三十多年的高速增长,但是这种增长是不可持续的,不仅资源要素消耗过大,而且投资的边际效益也呈现出递减的趋势,对此,为了继续保持我国稳健发展的势头,必须转变发展的战略方针,改变传统发展的模式,转变依靠科技带动创新,通过创新驱动发展的轨道上来,通过发挥我国的智力资源和科学技术的力量,保障我国在未来发展中继续赢得主动。

(二)全面深化创新驱动发展的体制改革

实践习近平创新驱动发展思想,需要全面深化创新驱动发展的体制改革,习近平指出:"多年来,我国一直存在着科技成果向现实生产力转化不力、不顺、不畅的痼疾,其中一个重要结症就在于科技创新链条上存在着诸多体制机制关卡,创新和转化各个环节衔接不够紧密"③。可见,开辟创新驱动发展的畅通渠道,需要改革体制机制方面的弊病。

首先,加强创新驱动发展活动的衔接。创新活动作为一个系统的工程,涉及众多主体的积极配合。需要科研院所、高等院校的理论研究和科学发现,需要企业单位的生产实践和普遍推广,需要各种政府的项目扶持和重点建设等,倘若相关联的不同主体存在衔接障碍,都会妨碍整个创新驱动发展的顺利实现,对此,就

---

① 习近平:《在中国科学院第十七次院士大会、中国工程院第十二次院士大会上的讲话》,《人民日报》2014年6月10日。

② 习近平:《在中国科学院第十七次院士大会、中国工程院第十二次院士大会上的讲话》,《人民日报》2014年6月10日。

③ 习近平:《在中国科学院第十七次院士大会、中国工程院第十二次院士大会上的讲话》,《人民日报》2014年6月10日。

需要一系列的规章条例予以规范,要有效协调不同主体、不同部门之间的关系,解除体制机制方面的障碍,降低创新成果产生和流转的难度,保证各个环节之间有机衔接,打开抑制创新驱动发展的体制束缚。

再次,建立健全社会主义市场经济。习近平指出:创新驱动发展要改革"资源配置体制机制"①,同时,党的十八届三中全会将社会主义市场经济对资源配置"基础性作用"修改为"决定性作用"。统而观之,创新驱动发展需要依靠发挥社会主义市场经济对创新资源配置的决定性功能。具体来说,创新驱动发展是应对当前科技产业革命瞬息万变的形势下提出来的,而市场经济对于资源配置的灵敏性和高效性是与创新驱动发展的客观要求相符合的,发挥市场经济的决定性作用,就是摆脱市场经济在政府的授意下推动创新资源要素配置的局限,通过发挥价值规律的作用,科学合理的配置创新资源,使各种各类创新资源得到高效利用和充分开发。

最后,创新驱动发展要改善政府管理体制。习近平指出:"各级党委和政府要当好'后勤部长'"②,"有关部门要加强政策保障"③,对此,促进创新驱动发展,需要政府的具体管理机制。其中,一方面要改革政绩考核标准,扩大创新驱动发展在考核系统中的权重,敦促政府管理者重视创新驱动发展工作,积极开展创新驱动发展活动。另一方面,各级政府要制定科学的财税政策和社会发展政策,通过利用经济杠杆来调节创新资源的发展流向,保障创新驱动发展得到充足的资源得以顺利开展。此外还有,政府要实现科技管理向创新治理的转变,充分调动社会各个主体的创新意愿和创新能力,严格把关创新项目的立项和验收,破解创新活动中的"孤岛"现象,发挥政府服务创新驱动发展的重要职能。

(三)全面建设创新驱动发展的社会环境

实践习近平创新驱动发展思想,需要全面建设创新驱动发展的社会环境,包括发扬传统创新精神,培养创新人才以及塑造创新驱文化等方面。

首先,创新驱动发展需要发扬传统的新精神。习近平指出:"要发扬我国科技界爱国奉献、淡泊名利的传统,……带动科技界乃至全社会践行社会主义核心价

① 习近平:《在中国科学院第十七次院士大会、中国工程院第十二次院士大会上的讲话》,《人民日报》2014 年 6 月 10 日。

② 习近平:《在中国科学院第十七次院士大会、中国工程院第十二次院士大会上的讲话》,《人民日报》2014 年 6 月 10 日。

③ 习近平:《在中国科学院第十七次院士大会、中国工程院第十二次院士大会上的讲话》,《人民日报》2014 年 6 月 10 日。

值观”①。可以说,我国老一辈科技工作者,在艰苦的工作条件下,创造出一个又一个的科技奇迹,其刻苦钻研的敬业精神,淡泊名利、无私奉献的道德情操,构成了我国实行创新驱动发展战略的宝贵财富,因此在新阶段,我们要继续发扬这种报国为民、崇德向善的优良传统,促使我国创新驱动事业薪火相传,再创佳绩。

其次,创新驱动发展亟须培养创新型人才。习近平指出:“创新的事业呼唤创新型人才”②,科技活动作为人类实践活动的一种,对于人才的需要具有特殊性,典型表现在需要科技活动者具有较高级别的教育程度,个体思考灵活敏捷、思路开阔,可以说属于人才结构中的拔尖人才,我国是人口大国,人力资源相对丰富,同时教育发展日新月异,人力资源转变为智力资源具有一定的有利条件。因此,我国需要在创新驱动发展战略的指导下,积极发展我国教育事业,通过加强素质教育,按照人才培养的一般规律,尊重创新人才培养的特殊性,鼓励高等院校、科研院所等广泛产生基础雄厚、素质优良的创新人才,以为创新驱动发展提供智力保障。

最后,创新驱动发展需要塑造创新驱动发展的文化。习近平指出:“要在全社会积极营造鼓励大胆创新、勇于创新、包容创新的良好氛围,既要重视成功,更要宽容失败”。有学者就美国的硅谷为例指出:“硅谷的成功在于创业的文化环境和企业的创新文化,而并非由于美国的科技人才比别国的科技人才更出类拔萃,而是因为它用鼓励创新、容忍失败的环境吸引了全世界的风险投资者,吸引了全世界最优秀的创业者”③。对此,我国的创新环境就改变事事求稳求妥的弱点,不能为了规避创新中可能遭遇的细小风险,而对创新者要求过高过多,纠正当前对开拓创新动辄一票否决的现象,从而改善创业活动环境,迸发创新活力,为鼓励创新、勇于创新提供宽容的天地。

(原载于《辽宁行政学院学报》2016年第2期)

---

① 习近平:《在中国科学院第十七次院士大会、中国工程院第十二次院士大会上的讲话》,《人民日报》2014年6月10日。

② 习近平:《在中国科学院第十七次院士大会、中国工程院第十二次院士大会上的讲话》,《人民日报》2014年6月10日。

③ 陈宇学:《创新驱动发展战略》,新华出版社2014年版。

习近平创新观探析*

党的十八届五中全会提出了以“创新”为首的五大发展理念，更深刻地体现了习近平总书记的创新观。习近平创新观是中央领导集体在协调推进“四个全面”战略布局、致力于实现中华民族伟大复兴的中国梦这一新的历史环境下，对马克思主义创新学说的继承和发展，是中国特色社会主义理论体系关于创新的最新理论成果。十八大以来，习近平总书记从增强创新勇气、转变创新态度、擘画创新宏图、贯彻创新理念和发出创新号召五个维度，对创新理论及实践进行了全面系统的阐述，为我国深入推进创新驱动发展战略和建设创新型国家，提供了理论指南和实践引领。

一、习近平创新观的基础与来源

习近平的创新观是在继承和发展了马克思主义关于创新学说的基础上，在实现中华民族伟大复兴的中国梦的历史实践中，在解放思想、实事求是的哲学基础上，结合中国社会发展的具体实际而形成与发展的。

1. 马克思主义的创新学说是习近平创新观的理论基础

习近平创新观首先继承了马克思主义关于创新的学说。马克思十分重视创新的重要性，认为创新是成功的基础和关键。他曾评论说‘如果他想用唯一的一个剧本为自己铺设一条通向舞台的道路……他应当把自己的剧本建筑在创新的基础上。”①马克思还主张人是创新的唯一主体“只有人才是世界上唯一能够从事自主的、独立的、全面的创造性活动的存在物，只有人的活动才称得上真正的创

* 本文作者：唐正芒（1953 – ），男，湘潭大学毛泽东思想研究中心副主任，教授，博士生导师；徐功献（1986 – ），男，湘潭大学毛泽东思想研究中心博士研究生。

基金项目：国家社会科学基金重点项目“正确认识和处理坚持党的领导与依法治国的关系研究”（14AZD134），项目负责人熊辉。

① 《马克思恩格斯全集》第 41 卷，人民出版社 1995 年版，第 101 页。

造”①。在马克思、恩格斯的著作中,多次强调创新在消灭资本主义生产资料私有制、建设新世界、创造生产力及无产阶级取得解放中的巨大作用。

列宁也十分重视创新的巨大作用,在领导俄国的社会主义建设中积极鼓励创新。他曾指出‘在活跃农业和工业间的流转方面,应全面、大力、坚决地发挥地方的首创精神、创新精神和扩大它们的独立程度。要研究这方面的实际经验。这种经验要尽可能多种多样。”②

在推进马克思主义中国化的过程中,中国共产党人不失时机地将马列主义关于创新的学说与中国革命、建设和改革实际相结合,提出了一系列中国化的创新观点并付诸实践。毛泽东将马克思主义的普遍真理与中国国情相结合,创造性地开创了一条具有中国特色的农村包围城市的革命道路,确立了游击战、运动战等人民战争的战略战术,进行了具有中国特色的社会主义革命,形成了“充分相信群众的创造力,依靠群众创新,鼓励和尊重人民群众的创新精神和行动”的创新路线。邓小平在领导全党全国人民开创中国特色社会主义事业的过程中,形成了包含创新的紧迫性和重要性、创新的世界观和方法论基础、创新的方法与途径选择、创新成果的检验标准等在内的一系列创新理论与观点。江泽民围绕“创新”这一主题,强调了创新是社会主义发展的强大动力,阐述了创新的科学内涵,提出了创新要坚持的科学原则等,形成了系统的创新观点。胡锦涛发出了“加快自主创新步伐,增强国家核心竞争力”的创新号召,并从创新的重要性和必要性、创新的方式方法、创新的机制体制、创新的实效运用与检测等诸多方面,对创新进行了系统阐述。可见,在马克思主义者眼中,创新是成功的基础,是推动发展的直接动力,是最有价值的实践,也是进行社会各项建设和改革的关键。

习近平在继承马克思主义创新学说的基础上,结合新形势下中国特色社会主义建设、改革的实际情况,适时对创新进行了新的阐释,形成了其独具特色的创新观。

2. 实现中华民族伟大复兴的中国梦是习近平创新观的实践基础

“中国梦”凝聚了几代中国人的夙愿。习近平在综合分析我国及世界发展的历史阶段和光明前景的基础上,以广阔的视野和长远的目光提出了实现中华民族伟大复兴的中国梦的战略思想,并指出:“现在,我们比历史上任何时期都更接近

① 舒远招:《马克思的创造概念》,《湖南师范大学社会科学学报》1998 年第 5 期。
② 《列宁选集》第 4 卷,人民出版社 1995 年版,第 524 页。

中华民族伟大复兴的目标,比历史上任何时期都更有信心、有能力实现这个目标。”①作为中央领导集体对全国人民的庄严承诺,“中国梦”充分体现了中国共产党的历史担当,为坚持和发展中国特色社会主义增添了新的内涵,也为习近平的创新观提供了实践基础。一方面,只有实干才能梦想成真。在实现“中国梦”的伟大实践中,既需要全体中华儿女勤力同心、不懈奋斗、艰苦努力,又需要全体人民“进一步焕发劳动热情、释放创造潜能,依靠辛勤劳动、诚实劳动、创造性劳动”②,以探索真知、求真务实的创新态度,百折不挠、勇往直前,才能实现中华民族伟大复兴的光明愿景。另一方面,只有在实践中切实加强理论创新、道路创新、制度创新、科技创新、文化创新等各方面的创新,将这些创新实际运用于经济、政治、社会、文化及生态建设的各个方面,才能为“中国梦”的伟大实践提供新的理论指导、增添新的时代内涵。

3. 解放思想、实事求是是习近平创新观的哲学基础

解放思想、实事求是是中国共产党人最具特色的思想路线,是马克思主义的精髓,也是实现中华民族伟大复兴的中国梦必须坚持的核心精神准则。习近平明确指出,各级领导干部要继续解放思想、坚持实事求是,以科学态度对待马克思主义,用发展着的马克思主义指导新的实践,始终坚持真理、修正错误,勇于变革、勇于创新,永不僵化、永不停滞,不为任何风险所惧,不被任何干扰所惑,在深入研究新情况、不断解决新问题的实践中努力开创各项工作新局面。”③在新的历史条件下牢牢把握、正确处理解放思想和实事求是二者之间的辩证统一关系,这本身就是对马克思主义的创新性坚持。

正是凭借着解放思想、实事求是这一哲学基础,以习近平同志为总书记的党中央才能在带领全国各族人民为实现“中国梦”的奋斗过程中,不断实现理论创新和实践创新,为“四个全面”战略布局的深入推进提供源源不断的新的指导性理论。习近平在其系列讲话中多次提出要在坚持解放思想、实事求是的哲学基础上进行各种创新,在打破惯性思维中创新,在社会实践中创新,在调查研究的基础上创新。

---

① 中共中央宣传部:《习近平总书记系列重要讲话读本》,学习出版社、人民出版社 2014 年版,第 27 页。

② 中共中央宣传部:《习近平总书记系列重要讲话读本》,学习出版社、人民出版社 2014 年版,第 34 页。

③ 习近平:《坚持实事求是的思想路线》,《学习时报》2012 年 05 月 28 日。

二、习近平创新观的五个维度

关于创新，习近平在其系列讲话中讲得很多、很深、很新，深含哲理又通俗易懂，是马克思主义创新理论的最新学说，具有十分重要的理论意义和实践价值。从"逢山开路、遇河架桥"的创新勇气，"要我创新"到"我要创新"转变的创新态度"创新驱动发展，科技打造强国"的创新宏图，"理论创新、道路创新、制度创新、科技创新、文化创新"的创新理念及"弘扬创新精神、提高创新能力"的创新号召等五个维度系统阐释创新，是习近平独具匠心的视角。

1. 创新勇气："逢山开路、遇河架桥"

邓小平曾说"没有闯的精神，没有一点'冒'的精神，没有一股气呀、劲呀，就走不出一条好路，走不出一条新路，就干不出新的事业。"①当前，我国已进入改革的攻坚期和深水区，遇到各种新的挑战和困难，要求我们必须在坚持中国特色社会主义制度的前提下，坚持改革开放，大胆试验、大胆突破、勇于创新。正如习近平所说，再难也要向前推进，敢于担当，敢于啃硬骨头，敢于涉险滩。"②在创新中把握住历史发展的趋势与规律，在创新中实现我国经济、政治、文化、社会、生态的全面健康发展。在创新上要有"逢山开路、遇河架桥"的精神和勇气，敢于冲破思想观念的障碍，敢于突破利益固化的藩篱，善于破除体制机制的束缚，增强自主创新能力，"最大限度解放和激发科技作为第一生产力所蕴藏的巨大潜能"③。"逢山开路、遇河架桥"是习近平对勇于创新的形象表述，揭示了勇气在创新中的重要作用。

"逢山开路、遇河架桥"的创新勇气首先体现在要勇于创新上。"敢于上下求索、开拓进取，树立在继承前人的基础上超越前人的雄心壮志"是习近平关于创新勇气的精辟阐释。2013 年 1 月 5 日，习近平在新进中央委员会的委员、候补委员学习贯彻党的十八大精神研讨班开班式上发表重要讲话强调"全党同志必须坚持以邓小平理论、'三个代表'重要思想、科学发展观为指导，毫不动摇坚持和发展中国特色社会主义，坚持马克思主义的发展观点，坚持实践是检验真理的唯一标准，发挥历史的主动性和创造性，清醒认识世情、国情、党情的变和不变，永远要有逢山开路、遇河架桥的精神，锐意进取，大胆探索，敢于和善于分析回答现实生活中

---

① 《邓小平文选》第 3 卷，人民出版社 1993 年版，第 372 页。

② 《习近平接受俄罗斯电视台专访》，《人民日报》2014 年 02 月 09 日。

③ 《习近平在中国科学院第十七次院士大会、中国工程院第十二次院士大会上的讲话》，《人民日报》2014 年 06 月 10 日。

和群众思想上迫切需要解决的问题,不断深化改革开放,不断有所发现、有所创造、有所前进,不断推进理论创新、实践创新、制度创新。"①习近平在这里用了"三个坚持""三个认识""三个有所""三个创新"来阐释"逢山开路、遇河架桥"创新精神的深刻内涵。当前,我国面临着复杂多变的国际环境,面对着全面深化改革、实现中华民族伟大复兴的艰巨任务,习近平强调,我们必须要有"万折必东不回头"的志气、"赴百仞之谷而不惧"的勇气、"咬定青山不放松"的韧劲,敢于创新,勇于创新,找准方向不动摇,牢固树立敢为天下先的志向,敢于走别人没有走过的路,在创新中攻坚克难,闯出一条继续开拓中国特色社会主义事业的创新之路。在全面深化改革的实践中,要"先行试点,摸着石头过河,尊重实践、尊重创造,鼓励大胆探索、勇于开拓,在实践中开创新路"②。

"逢山开路、遇河架桥"的创新勇气还体现在要善于创新上。"穷则变,变则通,通则久。"习近平指出,全面深化改革、实现中华民族的伟大复兴是一项长期艰巨的任务,是一项涉及诸多领域的巨大系统工程,这就决定了我们在前进的道路上不仅要勇于创新,还要善于创新。善于创新就是"不慕古、不留今、与时变、与俗化",在创新中创造生产力、增强战斗力、提升竞争力。一方面,要解放思想、实事求是,提高素质、增强能力,摆脱教条主义、经验主义和形式主义的束缚,汲取各方创新智慧,灵活转变思维,跳出框架约束,从不同的角度来分析和解决问题,以找到创新灵感,增强创新能力。另一方面,要在实际工作中加强创新设计和创新规划,认真分析和研究切实可行的创新思路与创新方法,找准改革、发展与创新的最佳结合点,以实际行动参与到创新的整个过程。

2. 创新态度:从"要我创新"到"我要创新"

2007 年 7 月,时任上海市委书记的习近平就曾指出,进一步解放思想,核心在于转变观念、更新思路,用创新的思维和办法应对、解决前进道路上的新情况、新问题。当然,我们提倡解放思想,绝不是鼓励闯红灯、打擦边球,而是要求深入贯彻科学发展观,以新的思路、新的理念和世界眼光、战略思维来审视、谋划和推动工作,不断形成新认识、开辟新境界、打开新局面。"③

2013 年 3 月 4 日,习近平在参加全国"两会"讨论时指出:"要深化科技体制改革,进一步突出企业的技术创新主体地位,变'要我创新'为'我要创新',促进

---

① 《毫不动摇坚持和发展中国特色社会主义在实践中不断有所发现有所创造有所前进》,《人民日报》2013 年 01 月 06 日。

② 《中共中央文献研究室习近平关于全面深化改革论述摘编》,中央文献出版社 2014 年版,第 33 页。

③ 吕网大:《习近平:解放思想不是鼓励打擦边球》,《人民日报》2007 年 07 月 19 日。

创新链、产业链、市场需求有机衔接。”①变“要我创新”为“我要创新”的论断,从创新态度的角度深刻揭示了创新主体在创新中的核心作用。从“要我创新”到“我要创新”,既体现出主体意识的转变,又体现出精神层次的提高。

习近平认为,创新态度直接影响着创新的速度、进程、效果。个人和企业作为创新的主体,对我国的科技与经济创新起着决定性作用。第一,需要积极引导企业和个人转变创新态度。要通过制定创新驱动发展战略、改革创新发展规划、完善创新资源配置体制机制、部署创新产业链、健全创新发展体系、培养结构合理的创新型人才、加大创新成果表彰奖励等综合措施,为企业及个人进行各方面的创新提供良好的环境、条件和动力。第二,需要崇尚科学的态度。企业和个人要深刻认识到自己的创新责任,转变自己的创新态度,意识到创新不仅是个人价值的体现,更是国家的财富、民族的光荣,“敢于担当、勇于超越、找准方向、扭住不放,牢固树立敢为天下先的志向和信心,敢于走别人没有走过的路,在攻坚克难中追求卓越,勇于创造引领世界潮流的科技成果”②,在创新中实现个人价值和国家利益的统一。第三,创新主体要会创新。面对日益激烈的国际经济竞争,打价格战、固守传统思维已不适合企业和个人的发展,只会使企业无利可图,个人停滞不前。建立创新研究机构、加大企业的创新研究投入,是提高企业创新能力的根本途径;以“我要创新”的积极主动态度将创新进行到底,是个人发展的最佳选择。第四,需要激发创新主体的创新积极性。动力是创新的关键因素,所以建立创新的激励机制在推动创新上有着巨大的作用。为此,国家、社会及企业应统筹协调,通过强化对企业与个人创新效能的宣传、创新实践的扶持、创新成果的表彰与奖励等,激发创新主体的创新积极性。

3. 创新宏图:“创新驱动发展,科技打造强国”

创新驱动发展战略在创新思想与实践中居于核心地位。党的十八大做出了实施创新驱动发展战略的重大部署,为创新型国家建设擘画了宏图,强调“科技创新是提高社会生产力和综合国力的战略支撑,必须摆在国家发展全局的核心位置”③。

十八大以来,习近平多次强调创新驱动发展战略的重要性。他指出,“当前从

---

① 《习近平李克强张德江俞正声刘云山王岐山张高丽分别看望出席全国政协十二届一次会议委员并参加讨论》,《人民日报》2013 年 03 月 05 日。

② 《习近平在中国科学院第十七次院士大会、中国工程院第十二次院士大会上的讲话》,《人民日报》2014 年 06 月 10 日。

③ 胡锦涛:《坚定不移沿着中国特色社会主义道路前进为全面建成小康社会而奋斗》,《人民日报》2012 年 11 月 18 日。

全球范围看,科学技术越来越成为推动经济社会发展的主要力量,创新驱动是大势所趋。"①在激烈的国际竞争中,只有努力进行科技创新,争取新一轮科技革命的发展主动权,以科技实力赢得话语权,才能在新的起点上为实现中华民族的伟大复兴占据先机、赢得优势。习近平还强调,"从国内看,创新驱动是形势所迫。"②近年来,我国经济、科技实力及综合国力虽大幅提高,但依旧存在着发展不平衡、不可持续,人口、资源与环境压力,粗放型增长方式等问题,要"突破自身发展瓶颈、解决深层次矛盾和问题,根本出路就在于创新,关键要靠科技力量"③。只有实施创新驱动发展,才能克服资源环境的制约,创造出新的增长要素,完成经济结构的调整和发展方式的根本转变,实现社会生产力和综合国力的进一步提升。党的十八大报告指出,要坚持走中国特色自主创新道路,以全球视野谋划和推动创新,提高原始创新、集成创新和引进消化吸收再创新能力,更加注重协同创新。"④党中央将新型工业化、信息化、城镇化、农业现代化发展及时纳入创新驱动发展轨道,在创新驱动中形成合力,必将充分发挥科技创新的巨大潜力和作用。

习近平指出,科技创新是提高社会生产力和综合国力的战略支撑,必须摆在国家发展全局的核心位置。实施"创新驱动发展,科技打造强国"的创新战略,必须做好以下几方面的工作。

一是要增强自主创新能力。通过加大科技创新投入力度、实行创新税收优惠、保护知识产权、鼓励创新成果的推广与应用、健全创新激励机制、完善创新政策环境等方式,从精神和物质两个层面激发全社会的创新积极性与主动性,提升国家的自主创新能力。

二是要加强创新型人才的培养。"没有强大的人才队伍做后盾,自主创新就是无源之水、无本之木。"⑤这就要创新教育的方式和内容,加大教育投入力度,大力培养创新型人才,为创新驱动战略的实施提供强大的人才支撑;在提高国内科研人才待遇的同时,积极开展国际人才引进,在实际工作中充分发挥创新体制、机

---

① 《习近平在中共中央政治局第九次集体学习时强调敏锐把握世界科技创新发展趋势切实把创新驱动发展战略实施好》,《人民日报》2013 年 10 月 02 日。

② 《习近平在中共中央政治局第九次集体学习时强调敏锐把握世界科技创新发展趋势切实把创新驱动发展战略实施好》,《人民日报》2013 年 10 月 02 日。

③ 《习近平在湖南考察时强调深化改革开放推进创新驱动实现全年经济社会发展目标》,《人民日报》2013 年 11 月 06 日。

④ 胡锦涛:《坚定不移沿着中国特色社会主义道路前进为全面建成小康社会而奋斗》,《人民日报》2012 年 11 月 18 日。

⑤ 《中共中国科学院党组决定中华民族前途命运的重大战略——学习习近平总书记关于创新驱动发展战略的重要论述》,《求是》2014 年第 3 期。

制的优势作用，为创新型人才的培养、使用提供广阔的科研创新平台。

三是要处理好政府和市场的关系，推动科技创新和经济社会发展深度融合。一方面要让市场真正成为创新资源配置的决定性力量，使企业、个人真正成为创新的主体，在市场的竞争中激发创新意识、扩散创新成果，使创新成果转换为实实在在的社会生产力；另一方面要求政府在关系国计民生和产业命脉的领域通过做好支持与协调、开辟新的科学技术及经济增长点、把握社会需求和制约瓶颈、确定总体技术方向和路线等工作，抢占科技创新的制高点，为创新驱动发展战略的顺利推进注入新的活力。

四是要营造良好的创新政策环境。要在加大政府科技创新投入、增加企业科研创新投入、加强知识产权保护、降低技术创新税收政策、加速科技创新成果应用及奖励科技创新成果等方面下功夫。

五是要大力扩大科技开放合作。经济全球化的发展潮流要求创新驱动发展战略必须要面向世界，在国际交流中勇于、善于利用其他国家的创新资源，在与其他国家的科技开放合作中实现我国自主创新的高起点、高成效。

4. 创新理念："理论创新、道路创新、制度创新、科技创新、文化创新"

2012 年 12 月 31 日，习近平在中央政治局第二次集体学习时指出，我们要把推进经济、政治、文化、社会、生态等方面改革开放有机衔接起来，把推进理论创新、制度创新、科技创新、文化创新以及其他各方面创新有机衔接起来，整体推进，重点突破，形成推进改革开放的强大合力。"①实施创新驱动发展战略，建设创新型中国，开辟马克思主义中国化新境界，开拓中国特色社会主义事业新局面，需要理论创新、道路创新、制度创新，也离不开科技创新和文化创新。

中国共产党人有着理论创新的光荣传统。民主革命与社会主义建设时期，以毛泽东为代表的中国共产党人将马克思主义的基本原理与中国革命、建设的实际相结合，形成了毛泽东思想，指导中国革命、建设取得了一个又一个胜利。改革开放新时期，以邓小平、江泽民、胡锦涛等为代表的中国共产党人，将马克思主义的基本原理与改革开放和社会主义现代化建设的具体实际相结合，形成了中国特色社会主义理论体系，实现了马克思主义中国化的第二次飞跃，指导中国特色社会主义事业取得了一个又一个胜利。党的十八大以来，以习近平为代表的中国共产党人提出了实现中华民族伟大复兴的中国梦和"四个全面"战略布局等战略思想，成为我们党理论创新的最新成果，指导中国特色社会主义事业继续开拓前进。在

① 《中共中央文献研究室习近平关于全面深化改革论述摘编》，中央文献出版社 2014 年版，第 36 页。

习近平看来，只有解放思想，不囿于传统，在新的社会实践中形成自己的新认识、新观点、新理论，不断进行理论创新，才能保持思想上的活力和先进性，才能建立中华民族的理论自信；只有“把党的创新理论变成干群思想武器，成为推动工作的思想源泉”，才能为“四个全面”战略布局、实现中华民族伟大复兴的中国梦提供新的理论支持。

中国特色社会主义道路是中国共产党人对社会主义的伟大创新。习近平强调：“道路问题是关系党的事业兴衰成败第一位的问题，道路就是党的生命。”①我们既不走“封闭僵化的老路”，又不走“改旗易帜的邪路”。中国特色的社会主义道路，是中国共产党人道路自信的基础，“是科学社会主义理论逻辑和中国社会发展历史逻辑的辩证统一，是根植于中国大地、反映中国人民意愿、适应中国和时代发展进步要求的科学社会主义，是全面建成小康社会、加快推进社会主义现代化、实现中华民族伟大复兴的必由之路”②。

制度创新是理论创新和道路创新的前提与基础。制度问题更带有全局性、稳定性和长期性，是决定一个国家性质和竞争力的根本。习近平指出，只有深入进行制度创新，才能解决我国改革开放中遇到的各种新问题，才能突破各种体制机制的制约瓶颈。制度创新，要清楚认识社会主义建设和改革开放的实际，把握好当前我国制度创新的重点；要大胆改革阻碍生产力发展的体制机制，建立创新推动科学发展、全面发展的新制度；要在坚持中国特色社会主义道路的前提下，不断推进中国特色社会主义制度自我完善和发展。习近平强调，中国特色社会主义政治制度之所以行得通、有生命力、有效率，就是因为它是从中国的社会土壤中生长起来的。中国特色社会主义政治制度过去和现在一直生长在中国的社会土壤之中，未来要继续茁壮成长，也必须深深扎根于中国的社会土壤③。

“科技是国家强盛之基，创新是民族进步之魂。”科学技术是经济社会发展的主要驱动力，“面对科技创新发展新趋势，我们必须迎头赶上、奋起直追、力争超越”④。习近平高度重视科技创新在科技兴国中的重要作用，号召广大科技工作者要“坚定不移创新创新再创新，加快创新型国家建设步伐”。习近平指出，新中

① 《毫不动摇坚持和发展中国特色社会主义在实践中不断有所发现有所创造有所前进》，《人民日报》2013年01月06日。

② 《毫不动摇坚持和发展中国特色社会主义在实践中不断有所发现有所创造有所前进》，《人民日报》2013年01月06日。

③ 习近平：《在庆祝全国人民代表大会成立60周年大会上的讲话》，《人民日报》2014年09月06日。

④ 《习近平在中国科学院第十七次院士大会、中国工程院第十二次院士大会上的讲话》，《人民日报》2014年06月10日。

国成立特别是改革开放以来，科技创新使中国社会经济快速发展，取得了骄人的成就，在科学技术作为第一生产力的作用愈加凸显的今天，做好基础研究，掌握核心科技，实现科技的自主创新和重大突破，创造中华民族更美好的未来，是中国未来科技创新的使命，全体科技人员应发扬科技界的各种优良传统，在工程科技、国防科技及信息技术、生物技术、新材料技术、新能源技术等方面加强团队合作，增强自主创新能力，最大限度发挥各方面优势，努力形成推进科技创新的整体合力，为实现"中国梦"做出更大贡献。

文化创新是习近平十分关注的问题。他在同各界优秀青年代表座谈时曾指出，"一个没有精神力量的民族难以自立自强，一项没有文化支撑的事业难以持续长久。"①实现中华民族伟大复兴的中国梦，需要先进文化的引领。如果没有文化的复兴，没有文化的创新，没有文化的优势，建设文化强国就成了一句空话。习近平指出，要按照时代特点和要求，根据时代的新进步新进展，"对传统文化进行创造性转化、创造性发展"②。增强文化的生命力、影响力和感召力是文化发展的必由之路。2014 年 10 月，习近平在文艺工作座谈会上讲话时指出，"中华文化既坚守本根又不断与时俱进，使中华民族保持了坚定的民族自信和强大的修复能力，培育了共同的情感和价值、共同的理想和精神。没有中华文化繁荣兴盛，就没有中华民族伟大复兴。"③推动文化繁荣发展，最根本的是要进行文化创新，创作生产出无愧于民族、无愧于时代的优秀作品。

5. 创新号召："弘扬创新精神、提高创新能力"

从弘扬创新精神和提高创新能力两个角度号召全社会兴起的创新风尚，抓住了创新的根本前提。习近平指出，要在全社会大力弘扬创新精神、提高创新能力，为坚持走中国特色自主创新道路、建设创新型国家奠定坚实的群众基础。"④创新固然需要基础研究的不断深入，需要创新主体的创新实践，需要国家政策的大力支持，需要吸收借鉴一切可以借鉴的创新成果，但最根本的前提是通过弘扬创新精神和提高创新能力来奠定创新的群众基础，没有了群众的参与，创新就失去了源泉，就会成为一句空话。

首先，要激发创新活力。创新活力的激发既需要政府通过各项优惠政策的引

① 习近平:《在同各界优秀青年代表座谈时的讲话》,《人民日报》2013 年 05 月 05 日。

② 中共中央宣传部:《习近平总书记系列重要讲话读本》,学习出版社、人民出版社 2014 年版,第 101 页。

③ 习近平:《在文艺工作座谈会上讲话》,《人民时报》2015 年 10 月 15 日。

④ 习近平:《在参加全国科普日活动时强调全社会要弘扬创新精神提高创新能力为建设创新型国家奠定坚实群众基础》,《人民日报》2009 年 09 月 20 日。

导和扶持，通过职能转变将创新的决策、研发、成果转化及成果享有权等真正交给创新主体；又需要创新主体在市场的风向标中找准有价值的创新点，勇于突破制约创新的瓶颈，推动创新成果的扩散、应用和奖励，使创新成果转变为实实在在的社会经济利益；同时也离不开社会各界的支持，通过对创新人员的尊敬、创新过程的关注、创新成果的尊重等，为创新提供舒适、稳定的环境和氛围。

其次，要弘扬创新精神。"两弹一星"精神、载人航天精神、青藏铁路精神等，是老一辈科学家科学奋斗精神和自主创新精神的典型，是我们宝贵的创新精神财富和创新榜样。在全社会大力弘扬这些创新精神，使更多的人了解这些精神背后感人至深的创新故事，对激发全民族的创新热情、鼓舞全民族的创新斗志、凝聚全民族的创新力量、增强全民族的创新勇气和信心，有着积极有效的作用。

再次，要提高创新能力。提高自主创新能力，是国家发展战略的核心、转变经济发展方式的中心环节、增强综合国力的关键。因此，要提高中华民族的创新能力，尤其是要从青少年抓起，"青少年从小就要崇尚科学、追求真知，勤奋学习、锐意创新，保持持续的想象力和创造力，努力掌握创新方法，不断提高创新本领"①。这是我国社会经济发展的必由之路，也是青少年理应肩负起的历史担当。

创新勇气、创新态度、创新部署、创新理念和创新号召五个维度，是习近平对创新深刻认识和科学把握的形象表述。体现在五个维度上的创新观，是当前和今后一个时期我国实施创新驱动发展战略必须坚持的指导思想。

三、习近平创新观的科学定位

习近平创新观，是在中国特色社会主义现代化建设、实现中华民族伟大复兴的中国梦的历史进程中逐步形成的，反过来又推动和指导着中国特色社会主义现代化建设及中华民族伟大复兴的中国梦的实践。在系统整理分析习近平创新观五个维度的基础上，对其准确、科学定位，对深入推进马克思主义中国化、更好地指导"四个全面"战略部署及实现"中国梦"具有重要的意义。

第一，习近平创新观是中国特色社会主义理论体系中关于创新的最新理论成果。建党以来，中国共产党人在领导全国人民进行新民主主义革命、社会主义革命与建设、改革开放和社会主义现代化建设的伟大实践中，坚持马克思主义创新学说的基本原理，结合中国社会发展的实际情况，敢于创新、勇于创新、善于创新，形成了具有中国风格和中国特点的创新理论体系，实现了"解放思想，实事求是，

---

① 习近平：《在参加全国科普日活动时强调全社会要弘扬创新精神提高创新能力为建设创新型国家奠定坚实群众基础》，《人民日报》2009 年 09 月 20 日。

研究新情况，解决新问题，在新的实践基础上继承前人又突破陈规”的创新准则。从毛泽东对中国特色革命道路等创新的论述，邓小平对创新必要性、方法及检验标准的阐释，江泽民对创新科学内涵、原则的科学定位，胡锦涛对自主创新在增强国家核心竞争力中的作用及创新方式、体制、检测等方面的阐述，到习近平从创新勇气、创新态度、创新部署、创新理念和创新号召五个维度对“创新”的发展与拓展，无不体现着中国共产党人对创新理论和创新实践的高度自觉。习近平创新观是对马克思主义创新学说、毛泽东创新理论和邓小平、江泽民、胡锦涛关于创新思想的继承、丰富和发展，是不断发展创新着的中国共产党创新理论的理论延伸和实践延续。习近平创新观为中国特色社会主义创新理论注入了新的内涵和时代因子，体现了中央领导集体的创新自觉，是历史与现实的统一、理论与实践的统一、形式与逻辑的统一，是中国特色社会主义理论体系中关于创新的最新理论成果。

第二，习近平创新观是“四个全面”战略布局的重要组成部分。“四个全面”是十八大以来以习近平同志为总书记的党中央从坚持和发展中国特色社会主义的全局出发提出并形成的战略布局。“四个全面”的战略布局，集中体现了以习近平同志为总书记的党中央治国理政、开创事业发展新局面的战略思想和战略部署，具有重大统领和指导意义。习近平创新观是“四个全面”战略思想的重要组成部分。“四个全面”，作为一种战略谋划、整体设计，开辟了中国道路的新境界。只有牢固树立“逢山开路、遇河架桥”的创新勇气，实现从“要我创新”到“我要创新”的创新态度转变，才能冲破束缚经济社会发展的体制和弊端，不断在解放思想、开拓创新中推动经济社会的健康发展，实现全面建成小康社会的宏伟目标；只有切实贯彻实施“创新驱动发展，科技打造强国”的创新部署，才能实现经济结构的调整和发展方式的根本转变，实现社会生产力和综合国力的进一步提升，为“四个全面”提供坚实的物质基础；只有坚持“理论创新、道路创新、制度创新、科技创新、文化创新”，才能不断开辟马克思主义中国化的新境界，开拓中国特色社会主义事业的新局面，建立起中华民族的理论自信、道路自信、制度自信、科技和文化自信，为“四个全面”提供坚实的理论、道路、制度、科技和文化保障；只有积极响应“弘扬创新精神、提高创新能力”的创新号召，才能更好地激发全民族的创新热情，鼓舞全民族的创新斗志，凝聚全民族的创新力量，增强全民族的创新勇气和信心，为“四个全面”战略布局的推进提供坚实的群众基础。

“四个全面”战略布局中的各个“全面”是相辅相成、相互促进的，每一个“全面”又是独具特色、勇于创新的系统理论。“四个全面”是中国共产党治国理政方略的时代创新、马克思主义中国化的新推进、习近平创新观的形态体现。而习近平的创新观与“四个全面”在逻辑上、内涵上有着密切的关联,是“四个全面”战略思想的重要组成部分。

第三,习近平创新观是新常态下我国经济社会发展必须遵循的理念。中共十八届五中全会指出,“实现‘十三五’时期发展目标,破除发展难题,厚植发展优势,必须牢固树立创新、协调、绿色、开放、共享的发展理念。”并指出,创新是引领发展的第一动力,“必须把创新摆在国家发展全局的核心位置,不断推进理论创新、制度创新、科技创新、文化创新等各方面创新,让创新贯穿党和国家一切工作,让创新在全社会蔚然成风”①。习近平创新观涉及创新理论的各个方面,从理论和实践上丰富和发展了中国特色社会主义创新成果,达到了中国共产党对创新规律、创新观念认识的新高度。同时,习近平创新观是中央领导集体关于创新理论、创新实践的集中体现,充实了马克思主义创新理论,是科学的、先进的、与时俱进的创新理论成果和创新实践理。“思想是行动的先导,理论是实践的指南。”新常态下,实现我国经济、政治、社会、文化、生态的健康快速发展,必须要遵循创新的发展理念。只有坚持以习近平创新观为指导,在实际工作中积极贯彻落实,才能在培育发展新动力、拓展发展新空间、深入实施创新驱动发展战略、构建产业新体系、构建发展新体制等方面取得新进展,夺取新胜利,才能在国际发展竞争日趋激烈和我国发展动力转换的形势下掌握发展的主动权,赢得发展的新机遇,把握发展的新方向,取得发展的新成就,进而推动“四个全面”战略布局的各项目标和中华民族伟大复兴的中国梦逐步实现。

(原载于《探索》2016 年第 1 期)

---

① 《中共中央关于制定国民经济和社会发展第十三个五年规划的建议》,《人民日报》2015 年 11 月 04 日。

习近平治国理政的创新思维研究*

当前中国特色社会主义的现实基础、目标愿望、理论诉求、实践要求等和改革开放初期相比发生了很大变化。虽然我国仍处在社会主义初级阶段,人均国内生产总值在世界范围内排名偏低,但国内生产总值已跃居世界第二大经济体,同时经济增长已由高速转为中高速发展阶段,包括经济领域在内的整个社会步入未曾经历的新常态。在中国社会由基本小康向全面小康实现的过程中,在全球经济日益一体化的进程中,我们一方面要面对发展过程中将会出现的许多新问题,另一方面中国数十年改革开放的道路越来越受到世界范围内各方的追问或反思。对这些问题的解答既是对中国特色社会主义 30 多年发展逻辑的梳理,也是对如何继续推进中国特色社会主义向前发展所做的理性思考,中国社会发展实践要求新的理论总结来指明前进的方向。面对当前经济社会发展中的各种现实困难和挑战,以习近平为总书记的中国共产党以创新思维的方式治国理政,取得了一批独具时代特色和民族特色的新成果,有力指导着中国特色社会主义事业的建设实践。研究习近平总书记治国理政中创新思维的逻辑基础和实践原则,是中国特色社会主义理论发展的内在要求。

一、习近平治国理政中创新思维的逻辑前提

治国理政中创新思维的逻辑前提是回答中国共产党理论创新和实践创新的必要性和可能性,它是执政党运用创新思维、创建创新话语体系的基础。① 在治国理政的实践过程中,如果社会上各历史主体拥有共同的创新思维话语平台,在沟通交流中将更容易形成相互一致的行为规范和价值取向,有效减少因话语冲突

---

* 本文作者:曹亚芳(1969 -),女,陕西蒲城人,陕西师范大学马克思主义发展史博士生,陕西理工学院思想政治理论教研部副教授,主要从事马克思主义中国化教学与研究。

基金项目:2014 年度国家社会科学基金一般项目“中国特色社会主义制度的历史逻辑研究”(14BKS028)。

① 张晓芒:《创新思维的逻辑学基础》,《南开学报(哲学社会科学版)》2006 年第 6 期。

而产生的能量耗费。所以治国理政视域下研究创新思维的语境,就是要回答当代中国共产党为什么要大力倡导创新、为什么身体力行创新,为什么能实现整个社会对创新的认同。社会大众拥有同一的创新思维话语体系,就如同拥有同一的社会意识形态一样,是高效治国理政的首要条件。

习近平当选中共中央总书记以来,清醒地认识到中国社会发展面对的是怎样的新情况、新变化,坚持以马克思列宁主义、毛泽东思想、邓小平理论、"三个代表"重要思想和科学发展观为指导,把社会发展、民族复兴看作是中国共产党治国理政的基本目标,在这一目标指引下,提出要坚持和发展中国特色社会主义。所以"社会发展""民族复兴"和"社会主义"三个范畴可以看作是以习近平为总书记的中国共产党治国理政的基本概念,也是治国理政过程中进行创新思维的逻辑前提,标志着具有中国特色的创新思维话语体系开始构建。

(一)马克思主义关于人类社会不断进步的发展观

"发展"是辩证唯物主义和历史唯物主义的基本观点。在马克思主义者眼里,人类社会由低级到高级的变化发展趋向、由茹毛饮血的原始社会到人的自由而全面发展的共产主义社会,这不只是表现人对社会进步的乐观主义态度和对未来美好生活的期望,更是对社会历史发展规律的科学阐述,它揭示了人类社会一步一步走向自由、文明的现实必然性。正是基于这样坚定而积极的社会历史观,中国共产党人一代又一代不畏艰难险阻,付出鲜血和生命,带领中华民族走到今天。而今,我们不只是要相信社会历史的不断向前"发展",而是更致力于如何更好地实现"发展"。用最少的代价、最高的效益实现发展的出路还在于人自己,在于人的创新思维和创造智慧。所以肯定"发展"的观点是社会历史主体自觉运用创新思维的先决条件,"发展"的观点旗帜鲜明地反对原教旨主义、历史虚无主义等各种错误思想观念,承认人类社会历史的向前"发展"是自觉运用创新思维的逻辑前提,运用创新思维推动世界各民族健康发展是人类行为准则的共识。

"发展"也是习近平总书记系列讲话中使用频率较高的词语之一,更是其治国理政的核心要求。习近平在十八届中央政治局常委同中外记者首次见面时就做了题为《人民对美好生活的向往就是我们的奋斗目标》的讲话,用"更好的教育、更稳定的工作、更满意的收入、更可靠的社会保障、更高水平的医疗卫生服务、更舒适的居住条件、更优美的环境"①诠释了什么是新时期的"发展"。在十八届三中全会上提出了"全面深化改革开放"的要求,回答了新时期中国共产党面对新情况将如何以更大的政治勇气和政治智慧推动社会经济向前发展。在十八届五中全

① 《习近平谈治国理政》,外文出版社 2014 年版,第 4 页。

会上,更是确立了中国经济社会要倡导“创新、协调、绿色、共享、开放”的五大发展理念。习近平总书记一方面把马克思主义哲学关于人类社会普遍的发展观具体化到中国特色社会主义建设的实践过程中,另一方面把适应当前中国社会现实的发展动力、发展要求、发展方式、发展目的等对发展的新认识也概括到了哲学的高度。

“发展”是世界各民族对人类社会历史进程规律的共同认识,习近平总书记的创新思维逻辑基础不仅有反映人类普遍性认识的发展观,更有体现中华民族独特历史命运的话语。中华民族拥有五千年持续不断的人类文明,在人类历史上曾长久的处于领先地位。但近代在工业文明发端史上的落后使中华民族在鸦片战争以来100多年的历史中彷徨、迷茫。中国共产党以马克思列宁主义为指导,不仅实现了民族的独立和人民的解放,而且将进一步带领中国人民恢复中华民族在世界范围内的领先地位。实现民族复兴体现的是民族发展的目标,所以“复兴”是习近平总书记在治国理政中体现中华民族发展特殊要求的基本概念,是构建中国特色创新思维话语体系的又一逻辑前提。

(二)实现中华民族伟大复兴的目标要求

实现中华民族的伟大复兴是几代中国共产党人的奋斗目标,但只有当下“我们比任何历史时期都更接近中华民族伟大复兴的目标,比历史上任何时期都更有信心、有能力实现这个目标。”①这个“复兴”,不仅是要实现中华民族国家富强、民族振兴、人民幸福,更是要给世界人民贡献中国智慧,使中华民族不断为人类做出新的更大的贡献。

现代文明兴起于西方社会,也兴盛于西方社会,但西方文化传统里“争斗”的基因不仅造成社会上个人之间、阶层之间、民族之间的张力关系,而且直接违背人与自然一体的本然关系,从而威胁人的生存环境。中华文明的“和合”精神却更能合理地处理人际社会关系,日益成为治疗现代社会顽疾的一剂良方。② 中国共产党人在学习西方的同时将更加注重对中华民族传统文化的重新挖掘与阐发,努力使中国不仅成为世界经济发展的引擎,更要成为人类先进文化观念的引领者。

每一代中国共产党人都肩负自己时代的使命。由追求民族独立到实现民族复兴,由追赶型发展到引领型发展。以习近平为总书记的党中央明晰自己的时代任务,日益把“发展”“复兴”作为建立创新型社会的逻辑基础。“发展”是人类的普遍追求,“复兴”是中华民族的特殊要求,中国共产党人还有体现自己本质属性

---

① 《习近平谈治国理政》,外文出版社2014年版,第36页。

② 顾海良:《五大发展理念的“中国智慧”》,《前沿》2016年第1期。

的基本要求,即坚持和发展中国特色社会主义。

(三)中国共产党人发展社会主义的特殊使命

社会主义弘扬的是人们对真善美的崇高追求,对假丑恶的坚决斗争,它不同于一般伦理追求的地方在于它不仅反映人的主观愿望,它更强调要从社会发展现实出发;它不仅要超越资本主义社会现实,更要努力寻找实现理想社会的实践途径。从500年前社会主义思想萌芽到今天中国特色社会主义的伟大实践,付出了无数人的鲜血和生命,但共产党人始终致力于共产主义理想社会的追求和信仰矢志不渝,始终把实现社会主义社会作为自己的奋斗目标。

中国特色社会主义是中国特色社会主义理论体系、中国特色社会主义制度和中国特色社会主义道路的三位一体,是中国共产党和中国人民90多年奋斗、创造和积累的根本成就;中国特色社会主义是实践、理论和制度的紧密结合,在不断发展、完善的过程中实现中华民族的伟大复兴和人类历史的文明发展;中国特色社会主义的发展方向、发展要求和中华民族的复兴目标、世界历史的文明进程是高度吻合的,是马克思主义的伟大理论和中国特色社会主义的伟大实践不断被历史佐证的过程说明了的。

不断丰富和发展的社会主义需要创新,日益趋近的民族复兴需要创新,世界各民族的共同发展更需要创新;也只有在创新思维的持续作用下,社会主义、民族复兴、人类发展才能登上更高的台阶。对社会主义信念的坚定、对民族复兴的追求、对人类持续发展的信仰是我们能够不断创新的精神源泉,也是创新思维的逻辑前提,它们共同构成习近平治国理政中创新思维话语体系的第一层级。

二、习近平治国理政中创新思维的基本实践方式

创新思维话语体系的第一层级回答为什么需要创新,第二层级回答如何实现创新,它由"学习"和"改革"两个基本概念组成,是习近平总书记运用创新思维进行治国理政的基本实践方式。

(一)持续学习的实践方式

"学习"自古以来就是人类文明进步和个体能力提高的重要手段,也是社会主体适应社会发展并进一步推动社会发展的重要途径。中国共产党历来重视"学习",党的十六大以来,以胡锦涛为总书记的党中央就建立了集体学习制度,不定期地邀请各行业的专家、学者或部门负责人进行专题讲座,涉及经济、政治、文化、法律等治国理政的方方面面。习近平任总书记以来,更是强化了中共中央政治局的集体学习制度,学习的频率更高,仅2015年一年就进行了10次学习。涉及的领域更深更广,从哲学原理、司法改革到党风建设、"十三五"时期经济社会发展战

略。通过学习,不断增加中共中央政治局委员的知识储备和经验,改善知识结构,提高对社会实践的认识水平,为进行科学有效的创新夯实基础。

"学习"不仅是生存技能必要的磨炼过程,也不只是孩提和青少年参与的社会化过程,人类社会发展的现代水平要求一切社会主体,不论年龄、性别、党派和民族,在所有时空条件下都要把学习内化于工作和生活过程当中。"学习"和历史上的"劳动""革命"等概念一样,已经上升为时代的精神诉求。正是因为对此有清醒的认识,中国共产党正努力要把自己建设为学习型政党,"学习"也成为以习近平为总书记的当代中国共产党自觉运用创新思维进行治国理政的必要选择。"学习"是一个复杂的工程,对于追求长期执政的中国共产党这个特殊历史主体尤甚,我们首先要解决学什么和怎样学的问题。

习近平对学什么和怎样学也同样有着清醒的认识。学习古今中外人类历史发展过程中的经验总结和理性认识,也就是说要向历史学习、向其他民族学习,吸收人类文明一切优秀文化成果,实现古为今用、洋为中用。如何学习呢?就是继承和借鉴,在扬弃中继承中华民族的优秀文化传统、借鉴西方文明的有益经验。我国今天以中国特色社会主义制度为核心内容的国家治理体系,"是在我国历史传承、文化传统、经济社会发展的基础上长期发展、渐进改进、内生性演化的结果。"没有兼容并取、海纳百川的学习态度,"不断学习他人的好东西,把他人的好东西化成我们自己的东西,"就不会形成中国特色,也不好使我们的制度完善而持久。如何继承和借鉴?习近平提出,"把跨越时空、超越国度、富有永恒魅力、具有当代价值的文化精神弘扬起来"。① 只有在不断学习中,我们才能创新性发展;只有在不断创新中,我们的民族才会永远充满希望。

学习活动实现的只是思想的转变和丰富,要有创新成果和社会发展,还必须把新思想通过改革落实到社会行为中。学习实现的是主观世界的创新,只有改革才能实现客观世界的创造。学习的时代要求和改革的空间要求一道促使习近平总书记在治国理政中提出了一系列新思想、新举措。中国共产党持续推进的中国特色社会主义社会的改革过程,就是一个不断创新的过程。创新型社会的建设正是通过渐进的社会改革实现的,它和通过创新实现社会发展的目的是一致的。习近平在对省级领导干部讲话时曾强调,对党和人民事业有利的,对实现党和国家兴旺发达、长治久安有利的,该改的就要坚定不移的改。改革,就是突破,就是破除妨碍发展的思维定式。

---

① 《习近平谈治国理政》,外文出版社 2014 年版,第 105 页。

（二）全面改革的实践方式

改革在中国特色社会主义事业中具有举足轻重的地位，它由邓小平开创、经过几代共产党人的持续推进，依然是当前我党治国理政的核心任务。党的十八届中央委员履职以来通过的第一个重要决议就是关于全面深化改革若干重大问题的决定。习近平总书记强调改革开放只有进行时、没有完成时。改革创新成为时代精神的核心内容，是由我国社会发展的客观需要决定的。它既是中国社会实现创新型发展的现实途径，也是以习近平为总书记的中共中央自觉运用创新思维进行治国理政的现实要求。

习近平任总书记以来，中国的经济社会环境正发生着深刻的变化，如何应对共产党执政地位的挑战？如何参与全球治理？如何面对资本主义精神的对立关系？科学有效地解决这些问题都需要中国共产党具有更大的创新勇气，在持续推进的改革中不断坚持和完善中国特色社会主义制度。

中国共产党在中国执政的合法性地位是中国人民的选择，是中国近现代历史发展的必然；但历史选择的动态淘汰机制也不以人的意志为转移。和革命战争时期相比，和平建设时期对执政党地位的挑战更复杂、更深刻、更容易从内部改变自己，所以如何更彻底地加强党的建设、提高我党的执政能力，是我们面对的第一个挑战。中国共产党的性质决定我党只要能始终坚持人民主体地位不动摇，全心全意为人民服务，执政地位自然持久而巍然屹立。如何克服市场经济主导下个人财富欲望的无限膨胀和共产主义信仰要求下党员干部大公无私品质间的矛盾？党的思想教育固然重要，但习近平总书记同时强调健全党的制度建设，用市场经济的成本核算理论和法治对抗少数党员的侥幸心理，把领导干部的权力关进制度的笼子更必不可少。

共产党自身“无欲则刚”的清廉自然会得到人民持久的支持和拥护，如果能进一步正确对待人民群众间利益冲突的是非关系，努力改善民生基本条件，提高人民生活的幸福指数，会获得更稳固的执政地位。现代商品文化随着我国市场经济的确立日益漫延，资本精神在快速提升社会财富的同时也日益暴露出自身无法克服的矛盾，资本逐利的本性与人的全面发展的对立关系日益严重。在资本文化对社会生活的全面侵略下，越来越原子化存在的个体日益成为附着在价值增值环节的机器配件，片面畸形的个体能力的发展使整个社会的物质文明和精神文明间的不平衡日益加剧。人们执迷于在自己一切社会活动中寻求可靠的盈利模式，而在寻求中恰恰迷失了生存的本来意义。解决人的外表体面与内心荒芜的矛盾，解决资本文化的对立关系，提高民众的幸福感，必须破除个体自我中心主义的魔咒，必须以一定的公共物质利益为基础，所以习近平强调坚持中国特色社会主义基本经济制度不动摇,确保社会主义经济制度的基础支撑作用不动摇。

当今的世界是全球一体化的世界,任何民族国家的发展都不可能独善其身,都被安置在全球范围社会分工和商品生产的网络结点上,在生产要素的国际范围配置中寻求自身利益的最大化。中国在几十年的追赶历程中创造了世界第二大体量的国内生产总值,对整个世界的影响日趋扩大,但只有量上的扩大而较缺乏质的更新,使我们在参与全球治理中并不具有与经济地位相匹配的话语权。习近平总书记深刻认识到:"我们没有别的选择,非走自主创新道路不可。""如果我们没有一招鲜、几招鲜,没有参与或主导新赛场建设的能力,那我们就缺少了机会。""我国能否在未来发展中后来居上、弯道超车,主要就看我们能否再创新驱动发展上迈出实实在在的步伐。"①要想在合作共赢中取得比较优势,唯一必要条件是我们手中拥有他人发展不可或缺的核心技术获先进文化理念等这样的"硬货"。

以党的建设为主的政治创新、以民生改善为主的经济创新、以比较优势为主的外交创新是当代中国共产党面临的主要问题,在解决各种社会发展问题中实施全面改革,在改革的全面推进中实现社会创新式发展,这是以习近平为总书记的中国共产党自觉运用创新思维的具体体现。谋求社会发展、民族复兴、社会主义兴旺是中国共产党勇于实施创新的逻辑前提,不断学习和全面改革是中国共产党在治国理中进行创新的基本实践方式。它们共同架构了中国特色社会主义创新话语体系的底层平台,为进一步建构系统的中国特色社会主义创新理论打下了基础。

三、习近平治国理政中创新思维的基本原则

没有创新不可能获得社会发展、民族复兴、中国特色社会主义的完善,但中国是一个世界级别的大国,2015 年拥有 136 亿人口,占世界总人口的 188%,同年的 GDP 为 67 万亿美元,占世界总量的 125%。在这样一个大国进行创新,任何一点对人们习惯了的行为方式的改变,都会带来不可预知的结果。在社会经济政治等领域谋求创新,谈何容易!所以成功摸索出一套突破定式思维的创新机制显得尤为重要。习近平总书记在治国理政的实践中,在总结中国共产党几代领导人实施创新经验的基础上,成功摸索了一套广泛使用于政治、经济、文化、社会、生态等领域的创新机制原则。

(一)"顶层设计"与"摸着石头过河"相结合

在改革开放初期,我国社会生产力相对落后,和马克思预言的实现社会主义

① 《习近平谈治国理政》,外文出版社 2014 年版,第 123 页。

所需的发达社会生产力条件相距甚远,而继续传统社会主义建设已经被历史证明是行不通的。如何建设中国特色的社会主义并没有现存的道路可走,也没有具体而完备的理论做指导,但世界快速发展的进程已容不得我们想好了、设计好了再照着做。在这种情形下,邓小平提出尊重群众的首创精神,提出“三个有利于”标准,并称这个改革的过程就是“摸着石头过河”的建设有中国特色社会主义的方式方法,成功突破了传统苏联模式对我们的束缚。在1992年提出建立社会主义市场经济,首次把社会主义制度和在西方资本主义国家运行了多年的市场经济体制结合起来。自此,西方文化对我们的影响日益加深,它既促进了我国经济社会文化的快速发展,也使我国出现了一些“橘生淮南为橘、生淮北为枳”的现象。如何能更好发挥市场经济的活力又能充分体现社会主义制度的优势?超越此前的“摸着石头过河”的方式,进行“顶层设计”就成为国家治理方式的必然选择。

习近平在主持十八届中央政治局第二次学习时指出:“摸着石头过河就是摸规律,从实践中获得真知。摸着石头过河和加强顶层设计是辩证统一的,推进局部的阶段性改革开放要在加强顶层设计的前提进行,加强顶层设计要在推进局部的阶段性改革开放的基础上来谋划。加强宏观思考和顶层设计,更要注重改革的系统性、整体性、协调性,同时也要继续鼓励大胆试验、大胆突破,不断把改革开放引向深入。”①在此之后,习近平总书记多次强调,要把改革推向前进,必须加强顶层设计。

随着党中央对顶层设计的强调,涵盖各个领域、各具特点的多种类型的“智库”建设也如火如荼地展开、雨后春笋般地出现,为中央的顶层设计提供智力支持。科技创新驱动的发展替代、自由贸易区试点的建立、“一带一路”国际经济社会的全面合作、惩治和预防腐败体系的建立健全、军事改革和军区调整等无不是在长期摸索改革开放规律的基础上进行顶层设计的结果。特别是“十三五”发展规划的制定,更体现了综合运用社会各方力量,在充分进行社会调查并尊重群众首创精神的基础上逐步最终定稿,它和以往“五年”规划相比具有很大不同,既有引领社会改革的五大发展新理念,又提出了产业进一步发展的具体要求,完美展示了顶层设计对“摸着石头过河”的补充与超越。

(二)广泛吸纳世界文明成果与坚持中国优秀文化相结合

高效的治国理政目标是世界各民族国家的普遍要求,在当代世界文明的发展进程中,各国经济社会发展所取得的成就与各国成功的社会治理密不可分。在世界文明日益交融的过程中,我们必然会借鉴吸收其他各民族的政治智慧,它是人

---

① 《习近平谈治国理政》,外文出版社2014年版,第68页。

类文明的精华,是人类共同的价值追求,但在具体实施中却要结合本民族的实际情况。

中国特色社会主义是中国共产党在改革开放的过程中逐步摸索出来的,其发展初期的"中国特色"一方面是表达对传统苏联社会主义模式的否定,强调的是不同于传统社会主义的"特色社会主义",强调中国要走自己的路。但中国的社会主义道路如何走?我们把学习的目光由苏联转向了整个世界,所以"特色社会主义"另一方面表达的是广泛吸纳了人类文明的社会主义,其核心内容就是要在中国社会主义国家发展商品经济。

随着中国社会主义市场经济体制的逐步建立并取得巨大成就的同时,资本逻辑的负面结果日益暴露,特别是2008年国际金融危机的爆发更强烈地颠覆了一部分人对资本主义制度文明的迷信。在这样的时空背景关照下,"中国特色社会主义"由强调"特色社会主义"转而强调"中国特色"的意志不断上升。中国在反思现代社会文明的过程中、在改革开放的实践中,逐步确立了"中国自信","中国自信"的进一步确立,更需要能从理论形态上总结当代中国社会发展道路的文化基因。中国特色社会主义事业的成功是中国人身上流淌的优秀传统文化重焕生机的结果;是中国共产党坚持把世界先进文明成果与中国优秀文化相结合的结果,它不仅实现了中华民族的崛起,也为世界上其他全民族的发展提供了榜样。

以习近平为总书记的中国共产党在治国理政的过程中,不仅在经济社会领域努力宣传中国,而且在政治文化上也不断强化中国特色。在积极吸收当代政治民主的合理诉求的基础上,清醒地认识到中国国情的特殊复杂性,积极倡导中国方式的协商民主制;积极实施简政放权的各种政治改革措施。在建设服务型政府的同时也在加强政府的监管职能建设,努力实现中国共产党执政能力的现代化。社会主义核心价值观的内容,既体现了现代文明对"自由"的强调,又包含了中国传统文化的"和谐"观念。在经济领域,积极倡导贸易自由主义,努力提高同发达国家的数量规模和质量层次,同时开拓新的国际贸易体系,通过"一带一路"和"亚投行"建设,把中国发展同周边国家和第三世界的发展紧密联结起来。在文化软实力领域,一方面批判性吸收世界各民族先进文化以促进我国的发展转型,另一方面"唱响中国",提倡中国智慧对世界文明发展的积极贡献。

(三)全面推进与重点突破相结合

习近平担任中共中央总书记以来,在中国社会发展新的起点上,治国理政中面对的问题千头万绪。哪里是改革的突破口?哪个问题处于整个身体的瓶颈位置?对这些问题的科学审视既要能准确判断发展的大趋势,又要善于抓住解决问题的"牛鼻子"。以习近平为总书记的党中央坚持对马克思主义哲学的学习,坚持以马克思主义的辩证唯物主义和历史唯物主义的世界观和方法论做指导,实现了高屋建瓴地看问题、谋大局,科学认识我国当前治国理政的重点、难点和关键点,准确锁定了中国特色社会主义社会建设各个领域进一步创新必须瞄准的靶心位置,并实现由中心向四周渗透的光晕效应。

中共中央在全面深化改革的总部署中,确立以经济体制的改革为重点。全面深化改革的关键是进一步形成公平竞争的发展环境,进一步提高政府效率和效能,提高党的领导水平和执政能力。但经济基础决定上层建筑,"我国现阶段存在的有违公平正义的现象,许多是发展中的问题,是能通过发展、通过制度安排、法律规范、政策支持加以解决的"①。坚持以经济建设为中心,突出强调以经济体制改革为重点,发挥经济体制改革牵引作用。"经济体制改革对其他方面改革具有重要影响和传导作用,重大经济体制改革的进度决定着其他方面很多体制改革的进度,具有牵一发而动全身的作用"②。

在解决众多社会问题中,以全面从严治党为突破口。中共十八届中央领导在治国理政中,坚持从当前的实际情况出发,以解决最紧迫的实际问题为抓手。习近平曾在不同场合多次强调,如果管党不力、治党不严,人民群众反映强烈的党内突出问题得不到解决,那我们党迟早会失去执政资格,不可避免被历史淘汰。这绝不是危言耸听。并以"刮骨疗毒、壮士断腕""抓铁有痕"来表示从严治党的勇气、决心与信心。全面从严治党,显示了治标和治本的统筹兼顾,体现了自律和他律的双管齐下。一边扎牢制度篱笆,一边"老虎""苍蝇"一起打。中国共产党和中国政府惩治和预防腐败的努力得到百姓高度认可,人民对中国共产党的执政充满信心。一子落,全盘活。政治清廉为全面深化改革和社会全面发展注入了新活力。

在全面建成小康社会的发展目标中,以精准脱贫为要点。党的十八大确定了全面建成小康社会的目标,进一步充实和完善了全面建设小康社会的目标。针对决胜全面建成小康社会的主要障碍,以习近平为总书记的党中央提出了更具明确导向的政策决策。2014 年 12 月,习近平在中央经济工作会议的讲话中指出,要实现精准脱贫,防止平均数掩盖大多数。2015 年 11 月,中央专门召开扶贫工作会议,强调全党要苦干实干,坚决打赢脱贫攻坚战,确保到 2020 年所有贫困地区和贫困人口一道迈入全面小康社会。

---

① 《习近平谈治国理政》,外文出版社 2014 年版,第 96 页。
② 《习近平谈治国理政》,外文出版社 2014 年版,第 94 页。

四、习近平治国理政中创新思维的基本特征

以习近平为总书记的党中央精准把握国际国内发展现状和未来趋势，自觉加强中国共产党创新品质的培养，积极主动运用创新思维，在社会发展、民族复兴和社会主义建设等目标的安置下，坚持以学习改造主观世界、以改革改造客观世界，摸索出了一套进行创新思维的原则要求，表现了当代中国共产党进行创新思维的基本特征。这离不开马克思列宁主义和毛泽东思想的指导，丰富了中国特色社会主义理论体系的思想内容，使中国特色社会主义理论的基本特征更为显现。

（一）在社会现代化过程中突显中国因素

习近平在刚当选中共十八届中央委员会总书记不久就提出要实现中华民族伟大复兴的中国梦。在第十二届全国人民代表大会第一次会议上阐发实现中国梦必需弘扬中国精神、凝聚中国力量，如此才能够继续创造中华文明、继续拓展和走好中国道路。在主持十八届中央政治局第十二次学习时强调提高国家文化软实力，要努力实现中华传统美德的创造性转化和创新性发展，让 13 亿人的每一分子都成为传播中华美德、中华文化的主体；要努力传播中国特色社会主义价值观念，把当代中国价值观念贯穿于国际交流和传播方方面面；要努力展示中华文化的独特魅力，塑造美好中国形象；要努力提高国际话语权，讲好中国故事，传播好中国声音，阐释好中国特色。这些对中国元素的强调，实质是增强做中国人的骨气和底气，树立当代中国的自信。① 它一方面缘于中华民族五千年文明发展进程中创造的博大精深的灿烂文化，另一方面来源于当代中国特色社会主义建设的伟大成就中获得的道路自信、制度自信和理论自信。

（二）坚持社会主义发展方向

习近平的创新成果不仅一再强调中国特色，更是凸显社会主义的发展方向，在改革开放中坚持科学社会主义的基本原则毫不动摇。一是始终同广大人民站在一起的基本立场原则不动摇，一切社会活动以服务人民为根本，以满足人民的需要、改善和提高人民的生活为目的。具体来说，就是社会生产力发展的目的是以人为本，不以积累无限财富为目的；在处理人和人的关系时，要以广大劳苦大众的利益为首要满足对象，以共产主义战士的道德品质要求正确处理权力、资本和劳动的关系。二是坚持物质利益在整个社会关系中起基础决定作用的原则不动摇，坚持生产力是社会发展水平的决定因素，物质利益的生产水平决定着人的社

① 韩庆祥：《破解难题建构秩序唱响中国——简析新一届中央领导集体治国理政的脉络与方略》，《毛泽东邓小平理论研究》2015 年第 2 期。

会关系的处理水平。所以在治国理政中首先要把“发展”摆在基础地位，唯有社会生产力的发展，才会有社会文明的全面提升；其次要始终坚持生产资料公用制的主体地位，它是中国共产党维护广大劳动人民权益的物质前提，唯有一定量的公有资本，才能使社会发展向着社会主义方向前进，而不会被资本增值的利润要求所胁迫，政府才不会成为资本的代言人。

（三）敏锐把握时代发展新特点、新要求

党的十八大报告就明确指出我们正在进行许多“新的历史特点”的伟大斗争。“新的历史特点”是我党全面审视和判断国内国际两个大局发展大势得出的重要判断。和平与发展仍然是时代主题，但中国经过几十年的快速发展，其所面对的国际竞争环境更加复杂，主权国家间的关系更加紧密，更是你中有我、我中有你。习近平总书记顺应时代前进潮流，一方面推动构建大国新型关系，另一方面深化同周边国家的互利共赢格局，促进世界和平发展。在国内方面，习近平以“新常态”深刻总结了我国经济社会新时期的新特点，及时扩大市场在资源配置中的作用，由起“基础”作用调整为市场在资源配置中起“决定”作用，同时要求更好发挥政府作用，强调“看不见的手”和“看得见的手”都要用好。对于政治体制改革则是通过问题倒逼的方式进行推动，在文化宣传领域坚持“正能量”的引导为主，使中国特色社会主义制度优势得到最大程度发挥。以习近平为总书记的中国共产党对时代变化趋势新特点的敏锐把握和科学决策，确保了国家政治、经济、文化、军事、社会、生态、科技、信息、资源等在内的总体安全，实现了国家稳定与社会发展相互促进，为实现中华民族伟大复兴的中国梦提供了强有力的物质基础和安全保障。

结语

人类文明发展到今天，是在不断发展的创造活动中前进的，自觉运用创新思维推动社会历史向前发展，离不开逻辑思维的理性支持。任何创新成果既是独特新颖的，也是符合逻辑推理的。习近平总书记在治国理政的过程中，充分发挥思维能力的综合效应，以逻辑思维为基础，自觉运用中国共产党人创新思维的智力传统，取得了中国特色社会主义的新发展。以改革创新的时代精神为引领，研究习近平治国理政的创新思维，更能深刻而全面地理解习近平系列重要讲话的精神实质，更能科学准确地阐释以习近平为总书记的中国共产党在中国特色社会主义实践中取得中国特色社会主义理论的最新成果。

（原载于《社会主义研究》2016 年第 3 期）

习近平系列讲话对中国特色社会主义的创新*

党的十八大以来，习近平总书记站在新的历史起点上，以战略家的胆略，以伟大的马克思主义者的智慧，围绕坚持发展中国特色社会主义这个主题，提出并阐明了一系列新思想、新理论、新战略，丰富和创新了中国特色社会主义，把马克思主义中国化推到一个新境界，这为中国共产党治国理政、实现"两个一百年"奋斗目标和中华民族伟大复兴的中国梦指明了前进方向。习近平总书记系列讲话创新了中国特色社会主义，这个创新不是一般的创新，而是一系列的创新，包括经济、政治、文化、社会、生态文明以及军事外交等方面的创新，归纳起来包括中国特色社会主义基本问题的创新、主要内容的创新、方法论的创新三部分。

一、习近平系列讲话对中国特色社会主义基本问题的创新

习近平总书记系列讲话对中国特色社会主义基本问题的创新，包括以下四个方面。

(一)中国特色社会主义"四个全面"战略布局的新提出

党的十八大以来，以习近平同志为总书记的党中央先后提出全面建设小康社会、全面深化改革、全面依法治国、全面从严治党的重要思想。2015 年 2 月 2 日，习近平总书记在省部级主要领导干部学习贯彻十八届四中全会精神全面推进依法治国专题研讨班的讲话中，把"四个全面"定位于坚持发展中国特色社会主义的"战略布局"，标志着"四个全面"战略布局正式形成。

"四个全面"战略布局是一个严密而完整的逻辑体系，是紧紧围绕实现中华民族伟大复兴的中国梦而设计和展开的。"四个全面"是相互联系、相互协调、相互

---

* 本文作者：侯远长(1945)，男，河南濮阳人，郑州工业应用技术学院教授，中共河南省委党校教授，郑州大学硕士生导师，中国科学社会主义学会常务理事，中国红色文化研究会河南工作委员会执行主任，长期从事科学社会主义和政治学理论研究。

基金项目：河南省社会科学基金项目"习近平系列讲话对中国特色社会主义创新研究"(2015BKC012)。

促进、相得益彰的统一体，统一于坚持和发展中国特色社会主义的伟大实践。从宏观上看，“四个全面”战略布局的逻辑关系，既有战略目标，也有战略举措，每一个“全面”都具有重大战略意义。全面建成小康社会是我们的战略目标，全面深化改革、全面依法治国、全面从严治党是三大战略措施。“四个全面”有各自的鲜明特点：“全面建成小康社会”是目标、是方向，具有战略统领和目标牵引作用；“全面深化改革”是动力，推动着全面建成小康社会的实现；“全面依法治国”是保证，是支撑，为全面建成小康社会保驾护航；“全面从严治党”是关键，是领导核心，是实现全面建成小康社会奋斗目标的关键所在。“四个全面”战略布局的提出，实现了中国特色社会主义理论与实践的创新，深化了对共产党执政规律、社会主义建设规律、人类社会发展规律的认识，把马克思主义中国化的进程推向一个新阶段。

（二）中国特色社会主义存在形态的新阐释

19世纪初，马克思、恩格斯创立的科学社会主义，从形态上看，它是运动的社会主义、思想的社会主义、制度的社会主义三种形态的统一。邓小平把科学社会主义基本原理与中国实际相结合，创立了中国特色社会主义。经过三十多年的接力探索，“我们坚定不移高举中国特色社会主义伟大旗帜，既不走封闭僵化的老路、也不走改旗易帜的邪路”①。到党的十八大，我们党对中国特色社会主义的认识升华到一个新阶段，指出“中国特色社会主义道路，中国特色社会主义理论体系，中国特色社会主义制度，是党和人民九十多年奋斗、创造、积累的根本成就”②，同时科学地分析了它的基本功能，指出“中国特色社会主义道路是实现途径，中国特色社会主义理论体系是行动指南，中国特色社会主义制度是根本保障，三者统一于中国特色社会主义伟大实践”③。

习近平总书记在中央政治局第一次集体学习时讲话，对中国特色社会主义理解深刻、认识独到、理论定位准确：一是明确了“中国特色社会主义是由道路、理论体系、制度三位一体构成的”④新形态。习近平总书记这段论述，并没有用“形态”来概括中国特色社会主义，其内涵已经明确了其三者统一的结构，中国特色社会主义是道路、理论体系、制度三种存在形态的统一。其中的任何一种存在形态，虽

① 胡锦涛：《坚定不移沿着中国特色社会主义道路前进 为全面建成小康社会而奋斗——在中国共产党第十八次全国代表大会上的报告》，人民出版社2012年版，第12页。

② 胡锦涛：《坚定不移沿着中国特色社会主义道路前进 为全面建成小康社会而奋斗——在中国共产党第十八次全国代表大会上的报告》，人民出版社2012年版，第12页。

③ 习近平：《紧紧围绕坚持和发展中国特色社会主义 学习宣传贯彻党的十八大精神——在十八届中共中央政治局第一次集体学习时的讲话》，人民出版社2012年版，第4页。

④ 习近平：《紧紧围绕坚持和发展中国特色社会主义 学习宣传贯彻党的十八大精神——在十八届中共中央政治局第一次集体学习时的讲话》，人民出版社2012年版，第4页。

然也都具有中国特色社会主义的本质属性，但都不能单独体现完整意义上的中国特色社会主义。二是明确了中国特色社会主义的科学内涵和鲜明特征。习近平总书记在中央政治局第一次集体学习时讲话中，十分明确地把中国特色社会主义道路、理论体系、制度作为中国特色社会主义的科学内涵提了出来，并进一步阐明了它的“三个特”的鲜明特征，指出：“中国特色社会主义是实践、理论、制度紧密结合的，既把成功的实践上升为理论，又以正确的理论指导新的实践，还把实践中已见成效的方针政策及时上升为党和国家的制度。所以，中国特色社会主义特就特在其道路、理论体系、制度上，特就特在其实现途径、行动指南、根本保障的内在联系上，特就特在这三者统一于中国特色社会主义伟大实践上。”①

（三）中国特色社会主义总依据、总布局、总任务的新论述

党的十八大面对世情、国情、党情继续发生的深刻变化，面临发展机遇和风险挑战前所未有，从战略高度对发展中国特色社会主义做了总体部署，指出：“建设中国特色社会主义，总依据是社会主义初级阶段，总布局是五位一体，总任务是实现社会主义现代化和中华民族伟大复兴。”②习近平总书记在紧紧围绕坚持发展中国特色社会主义，宣传贯彻党的十八大精神的讲话中，对总依据、总布局、总任务有了深刻的理解，其创新点把“三总”概括为中国特色社会主义的“真谛要义”。他强调指出：“这‘三个总’的概括，高屋建瓴，提纲挈领，言简意赅。深刻领会和把握这个新概括，有助于我们深刻领会和把握中国特色社会主义的真谛和要义。”③这个“真谛和要义”的新概括，习近平总书记从三个方面进行了创新性的分析和论证。

一是把社会主义初级阶段这个总依据，概括为“最大国情、最大实际”。习近平总书记教育全党，在“总依据”问题上提出了“六个立足”的新要求。他强调，推进任何方面的改革发展要立足“总依据”；在经济建设、政治建设、文化建设、社会建设、生态文明建设中也要立足初级阶段；不仅在经济总量低时要立足初级阶段，而且在经济总量提高后仍然要立足初级阶段；不仅在谋划长远发展时要立足初级阶段，而且在日常工作中也要立足初级阶段。要立足初级阶段这个总依据，就要坚决抵制抛弃社会主义的各种错误主张，自觉纠正超越阶段的错误观念和政策

---

① 习近平：《紧紧围绕坚持和发展中国特色社会主义　学习宣传贯彻党的十八大精神——在十八届中共中央政治局第一次集体学习时的讲话》，人民出版社 2012 年版，第 4 页。

② 习近平：《紧紧围绕坚持和发展中国特色社会主义　学习宣传贯彻党的十八大精神——在十八届中共中央政治局第一次集体学习时的讲话》，人民出版社 2012 年版，第 6 页。

③ 习近平：《紧紧围绕坚持和发展中国特色社会主义　学习宣传贯彻党的十八大精神——在十八届中共中央政治局第一次集体学习时的讲话》，人民出版社 2012 年版，第 6 页。

措施。

二是“五位一体”总布局,是社会主义建设规律在实践上和认识上不断深化的重要成果。习近平总书记把“五位一体”总布局理论纳入“三大规律”之社会主义建设规律的重要成果,在我们党创新理论中还是第一次。其创新点是:坚持以经济建设为中心,在经济不断发展的基础上,协调推进政治建设、文化建设、社会建设、生态文明建设;首次把生态文明建设纳入总布局,使其战略地位更加明确,有利于把生态文明建设融入经济、政治、文化、社会四大建设全过程;我们要按照中国特色社会主义事业总布局,促进现代化建设各方面相协调,促进生产关系与生产力、上层建筑与经济基础相协调。

三是总任务囊括了党的使命、改革开放的根本目的、国家的奋斗目标。习近平总书记强调,实现社会主义现代化和中华民族伟大复兴作为夺取中国特色社会主义伟大胜利的总任务,它“承载着几代中国共产党人的理想和探索,寄托着无数仁人志士的夙愿和期盼,凝聚着亿万人民的奋斗和牺牲”①。所以,“我们党的庄严使命、改革开放的根本目的、我们国家的奋斗目标,都聚焦于这个总任务、归结于这个总任务。我们要紧紧扭住这个总任务,一代一代锲而不舍干下去”②。

(四)坚持发展中国特色社会主义新经验的科学总结

习近平总书记指出,中国特色社会主义的创立是中国共产党和中国人民经过长期实践探索取得的根本成就,是科学社会主义理论逻辑和中国社会发展历史逻辑的辩证统一,是实现中华民族伟大复兴的必由之路。③ 在新的历史条件下,如何坚持和发展中国特色社会主义,党的十八大提出了“八个必须”的基本要求。

习近平总书记对“八个必须”基本要求理解深刻,论述精辟,丰富和创新了中国特色社会主义的基本问题,集中表现在两个方面:第一,“八个必须”是我们党坚持和发展中国特色社会主义新经验的科学总结。习近平总书记指出,党的十八大提出的“八个必须”的基本要求,“这是对我们党坚持和发展中国特色社会主义新鲜经验的科学总结,用新的理论认识和实践经验进一步回答了坚持和发展中国特色社会主义这个重大问题,是我们党探索共产党执政规律、社会主义建设规律、人

---

① 习近平:《紧紧围绕坚持和发展中国特色社会主义 学习宣传贯彻党的十八大精神——在十八届中共中央政治局第一次集体学习时的讲话》,人民出版社 2012 年版,第 3 页。

② 习近平:《紧紧围绕坚持和发展中国特色社会主义 学习宣传贯彻党的十八大精神——在十八届中共中央政治局第一次集体学习时的讲话》,人民出版社 2012 年版,第 7 页。

③《习近平谈坚持和发展中国特色社会主义》,http://theory.people.com.cn/n/2014/0806/c40555-25412730.html.

类社会发展规律取得的重大理论成果”①。他还指出，“八个必须”是党的基本理论、基本经验、基本要求，这些是管全局、管方向、管长远的，告诫全党要深刻领会，认真贯彻，咬定青山不放松，不为任何风险所惧，不为任何干扰所惑。第二，“八个必须”进一步回答了在新的历史时期夺取中国特色社会主义新胜利的系列重要问题。习近平总书记认为，“八个必须”基本要求，回答了新形势下发展中国特色社会主义面临的重要问题。②

习近平总书记把夺取中国特色社会主义新胜利的基本问题，高度准确概括为“本质体现”“根本任务”“必由之路”“内在要求”“根本原则”“本质属性”“必然选择”“领导核心”等八个方面，这样的科学概括和深邃论述进一步拓展和丰富了中国特色社会主义理论体系。

二、习近平系列讲话对中国特色社会主义主要内容的创新

党的十八大以来，习近平总书记系列讲话，以“中国梦”开篇，以“四个全面”为引领，从经济、政治、文化、社会、生态文明等方面丰富、发展、创新了中国特色社会主义。

（一）中国特色社会主义的新发展

习近平系列讲话对中国特色社会主义的新发展，集中表现在“两个逻辑”的统一，“三个旗帜”的统一，“三个自信”的统一，“五个必须”的统一。

一是“两个逻辑”的统一。习近平总书记指出，中国特色社会主义不是从天上掉下来的，是科学社会主义理论逻辑和中国社会发展历史逻辑的辩证统一。③“两个逻辑”的结合产生了中国特色社会主义，其背景的历史过程经过了500年，即社会主义由空想到科学、从理论到实践、从一国到多国，从中国革命、建设到改革开放，中国特色社会主义创立的历史进程告诉我们：中国共产党创立的社会主义是科学社会主义理论逻辑与中国社会发展历史逻辑的辩证统一。

二是“三个旗帜”的统一。习近平总书记指出：“实践充分证明，中国特色社会主义是中国共产党和中国人民团结的旗帜、奋进的旗帜、胜利的旗帜。”④我们要

---

① 习近平：《全面贯彻落实党的十八大精神要突出抓好六个方面的工作》，http://www.gov.cn/ldhd/2013-01/01/content-2303402.htm.

② 习近平：《紧紧围绕坚持和发展中国特色社会主义　学习宣传贯彻党的十八大精神——在十八届中共中央政治局第一次集体学习时的讲话》，人民出版社2012年版，第8页。

③ 韩庆祥：《治国理政需方法》，《求是》2015年第5期，第17-20页。

④ 习近平：《紧紧围绕坚持和发展中国特色社会主义　学习宣传贯彻党的十八大精神——在十八届中共中央政治局第一次集体学习时的讲话》，人民出版社2012年版，第3页。

全面建成小康社会、加快推进社会主义现代化、实现中华民族伟大复兴的中国梦，必须始终高举中国特色社会主义这一团结的旗帜、奋进的旗帜、胜利的旗帜，坚定不移坚持和发展中国特色社会主义。

三是"三个自信"的统一。习近平总书记指出："中国特色社会主义自信"包括"道路自信、理论自信、制度自信"①三个方面。道路自信，要求坚定不移走中国特色社会主义道路；理论自信，坚持以党的创新理论为指导；制度自信，以中国特色社会主义为制度保障。总而言之，只有坚持"三个自信"的统一武装全党，才能坚定不移走社会主义道路，增强全心全意为人民服务的自觉性和坚定性，把中国特色社会主义伟大事业进行到底。

四是"五个必须"的统一。在新的历史条件下，如何坚持和发展中国特色社会主义、夺取中国特色社会主义伟大胜利，习近平总书记在中央政治局第七次集体学习时的讲话中做了精辟的回答。他告诫全党要做到"五个必须"，即"必须坚持走自己的路"，是坚持和发展中国特色社会主义的关键；"必须顺应世界大势"，是坚持和发展中国特色社会主义的外部机遇；"必须代表最广大人民根本利益"，是坚持和发展中国特色社会主义的根本目的；"必须加强党的自身建设"，是坚持和发展中国特色社会主义的组织保障；"必须坚定中国特色社会主义自信"，是坚持和发展中国特色社会主义的前提。

以上坚持和发展中国特色社会主义的"四个统一"的思想，丰富和发展了中国特色社会主义理论体系，把中国特色社会主义由理论到实践的结合上进一步推进到"坚持和发展"的新阶段。

（二）实现中华民族伟大复兴中国梦的新提出

实现中华民族伟大复兴的中国梦，是中国特色社会主义的奋斗目标，是习近平总书记在探索中国特色社会主义实践中最突出的亮点之一。第一次提出中国梦的奋斗目标，是2012年11月29日党的十八大刚刚闭幕不久，习近平总书记率中央政治局常委和中央书记处的同志到国家博物馆参观《复兴之路》展览。他指出："现在，大家都在讨论中国梦，我以为，实现中华民族伟大复兴，就是中华民族近代以来最伟大的梦想。"②中国梦的提出就成为中国走向未来的鲜明指南，成为激励中华儿女团结奋进、开辟未来的一面旗帜，它进一步揭示了中华民族的历史命运，升华了中国共产党的执政理念和治国方略，丰富、发展和创新了中国特色社

① 《习近平主持中共中央政治局第七次集体学习》，http://www.gov.cn/ldhd/2013－06/26/content－2434706。htm.

② 习近平：《在参观〈复兴之路〉展览时的讲话》，《人民日报》2012年11月30日。

会主义理论体系,其创新点有以下“三个首次”。

一是首次把中国梦作为中国特色社会主义的奋斗目标。习近平总书记在强调总任务时指出:“我们党从成立那天起,就肩负着实现中华民族伟大复兴的历史使命。我们党领导人民进行革命建设改革,就是要让中国人民富裕起来,国家强盛起来,振兴伟大的中华民族”。① 后来又指出,“现在,我们比历史上任何时期都更接近中华民族伟大复兴的目标”②,要继续朝着中华民族伟大复兴的目标奋勇前进。实现中国梦目标的历史过程需要四个阶段,即复兴准备阶段,1949 年至 1978 年;初步复兴阶段,1978 年至 2020 年建党 100 周年,初步复兴的标志是全面建成小康社会;基本复兴阶段,2020 年至 2050 年新中国成立 100 周年,基本复兴的标志是实现社会主义现代化;全面复兴阶段,2050 年至本世纪末,全面复兴的标志是“国家富强、民族振兴、人民幸福”③。

二是首次论述中国梦的社会属性。习近平总书记指出:“中国梦是历史的、现实的,也是未来的。”“中国梦是国家的、民族的,也是每一个中国人的。”“中国梦是我们的,更是你们青年一代的。”④

三是首次揭示中国梦的本质及实现途径。习近平总书记指出:“在新的历史时期,中国梦的本质是国家富强、民族振兴、人民幸福。”⑤习近平总书记第一次把实现中国梦的路径概括为“四个必须”,即:“实现中国梦,必须坚持中国特色社会主义道路”;“实现中国梦,必须弘扬中国精神”;“实现中国梦,必须凝聚中国力量”;“实现中国梦,必须坚持和平发展”。⑥

(三)全面深化改革的新部署

全面深化改革是坚持和发展中国特色社会主义的必由之路、动力之源。习近平总书记关于全面深化改革的新思想、新观点,是党中央对中国特色社会主义探索的最新成果之一。它集中反映在《中共中央关于全面深化改革若干重大问题的决定》(以下简称《决定》)和党的十八届五中全会通过的中国“十三五”规划建议文件中,概括起来有以下五个方面。

一是全面深化改革新的指导思想。这一指导思想,新就新在“五个突出”:突

① 习近平:《紧紧围绕坚持和发展中国特色社会主义 学习宣传贯彻党的十八大精神——在十八届中共中央政治局第一次集体学习时的讲话》,人民出版社 2012 年版,第 7 页。

② 《习近平谈治国理政》,外文出版社 2014 年版,第 35 - 36 页。

③ 《习近平谈治国理政》,外文出版社 2014 年版,第 39 页。

④ 《习近平谈治国理政》,外文出版社 2014 年版,第 49 页。

⑤ 《习近平谈治国理政》,外文出版社 2014 年版,第 56 页。

⑥ 《习近平谈治国理政》,外文出版社 2014 年版,第 56 - 57 页。

出高举中国特色社会主义伟大旗帜;突出以党的基本理论为指导;突出坚定信念,凝聚共识,统筹谋划,协同推进;突出坚持社会公平正义、促进人民福祉;突出“三个解放”即解放思想、解放和发展生产力、解放和增强社会活力,破除各种弊端。

二是全面深化改革的新部署。全面深化改革的新部署,新就新在如下“五个方面”:提出改革总目标。《决定》指出:“全面深化改革的总目标是完善和发展中国特色社会主义制度,推进国家治理体系和治理能力现代化”①;阐明了改革“三性”的方法论,即改革的系统性、整体性、协同性;部署了“五位一体”具体改革目标,即“发展社会主义市场经济、民主政治、先进文化、和谐社会、生态文明”②;提出“三个让”全面深化改革的根本目的。这就是“让一切劳动、知识、技术、管理、资本活力竞相迸发,让一切创造社会财富的源泉充分涌流,让发展成果更多更公平惠及全体人民”③;《决定》在确定全面深化改革的总目标基础上,部署了全面深化改革六个“紧紧围绕”的战略新任务。

三是全面深化改革的战略新举措。这些新举措体现在经济体制改革、政治体制改革、文化体制改革、社会体制改革、生态文明体制改革等五个方面,其鲜明特点是战略举措的制度化、战略举措的体系化和战略举措组织机构的保障性。中央决定成立全面深化改革领导小组,建立国家安全委员会,从组织机构上为全面深化改革保驾护航。

中国“十三五”规划建议,提出了创新、协调、绿色、开放、共享的发展新理念,并就“十三五”期间我国经济社会发展提出了一系列重大改革举措。习近平总书记指出:“十三五”时期是全面建成小康社会的决胜阶段。我们将加快改革创新,加快转方式、调结构,着力解决发展进程中的难题,培育发展新动力,打造发展新优势,创造发展新机遇,提出了“五个更加”的新要求,即更加注重效益质量、更加注重创新驱动、更加注重公平公正、更加注重绿色发展、更加注重对外开放,为中国经济社会指明了前进方向。

四是经济体制改革重点、核心的新阐述。《决定》指出:全面深化改革的重点是经济体制改革,核心问题是处理好政府和市场的关系,使市场在资源配置中起

---

① 《中共中央关于全面深化改革若干重大问题的决定》,http://news.xinhuanet.com/2013-11/15/c-118164235.htm.

② 《中共中央关于全面深化改革若干重大问题的决定》,http://news.xinhuanet.com/2013-11/15/c-118164235.htm.

③ 《中共中央关于全面深化改革若干重大问题的决定》,http://news.xinhuanet.com/2013-11/15/c-118164235.htm.

决定性作用和更好地发挥政府的作用。① 如何处理好政府与市场的关系？习近平总书记提出了从三个方面突破：第一，砍断政府这只“闲不住的手”，把资源配置的决定权交给市场，使市场这只“看不见的手”起决定作用。第二，打破行政垄断，消除市场间的障碍，形成公平开放透明良好的市场环境，让市场要素“自由流动”。第三，发挥好政府和市场两只手的积极性，一方面发挥好政府的作用；另一方面，发挥好市场在资源配置中的“决定性作用”。习近平总书记强调：“要讲辩证法、两点论，‘看不见的手’和‘看得见的手’都要用好，努力形成市场作用和政府作用有机统一、相互补充、相互协调、相互促进的格局。”②

五是全面深化改革要处理好六个重大关系。第一，处理好解放思想与实事求是的关系。解放思想必须从实际出发，从人民的利益出发，为实事求是服务；实事求是是解放思想的前提和目的，必须坚持解放思想与实事求是的有机统一。第二，处理好整体推进和重点突破的关系。全面深化改革是一个重大战略部署，是一个系统工程，必须坚持整体推进，统筹谋划与改革各个方面、各个层次、各个要素相互结合、相互促进、良性互动、协同配合。第三，处理好全局与局部的关系。改革的局部与全局是一个统一体，改革既要从大局出发，从全局上谋划，又要考虑到局部的实际情况，把全局与局部统一起来统筹。第四，处理好顶层设计与摸着石头过河的关系。全面深化改革，既坚持科学的顶层设计，加强改革的系统性、整体性、协同性，又要坚持摸着石头过河这一富有中国特色、符合中国实际的方法论，鼓励大胆试、大胆闯，不断把改革引向深入。第五，处理好胆子要大与步子要稳的关系。习近平总书记指出，战略上要勇于进取，胆子要大，在战术上，步子要稳、稳扎稳打。第六，处理好改革发展稳定的关系。改革发展稳定是坚持发展中国特色社会主义的三个重要支撑点。改革是发展的动力，发展是经济社会的第一要务、是关键，稳定是改革发展的前提和基础。坚持把改革的力度、发展的速度和社会可承受的程度结合起来，在保持社会稳定中全面推进改革和发展，通过改革和发展促进社会进一步稳定。

(四)经济持续健康发展的新论述

习近平总书记在系列重要讲话中，围绕着我国经济持续健康发展这个主线，提出和论证了一系列新思想、新战略，丰富和创新了中国特色社会主义的经济理论。

---

① 《中共中央关于全面深化改革若干重大问题的决定》，http://news.xinhuanet.com/2013-11/15/c-118164235.htm.

② 《习近平谈治国理政》，外文出版社 2014 年版，第 116 页。

一是阐明了实现经济持续健康发展的新思路。这一新思路,包括"一个主题""一个主线""一个中心""一个总基调"和"一个发展方针"。正如习近平总书记指出的:"坚持科学发展为主题,以加快转变经济发展方式为主线,按照稳中求进的工作总基调"①,"以提高经济增长质量和效益为中心"②,"在稳增长、调结构、促改革、惠民生"③方针下实现经济持续健康发展。

二是提出使市场在资源配置中起决定性作用的新理论。习近平总书记在阐述党的十八届三中全会精神时指出,要用辩证法、两点论,看待政府这只"看得见的手"和市场这只"看不见的手"的双重作用。既发挥好政府的作用,又要"使市场在资源配置中起决定性作用"。习近平总书记对此做了高度评价,指出:"这是我们党对中国特色社会主义建设规律认识的一个新突破,是马克思主义中国化的一个新的成果,标志着社会主义市场经济发展进入了一个新阶段。"④

三是我国社会主义市场经济体制重要特征的新归纳。"坚持党的领导,发挥党总揽全局、协调各方的领导核心作用,是我国社会主义市场经济体制的一个重要特征。"⑤这一重要特征是中国特色社会主义发展的政治优势,以我们的政治优势来引领经济体制改革,推动社会主义市场经济更好地发展。

四是实施创新驱动发展战略"四个最"的战略路径。实施创新驱动发展战略的路径是:"最根本的是要增强自主创新能力,最紧迫的是要破除体制机制障碍,最大限度解放和发展科技作为第一生产力所蕴藏的巨大潜能……最重要的就是要坚定不移走中国特色自主创新道路。"⑥创新驱动发展战略的要求和要达到的目标是:坚持自主创新、重点跨越、支撑发展、引领未来,加快创新型国家建设步伐。

五是引领全面建成小康社会五大发展理念的新提出。发展理念是发展行动的先导,是发展思路、发展方向、发展着力点的集中体现。党的十八届五中全会首次提出引领百年奋斗目标实现的五大发展理念。其基本内容包括创新发展,理论创新、制度创新、科技创新、文化创新等;协调发展,指向城乡区域协调发展、经济社会协调发展、新型工业化、信息化、城镇化、农业现代化协调发展;绿色发展,指向节约资源和保护环境,"两型"社会建设,坚持走生产发展、生活富裕、生态良好

---

① 《习近平谈治国理政》,外文出版社 2014 年版,第 111 页。
② 《习近平谈治国理政》,外文出版社 2014 年版,第 112 页。
③ 《习近平谈治国理政》,外文出版社 2014 年版,第 111 页。
④ 《习近平谈治国理政》,外文出版社 2014 年版,第 116 页。
⑤ 《习近平谈治国理政》,外文出版社 2014 年版,第 118 页。
⑥ 《习近平谈治国理政》,外文出版社 2014 年版,第 121 页。

的文明道路;开放发展,指向奉行互利共赢的开放战略,发展更高的开放型经济,构建广泛的利益共同体;共享发展,指向发展为了人民、发展依靠人民、发展成果由人民共享,实现共同富裕。这五大理念相互依存,相互促进,相互协调,相得益彰。

六是践行以人民为中心的发展思想的新提出。以人民为中心发展思想指引供给侧结构性改革,进一步解放和发展社会生产力,提高全要素生产率。这是以人民为中心发展思想落实的根本性改革新途径。要通过深化供给侧改革,推动科技创新,发展实体经济,保障和改善人民为中心的主体地位。

七是发展开放型世界经济的新途径。习近平总书记提出的"一带一路"建设,已成为发展开放型世界经济的重要途径。"一带一路"建设的原则,是坚持共赢、共建、共享原则,形成一个自东向西横跨亚洲、直达非洲和欧洲地区的发展合作框架,并以政策疏通、设施联通、贸易畅通、资金融通、民心相通,以打造沿线国家政治互信、经济融合、文化包容的利益共同体、责任共同体、命运共同体为内容,以发展中国家需要的基础设施建设为抓手。"一带一路"是改革开放以来,人类经济史上不曾有过的重大举措,是中国特色社会主义改革开放史和经济理论上的新创造。

(五)民主政治与依法治国的新探索

党的十八大以来,习近平总书记在系列讲话中阐述了中国特色社会主义政治发展道路,建设社会主义法治国家等重大理论问题和实践问题,发展了中国特色民主政治理论,创新了中国特色法治国家建设。

一是围绕中国特色社会主义政治发展道路,创新了一系列民主政治理论,回答了坚持中国特色社会主义政治发展道路的系列基本问题:回答了坚持中国特色社会主义政治发展道路的关键,是"坚持党的领导、人民当家作主、依法治国的统一";回答了坚持中国特色政治发展道路的根本,是"保证人民当家作主";回答了坚持中国特色社会主义政治发展道路的目标,是"增强党和国家活力、调动人民积极性";回答了坚持中国特色社会主义政治发展道路的正确政治方向,是"扩大社会主义民主,发展社会主义政治文明"①;回答了宪法赋予人民是国家主人的地位。习近平总书记指出,要坚持国家一切权力属于人民的宪法理念,通过各级人大行使国家权力,通过各种途径和形式管理国家和社会事务、管理经济和文化事业,"共同建设,共同享受,共同发展,成为国家、社会和自己命运的主人"②。与此

① 《习近平谈治国理政》,外文出版社 2014 年版,第 139 页。

② 《习近平谈治国理政》,外文出版社 2014 年版,第 139 页。

同时,习近平总书记论述了政治发展新局面的核心内容,他指出,坚持中国特色社会主义政治发展道路,就要形成民主团结、生动活泼、安定和谐的政治局面。如何发展这种政治局面呢?习近平总书记指出了"处理好三个关系"的途径,即"我们要根据宪法确立的体制和原则,正确处理中央和地方关系,正确处理民族关系,正确处理各方面利益关系,调动一切积极因素"①。这"三个关系"处理好了,"12 个字"的政治发展新局面就会出现在我们面前。习近平总书记论证了协商民主是我国社会主义民主政治的特有形式和独特优势,提出了构建合理、完整的协商民主体系,拓展协商渠道,深入开展立法协商、行政协商、民主协商、参政协商、社会协商等形式。

二是围绕建设社会主义法治国家,创新了一系列中国特色法治理论。这些创新理论集中体现在党的十八届四中全会和习近平总书记的系列讲话中。其一,提出了法治中国的总体新思路。习近平总书记在提出"法治中国"的新概念基础上,阐明了如何推进法治中国建设的总体思路。归纳起来是"一个指导原则""四个法"的进程、"三个法"②的要求。即坚持党的领导、人民当家作主、依法治国的统一原则;全面推进"科学立法、严格执法、公正司法、全民守法"进程;保证"有法必依、执法必严、违法必究"的要求。其二,提出开创依法治国的新局面。习近平总书记在中央政治局第四次集体学习时指出:"坚持依法治国、依法执政、依法行政共同推进,坚持法治国家、法治政府、法治社会一体建设,不断开创依法治国新局面。"③其三,阐明法治中国建设的核心。法治中国建设的核心是让法治成为全民的信仰。习近平总书记在 2013 年 1 月做好新形势下政治工作讲话中指出,法律不能只是纸上的条文,而要写在公民心中,使法律成为一种全民信仰。法律只有被信仰,成为坚定的信念,才能内化为人们的行为准则。其四,提出法治中国建设的生命和关键新思想。天下之事不难于立法,而难于法之必行。习近平总书记创造性提出"法律的生命力在于实施"④。保证法律的实施,就是保证人民根本利益的实现。他还强调,法治中国建设的关键是公平正义、严格执法,促进社会公平正义是政法工作的核心价值追求,也是政治工作的生命线。

(六)文化强国建设的新使命

习近平总书记围绕中国特色社会主义文化发展道路、努力建设社会主义文化

---

① 《习近平谈治国理政》,外文出版社 2014 年版,第 139 页。

② 《习近平谈治国理政》,外文出版社 2014 年版,第 139 页。

③ 《习近平谈治国理政》,外文出版社 2014 年版,第 140 页。

④ 中共中央文献研究室:《十五大以来重要文献选编》中,人民出版社 2001 年版,第 1436 页。

强国这个主题，阐明和创新了文化建设一系列新思想、新理论。

一是提出核心价值观是国家最持久、最深层的力量的新思想。习近平总书记指出："人类社会发展的历史表明，对一个民族、一个国家来说，最持久、最深层的力量是全社会共同认可的核心价值观。核心价值观，承载着一个民族、一个国家的精神追求，体现着一个社会评判是非曲直的价值标准。"①

二是回答了提高国家文化软实力的路径对策。习近平总书记指出，提高国家文化软实力，要在"四个努力"上下功夫，即要努力夯实国家文化软实力的根基，要努力传播当代中国价值观，要努力展示中华文化独特魅力，要努力提高国际话语权。

三是揭示了我国大国形象。归纳起来是"文明大国形象""东方大国形象""责任大国形象""社会主义大国形象"。正如习近平总书记指出的那样，"展示中国历史底蕴深厚、各民族多元一体、文化多样和谐的文明大国形象，政治清明、经济发展、文化繁荣、社会稳定、人民团结、山河秀美的东方大国形象，坚持和平发展、促进共同发展、维护国际公平正义、为人类作出贡献的负责任大国形象，对外更加开放、更加具有亲和力、充满希望、充满活力的社会主义大国形象②。

四是揭示了人类文明的科学内涵。习近平总书记指出，"文明是多彩的"，文明因交流而多彩；"文明是平等的"，文明因平等才有交流互鉴；"文明是包容的"，文明因包容才有交流互鉴的动力。③

五是明确提出社会主义现代化国家建设目标。这个目标是"建设富强民主文明和谐的社会主义现代化国家"。具体要求是，在全社会牢固树立社会主义核心价值观，全体人民一起努力，通过持之以恒的奋斗，把我国建设得更加富强、更加民主、更加文明、更加和谐、更加美丽、更加自信、更加自强，以此姿态屹立于世界民族之林。

六是进一步发展"24 字"的核心价值观。党的十八大第一次提出"24 字"的社会主义核心价值观。党的十八大第一次提出"24 字"的社会主义核心价值观的科学内涵，但并没有展开论述。2014 年 5 月 14 日，习近平总书记在北京大学师生座谈会讲话中做了深刻而精辟的论述。其一，从内容结构上把核心价值观科学分为三个层面。指出"富强、民主、文明、和谐是国家层面的价值要求，自由、平等、公

---

① 《习近平谈治国理政》，外文出版社 2014 年版，第 144 页。

② 《习近平谈治国理政》，外文出版社 2014 年版，第 168 页。

③ 《习近平谈治国理政》，外文出版社 2014 年版，第 162 页。

正、法治是社会层面的价值要求,爱国、敬业、诚信、友善是公民层面的价值要求”①。其二,国家、社会、公民三个层面的价值要求融为一体,相互协调,相互促进。三者的统一,体现了社会主义本质要求,传承着中国优秀传统文化的基因,寄托着近代以来中国全体人民上下求索,体现着时代精神。这一核心价值观,就是中国特色社会主义价值观,代表了中国先进文化的前进方向。

七是明确了广大青年树立和践行社会主义核心价值观的“四要”途径。习近平总书记指出,一要勤学,下得苦功夫,求得真学问;二要修德,加强道德修养,注重道德实践;三要明辨,善于明辨是非,善于决断选择;四要笃实,扎扎实实干事,踏踏实实做人。

(七)改善民生和社会治理的新要求

“民惟邦本,本固邦宁。”国计民生,国计是为了民生,民生是国家和谐安定之本、是人民幸福之基。习近平总书记在系列讲话中阐释了一系列新思想。一是民生问题战略地位的新概括。习近平总书记多次强调,人民对美好生活的向往,就是我们的奋斗目标,不断改善民生是推动发展的根本目的,让老百姓过好日子是我们一切工作的出发点和落脚点。二是保障和改善民生的新思路。如何更好地保障和改善民生,习近平总书记提出了“守住底线、突出重点、完善制度、引导舆论的工作思路”②。这一新思路,为保障和改善民生提供了理论指导。三是着力保障和改善民生的新举措。习近平总书记提出了“三个要”的战略新举措。即要坚持党的群众路线,坚持人民主体地位,及时准确了解群众所思、所盼、所忧、所急,把群众工作做实、做深、做细、做透。要正确处理人民的根本利益、现阶段人民的共同利益、不同群体特殊利益的关系。要认真落实党中央各项惠民政策,让群众时刻感受到党和政府的关怀。③ 四是社会治理的新理论。社会治理是国家治理的重要内容。党的十八大以来,我国已进入由传统社会管理向现代社会治理转变的新时期。习近平总书记指出,治理和管理一字之差,体现的是系统治理、依法治理、源头治理、综合治理。其一,提出了社会治理总体新思路。其中包括系统治理,坚持依法治理,坚持综合治理,坚持源头治理,互联网十管理,互联网十服务等。其二,首次明确提出了社会治理的重心。习近平总书记指出,社会治理的重心是城乡社区。城乡社区治理能力越强,社会治理的基础就越实、社会治理效果

① 《习近平谈治国理政》,外文出版社 2014 年版,第 258 - 259 页。

② 习近平:《在中央经济工作会议上的讲话》,《人民日报》2012 年 12 月 17 日。

③ 习近平:《在党的十八届一中全会上的讲话》,http://www.casipm.ac.cn/dj/lxjy/201309/t20130904-3923816.html.

和速度就越好越快。

（八）生态文明建设理论的新诠释

党的十八大以来，习近平总书记在系列讲话中对大力推进生态文明建设提出了一系列创新理论，丰富和发展了中国特色生态文明建设的理论和实践。一是阐明生态文明建设的战略地位。习近平总书记多次强调，“建设生态文明，关系人民福祉，关乎民族未来”，事关人类的永续发展和生存，“生态环境保护是功在当代、利在千秋的事业”①。二是表达党和政府推进生态文明建设的鲜明态度和坚定决心。2013 年 9 月 7 日，习近平总书记在哈萨克斯坦纳扎尔巴耶夫大学演讲时指出：“我们既要绿水青山，也要金山银山，宁要绿水青山，不要金山银山，而且绿水青山就是金山银山。”②这些新思想生动表达了我们党和国家坚持生态文明建设的决心和信心。三是论证了生态文明建设新思路。在理论方面，要牢固树立生态红线的理念，树立“尊重自然、顺应自然、保护自然的生态文明理念”③；坚持按照人口资源环境相均衡、经济社会生态效益相统一的原则。在实践方面，坚持节约资源和保护环境的基本国策；坚持节约优先、保护优先、自然恢复为主的方针；完善生态制度、维护生态安全、优化生态环境，形成节约资源和保护环境的空间格局；加快实施主体功能区战略，严格按照优化开发、重点开发、限制开发、禁止开发的主体功能定位，划定并严守生态红线，构建科学合理的城镇化推进格局、农业发展格局、生态安全格局。④ 四是论证了生态环境与生产力之间的关系。“要正确处理好经济发展同生态环境保护的关系，牢固树立保护生态环境就是保护生产力、改善生态环境就是发展生产力的理念。”⑤这一重要思想，是对马克思主义生产力理论的重大发展。

（九）外交战略的新展示

习近平总书记科学把握当今世界政治多极化、经济全球化、文化多样化、社会信息化等鲜明特点，在国际关系和外交战略方面提出了一系列新思想，丰富和创新了中国特色社会主义理论体系。其创新点集中表现在如下几个方面：一是对时代潮流的新概括。习近平总书记多次提出：“这个世界，和平、发展、合作、共赢成为时代潮流。”⑥同时，还科学分析时代潮流形成的历史条件，指出旧的殖民体系

① 《习近平谈治国理政》，外文出版社 2014 年版，第 168 - 169 页。

② 习近平：《绿水青山就是金山银山》，《人民日报》2014 年 07 月 11 日。

③ 《习近平谈治国理政》，外文出版社 2014 年版，第 208 页。

④ 《习近平谈治国理政》，外文出版社 2014 年版，第 208 - 209 页。

⑤ 《习近平谈治国理政》，外文出版社 2014 年版，第 209 页。

⑥ 《习近平谈治国理政》，外文出版社 2014 年版，第 209 页。

土崩瓦解,冷战时期的集团对抗不复存在,任何国家或国家集团都再无法单独主宰世界事务。这一时代潮流的概括,发展和创新了和平与发展时代主题的思想。二是走和平发展道路是中国特色社会主义的必然选择。“中国走和平发展道路,不是权宜之计,更不是外交辞令,而是从历史、现实、未来的客观判断中得出的结论,是思想自信和实践自觉的有机统一。”①三是提出了建立新型国际关系的理论。在 2014 年 11 月召开的中央外事工作会议上,习近平总书记提出了“建立以合作共赢为核心的新型国际关系”②。尤其是构建中美新型大国关系,必须走不冲突、不对抗、相互尊重、合作共赢的道路。新型大国关系的基本原则是,求同存异、聚同化异,将世界多样性和各国差异性、复杂性转化为发展活力和动力,引导不同文明、不同发展道路和不同社会制度共同参与、共同发展。四是提出了我国周边外交的基本方针和外交新理念。习近平总书记指出:“我国周边外交的基本方针,就是坚持与邻为善、以邻为伴,坚持睦邻、安邻、富邻”,周边外交新理念是“亲、诚、惠、容”③。“亲”就是坚持睦邻友好,守望相助;“诚”就是讲平等、重感情;“惠”就是常见面,多走动;“容”就是开放包容、求同存异,多做得人心、暖人心的事。五是提出了“一带一路”建设的新思路。一方面,阐明了“一带一路”定位和特征。“一带一路是开放的,是穿越非洲、环连亚欧的广阔‘朋友圈’……“一带一路是多元的,涵盖各个合作领域,合作形式也可以多种多样。‘一带一路’是共赢的,各国共同参与,遵照共赢共建共享原则,实现共同繁荣。”④另一方面,提出了“一带一路”建设的新要求。习近平总书记指出:“‘一带一路’建设秉持共商共建共享原则,弘扬开放包容、互学互鉴的精神,坚持互利共赢、共同发展的目标,奉行以人为本、造福于人民的宗旨,将给沿线各国人民带来实实在在的利益。”⑤这些新思想增添了中国特色社会主义外交战略的新内容,创新了对外开放的理论。

(十)全面从严治党的新思考

习近平总书记在系列讲话中,对党的建设提出了系列创新思想,集中反映在党要管党,从严治党等方面。一是阐明了新形势下从严治党的新思路。习近平总书记在党的群众路线教育实践活动总结大会上的讲话,阐明了新形势下从严治党的新思路,其主要内容是:要落实从严治党的主体责任;要坚持思想建党和制度治

---

① 《习近平谈治国理政》,外文出版社 2014 年版,第 272 页。

② 《习近平谈治国理政》,外文出版社 2014 年版,第 267 页。

③ 《习近平谈治国理政》,外文出版社 2014 年版,第 273 页。

④ 习近平:《在中英工商峰会上的致辞》,《人民日报》2015 年 10 月 22 日。

⑤ 习近平:《会见出席亚洲政党丝绸之路专题会议的外交代表时的讲话》,《人民日报》2015 年 10 月 16 日。

党相结合;要严肃党内政治生活;要加强党的作风建设;要严明党的纪律。这"五个要"是新时期从严治党的新思路,丰富和创新了马克思主义政党理论,给中国特色社会主义党建理论增添了新的内容,为新形势下全面从严治党指明了正确方向。二是从严治党方针的新阐释。"党要管党、从严治党"是党的建设新的伟大工程的重要方针。习近平总书记指出,"党要管党,才能管好党;从严治党,才能治好党。""党要管党,首先是管好干部;从严治党,关键是从严治吏。"①这一党建方针突出了管党治党必须从严,从严管党首先是管好干部的新思想。三是新形势下从严治吏的新要求。从严治吏是全面从严治党的关键,党的干部是加强和改善党的领导的主体。按照习近平总书记的新要求,从严治吏,把功夫下在"四个做到"上,即要对党忠诚,不能在政治方向上走岔、走偏、做到心中有党;要着力解决好人民最关心、最直接、最现实的问题,做到心中有民;要有责任、有担当,不能只当官不干事,做到心中有责;用权要心有所畏、言有所戒,行有所止,做到心中有戒。四是提出了好干部的标准、成长规律和任用新途径。习近平总书记指出:"好干部的标准,大的方面说,就是德才兼备……概括起来说,好干部要做到信念坚定、为民服务、勤政务实、敢于担当、清正廉洁。"②好干部的长成是有规律的。"好干部不会自然而然产生。成长为一个好干部,一靠自身努力,二靠组织培养。"③怎样把好干部用起来?习近平总书记提出了三条新路径,归纳起来是"三个用人得当",即"用人得当,首先要知人"④;"用人得当,就要坚持全面、历史、辩证看干部,注重一贯表现和全部工作"⑤;"用人得当,就要科学合理使用干部,也就是说要用当其时、用其所长"⑥。

三、习近平系列讲话对坚持和发展中国特色社会主义方法论的创新

习近平总书记把马克思主义辩证唯物主义与中国全面深化改革的实际相结合,在"中国化"的实践过程中,形成了坚持和发展中国特色社会主义的方法论体系,归纳起来是全面深化改革的方法论、全面依法治国的方法论、全面从严治党的方法论。这个方法论体系,丰富和创新了马克思主义的辩证法思想。

---

① 习近平:《在全国组织工作会议上的讲话》,http://www.hbun.net/smartcore/web/xcb/zywx/ff80808144bf18db01463f64da9922c5.htm.

② 《习近平谈治国理政》,外文出版社 2014 年版,第 297 页。

③ 《习近平谈治国理政》,外文出版社 2014 年版,第 412 页。

④ 《习近平谈治国理政》,外文出版社 2014 年版,第 416 页。

⑤ 《习近平谈治国理政》,外文出版社 2014 年版,第 418 页。

⑥ 《习近平谈治国理政》,外文出版社 2014 年版,第 419 页。

(一)全面深化改革的方法论

改革方法论是一个系统的思维体系,它包括系统思维、战略思维、精准思维、创新思维等。

一是系统思维。系统思维是凝聚改革的合力,统筹协同推进的思维方法。习近平总书记指出:"全面深化改革是一项复杂的系统工程,需要加强顶层设计和整体谋划,加强各项改革关联性、系统性、可行性研究。"①还强调:"我国改革进入攻坚期和深水区,进一步深化改革,必须更加注重改革的系统性、整体性、协同性,统筹推进重点领域和关键环节改革。"②系统思维,是以大局观和协调意识谋划改革开放,具有鲜明的整体性、关联性、层次结构性、动态平衡性、开放性和时序性特征。

二是战略思维。战略思维是高瞻远瞩、统揽全局的思维方法。习近平总书记多次强调,我们的领导干部,要有战略思维,要胸怀大局、把握大势、着眼大事,要有"登泰山而小天下"的气魄,也要有"功成不必在我"的胸怀。对大局要了然于胸、对大势要洞察秋毫,对大事要铁画银钩,才能因势而谋、应势而动、顺势而为。因此,习近平总书记在中央政治局第三次集体学习时的讲话中指出,我们要"加强战略思维,增强战略定力,更好统筹国内国际两个大局"③。战略思维的鲜明特点是:重全局把握,重长远谋划,重整体布局,以战略定力科学设置战略目标、战略重点、主攻方向等根本性、全局性问题。

三是精准思维。精准思维是从细节着手,把国计民生问题落细落小落准的思维。习近平总书记多次强调这种思维方式,就在解决"三农"问题上要求"精准扶贫""精准脱贫"。2014 年 5 月 19 日,习近平总书记在指导兰考县常委班子专题民主生活会上指出,"要从细节处着手,养成习惯。如果对工作、对事业仅仅满足于一般化、满足于过得去,大呼隆抓,眉毛胡子一把抓,那么问题就会被掩盖"④。还指出,群众反映的问题都很具体,不能以原则对具体,要件件回应,具体解决。这些都是精准思维的体现。精准思维是一种非常务实的思维方式,它要求具体和准确,动作精准到位,从一个具体问题人手,在一个具体点上解决问题,积小胜为大胜。坚持精准思想,就要排斥大而化之,笼而统之的工作方式。

四是创新思维。创新思维是解放思想、更新观念,冲破传统桎梏,想新办法、

① 《习近平总书记强调的六大思维方法》,《学习时报》2014 年 09 月 11 日。

② 《习近平总书记强调的六大思维方法》,《学习时报》2014 年 09 月 11 日。

③ 《习近平谈治国理政》,外文出版社 2014 年版,第 247 页。

④ 《习近平总书记强调的六大思维方法》,《学习时报》2014 年 09 月 11 日。

找新出路，掌握创新内在规律的思维方式。2013 年 10 月 21 日，习近平总书记指出："创新是一个民族进步的灵魂，是一个国家兴旺发达的不竭动力，也是中华民族最深沉的民族禀赋。在激烈的国际竞争中，惟创新者进，惟创新者强，惟创新者胜。"①党的十八届五中全会描绘了今后五年全面建设小康社会的新蓝图、新目标、新愿景，提出了一系列新思想、新理论、新战略，这些都是创新思维的集中体现。创新思维的鲜明特点是，以新思维设计新思路，以新思路谋求新发展，以新眼光把握新机遇，以新方式解决新问题。

（二）全面依法治国的方法论

依法治国的方法论，也称法治思维方法论。法治思维是以法治作为判断是非和处理事务标准的思维方式。它包括规则思维、合法性思维、程序思维、公平正义思维和权力监督思维等内容。

一是规则思维。规则思维是靠法律规则、法律原则、法律精神判断和处理问题的思维方式。规则思维也是法治思维，法治思维是典型的规则思维。习近平在党的十八届三中全会指出，要运用法治思维和法治方式化解社会矛盾。规则思维就是坚持法律至上，任何个人和组织都不得享有法律之外的特权。规则思维是以规则为核心，依靠法律规则昭示公众，严格依规办事，规则面前人人平等，坚决抵制权大于法、官大于法、以言代法、贪赃枉法等人治弊端。

二是合法性思维。合法性思维是指想问题、办事情都将合法性放在第一位的思维方式。合法性思维不同于权衡利弊的政治思维，不同于成本与权益比较的经济思维，也不同于善与恶是非评价的道德思维，合法性思维是依法治国思维方式的起点和基础。它要求在依法治国过程中，必须把合法性放在首位不动摇，围绕合法性展开工作，全面审视其行为是否符合法律规范和要求，行为的手段、行为的目的、行为的内容、行为的权限、行为的程序是否合法等。

三是公平正义思维。公平正义思维是以维护公平正义为评判尺度的思维。公平正义思维是法治思维的核心，法治是公平正义的载体。公平指向权利公平、规则公平、程序公平、机会公平；正义指向实体正义和程序正义，实质正义和形式正义，主观正义和客观正义，社会正义和个案正义。公平正义是中国特色社会主义法治国家的价值追求。因此，治国理政，行使权力都必须以公平正义为评判准绳，杜绝重结果轻过程，重实体轻程序的传统思维方式，树立公平正义的法治理念，不仅能使公众有序参与决策，还要兼顾各类群体尤其是困难群众的利益诉求，寻找各方的最大公约数。

---

① 《习近平谈治国理政》，外文出版社 2014 年版，第 59 页。

四是程序思维。程序思维是按规矩、规定办事的思维方式。坚持程序思维，就是要克服人治现象，保证实体结果的合法性和公正性。程序思维要求，任何人任何组织不能做裁判者，权力必须在程序和规矩下运行，必须在监督中行使。程序具有独立价值，程序思维要求程序形式的合理性，在程序面前，一切人情、关系、偏见都会消除，使法治的阳光普照大地。

五是权力制约监督思维。权力制约监督思维是制约和监督公权的思维方式。制约监督公权是法治的核心。有权必有责，用权受监督，失职要问责，违法必追究，这是权力制约监督思维对官员的要求。习近平总书记多次强调，领导干部要树立权力制约监督的思维方式、严格规范行使权力和接受监督的意识。这种思维方式要求，不以权压法、以言代法，不违法用权、不违法行政，把权力装进制度的笼子里，使权力行使者不敢腐、不能腐、不愿腐。

（三）全面从严治党的思维方式

坚持党要管党、全面从严治党，是习近平总书记一贯的思想。如何全面从严治党？首先要树立正确的从严治党的思维方式，这是习近平总书记党的建设理论的一大特色。全面从严治党的思维方式，包括辩证思维、定力思维、红线思维和底线思维等。

一是辩证思维。辩证思维是揭示事物本质和发展规律的思维方式。习近平总书记是运用辩证思维的典范，他运用辩证思维分析解决实现中国梦一些重大关系问题，分析解决协调推进“四个全面”战略布局的关系问题，运用辩证思维分析解决意识形态领域中的重大关系问题，分析解决党的建设新的伟大工程中的重大关系问题。辩证思维最鲜明的特征，是注重揭示事物的本质和发展规律；注重矛盾分析，抓住主要矛盾和矛盾的主要方面；注重矛盾双方的相互作用以及矛盾双方的对立和统一；注重全面、联系和发展地看问题；注重一分为二看问题，把握事物发展的两个方面和发展的重点方面。

二是定力思维。定力思维是坚定理想信念，坚定政治立场的思维方式，也是政治上排除各种干扰、消除各种困惑，保持正确方向的思维方式。习近平总书记多次强调定力思维方式，集中表现为“政治定力思维”“战略定力思维”。习近平总书记指出：“检验一个干部理想信念是否坚定，那就主要看干部能否在重大政治考验面前有政治定力。”①定力思维的鲜明特点，是强调马克思主义信仰的坚定性，坚持发展中国特色社会主义的自信性，协调推进“四个全面”战略布局毫不动摇性，坚持创新发展、协调发展、绿色发展、开放发展、共享发展的统一性。

---

① 习近平：《在全国组织工作会议上的讲话》，《人民日报》2013年06月28日。

三是红线思维。红线思维也可称高压线思维,是敲警钟、防止违法违规违纪,不能碰触路线方针政策的思维方式。习近平总书记指出:我们党是执政党,要坚持依法执政,“牢固确立法律红线不能触碰、法律底线不能逾越的观念”①。在讲到党的作风建设时他又指出:“要针对群众反映强烈的突出问题,推动建章立制,划出‘红线’、标明‘雷区’、架起‘高压线’。”②这些论述都集中反映了红线思维的方法论。红线思维的基本要求,在从严治党方面,就是党的规章制度就是红线,不能碰触;在依法治国方面,宪法法律就是红线,不能碰触;在生态文明建设方面,绿水青山生态安全就是红线,不能以牺牲环境为代价,超越生态安全这条红线;在社会建设方面,实施安全发展战略,“安全第一”方针就是红线,不能触动这条红线。

四是底线思维。底线思维是定边界的思维,是预防危险,防止出现破坏性质变,促使事物向好的方向转化的思维方式。党的十八大以来,习近平总书记多次强调,要坚持底线思维,不回避矛盾,坚持问题导向,遇事从坏处着想,努力做到面对挑战不慌、遇到矛盾不乱,有备无患,争取好的结果,牢牢把握迎接挑战、化解矛盾、破解难题的主动权。这些都集中反映了习近平总书记底线思维的智慧和能力。诸如,谈到法治中国时,提出了树立“法律底线不能逾越的观念”。在谈到党风廉政建设时,他指出,党的干部必须敬畏权力、管好权力、慎用权力、守住利用情感、道义、法律底线。在坚持和发展中国特色社会主义时. 他指出,有我们的政治原则和底线,“不走封闭僵化的老路,不走改旗易帜的邪路”,这是改革发展的底线,也是中华民族前途命运的底线。在谈到民生问题时指出,要以“守住底线、突出重点、完善制度、引导舆论”的思路做好民生工作。底线思维的鲜明特点,是具有现实性和针对性,警惕性和防范性。在每个党员干部头脑中拉上警戒线,牢固树立底线思维,才能应对各种矛盾和问题,才能赢得主动权。

(原载于《邓小平研究》2016 年第 4 期)

① 《习近平谈治国理政》,外文出版社 2014 年版,第 149 页。

② 习近平:《在河北调研指导党的群众路线教育实践活动时的讲话》,http://www.360doc.com/content/14/0920/23/1173029 - 411133804.html.

习近平的学习实践观及其理论创新*

2013 年 3 月 1 日,习近平总书记在中央党校发表重要讲话指出,“我们的干部要上进,我们的党要上进,我们的国家要上进,我们的民族要上进,就必须大兴学习之风,坚持学习、学习、再学习,坚持实践、实践、再实践”①。鉴于习近平一以贯之地重视、强调和阐释“学习”和“实践”思想,我们认为,“学习”和“实践”作为极具时代意义的思想资源和哲学社会科学理念,具有丰富的哲学意蕴和理论意涵。习近平的学习实践观与“中国梦”思想、群众路线思想、“正能量理念”等,都属于习近平治国理政思想体系的组成部分。当前时期,我们思考和研究习近平关于“学习和实践”的系列论述,概括和探析习近平学习实践观的哲学内涵,认真领会其理论精神实质,对于我国哲学社会科学的理论创新具有重要意义。

一、习近平的学习实践观

习近平一直强调学习和实践的必要性与重要性。2002 年,他在担任浙江省委书记的时候,便已精熟地贯彻着“向实践学习、向群众学习”的工作路线,经常深入基层学习、开展调查研究,而且“注意在调查研究中发扬密切联系群众的传统、倡导实事求是的良好风气”②。2008 年,他作为“中共中央政治局常委、中央书记处书记、中央学习实践科学发展观活动领导小组”组长,在北京召开的部分中央和国家机关深入学习实践科学发展观活动座谈会上指出,“学习实践科学发展观活动重在实践”③。2009 年,他担任中共中央政治局常委、中央书记处书记、中央党校

---

* 本文作者:程平,武汉市社会科学院副研究员,《学习与实践》杂志编辑;孙慧,哲学博士,吉林大学马克思主义学院讲师。

① 张烁:《习近平在中央党校发表重要讲话强调在全党大兴学习之风 依靠学习和实践走向未来》,《人民日报》2013 年 3 月 2 日。

② 费强:《向实践学习 向群众学习》,《瞭望新闻周刊》2003 年第 11 期。

③ 刘晓鹏:《习近平在学习实践科学发展观活动座谈会上强调 学习实践科学发展观活动要突出实践特色与推动经济平稳较快发展紧密结合起来》,《人民日报》2008 年 12 月 13 日。

校长，在中央党校秋季学期第二批进修班开学典礼上，围绕党的十七届四中全会提出建设马克思主义学习型政党的战略任务，指出“学习是文明传承之途、人生成长之梯、政党巩固之基、国家兴盛之要”，要求党员抓好“三个方面的学习”，即“向书本学习”“向实践学习”和“向群众学习”①。习近平在2013年中共中央党校建校80周年庆祝大会暨2013年春季学期开学典礼上发表重要讲话，要求“在全党大兴学习之风”“依靠学习和实践走向未来”，强调“增强本领就要加强学习，既把学到的知识运用于实践，又在实践中增长解决问题的新本领”。2015年1月23日，习近平在主持中共中央政治局第二十次集体学习时指出：“要学习掌握认识和实践辩证关系的原理，坚持实践第一的观点，不断推进实践基础上的理论创新。我们推进各项工作，要靠实践出真知。理论必须同实践相统一……要根据时代变化和实践发展，不断深化认识，不断总结经验，不断实现理论创新和实践创新良性互动，在这种统一和互动中发展21世纪中国的马克思主义。”②

习近平指出，“我们党历来重视全党特别是领导干部的学习，这是推动党和人民事业发展的一条成功经验”；“全党本领不断增强”才能实现“中华民族伟大复兴的‘中国梦’”。习近平还提出，“我们的学习应该是全面的、系统的、富有探索精神的”，“既要向书本学习，也要向实践学习；既要向人民群众学习，向专家学者学习，也要向国外有益经验学习”，要学习多方面的知识，并且注意“学习的目的全在于运用”；他要求领导干部“把学习作为一种追求，一种爱好、一种健康的生活方式，做到好学乐学，如饥似渴地学习”③。综合起来，习近平对学习的意义、方式、内容和目标都有精辟的阐述，同时也深刻阐释了学习与实践的辩证关系。

习近平是从实现中华民族伟大复兴中国梦的战略高度审视学习和实践的重要性。中国梦是全国人民的共同目标愿景，这一伟大理想只有在中国共产党的正确领导下才有可能实现，“建设学习型党组织”才能“为中国梦提供有力的组织保障”，“唯有学习才能创新，唯有创新才能引领发展”④。有研究指出，“习近平在把握和理解学习时，总是将其放在现实个体全面发展和民族振兴的辩证关系中进行历史性考察”，习近平的“学习观”呈现了“学习空间的拓展”，其中包含的“学习情

---

① 《习近平：建设马克思主义学习型政党》，《党政干部文摘》2009年第12期。

② 《习近平在中共中央政治局第二十次集体学习时强调坚持实践第一推进理论创新》，《黄石日报》2015年1月25日。

③ 张烁：《习近平在中央党校发表重要讲话强调在全党大兴学习之风　依靠学习和实践走向未来》，《人民日报》2013年3月2日。

④ 中央党校战略思维及领导能力专题班课题组：《建设学习型政党才能更好地实现中国梦》，《学习时报》2013年5月20日。

境的历史性生成”是“基于实践而发生的”①。我们认为,可以将习近平关于“学习和实践”的一系列思想论述,提炼、概括成“学习实践观”。与毛泽东哲学思想中的“矛盾论—实践论”相对照,学习实践观贴近和综合了当今现代社会(后工业化社会)人们必须面对的两大哲学范畴——学习和实践,做了理论抽象和整体提炼;学习实践观既是新时期我国重要的哲学理论观又是当代创新型实践观。如果说,中国梦思想为新时期中国发展指明了理想和目标,那么学习实践观则是实现这一理想目标的思想动力系统和哲学理论支撑。

为了“让中国梦成真,在新的伟大实践中交出出色答卷”,我们必须好好学习、领会习近平总书记系列重要讲话精神,“深刻把握治国理政的根本遵循”;为了“认真贯彻系列讲话精神”,“必须掌握好方法”,“遵循发展观点,增强问题意识,用好‘底线思维’,坚持实事求是,一切从实际出发,我们就能找准破解难题的突破口,在探索实践中不断推进事业发展,增加人民福祉,取得让人民满意的实绩”②。我们认为,“实现中华民族的伟大复兴”是“治国理政的根本目标”③,而习近平治国理政又体现了“以‘实践思维’探路径”的哲理逻辑与方法特征④。当然,从另一方面来看,“治国理政的实践是不断发展变化的,指导治国理政实践的理论也应与时俱进”⑤,这就意味着在治国理政的实践中不能忽视新理论的建构。实际上,习近平在2009年的讲话中就已经明确指出,“理论上的先进性和实践上的先进性,是马克思主义政党区别于其他一切政党最鲜明的本质特征”,详细阐明了“建设马克思主义学习型政党”的理论依据、历史依据和现实依据⑥。由此可见,习近平的治国理政思想、“中国梦”思想以及学习实践观是有机联系、辩证统一的。我们全党、全民族唯有通过不断的、深化的“学习实践”,才能实现国家发展、中华民族伟大复兴的中国梦,才能实现国家富强、人们幸福的中国梦。

---

① 李星、林杰:《论习近平学习观的逻辑理路及其当代启示》,《延安大学学报》社会科学版2014年第3期。

② 新华社评论员:《深刻把握治国理政的根本遵循》,http://news.xinhuanet.com/2013-07/07/c_116437337.htm

③ 宋福范:《习近平思考治国理政目标的鲜明特点》,《中国特色社会主义研究》2014年第6期。

④ 朱书刚:《习近平治国理政方法的思维特点》,《长江日报》2015年2月13日。

⑤ 姜爱林:《治国理政需要不断地进行理论创新——学习习近平有关治国理政讲话文章的几点体会与思考》,《经济研究导刊》2011年第35期。

⑥ 习近平:《关于建设马克思主义学习型政党的几点学习体会和认识》,《学习时报》2009年11月16日。

二、学习实践观的哲学价值

哲学是时代精神的精华，它不仅反映和表达了时代精神，更是引领和塑造着当下的时代精神。在时代哲学精神的引领下，我们才能更好地解释世界和改造世界，将现实的世界变为理想的世界。“哲学注重知，亦注重信，更注重行”，“在从知识经信仰到行动的整个人文精神培育过程的诸阶段，哲学都可以发挥其显著的功效，产生其独特的助益”①。作为对当代哲学的两个重要范畴“学习”和“实践”的综合概括，学习实践观既阐发了学习和实践的辩证统一关系，又蕴示了中国哲学“知”与“行”合一的逻辑展开，具有浓郁而深刻的当代哲学价值引领作用。

马克思主义哲学认为，人类认识真理以及真理指导实践都是一个辩证过程，因而十分注重理论联系实际，强调学习与实践。马克思主义哲学始终重视理论与实践相结合，反对将“知”与“行”、学习和实践相互割裂的教条主义和主观主义。中国共产党一直坚持马克思主义哲学的基本原理，树立了优良的学习风气和实践传统。“毛泽东同志、周恩来同志、刘少奇同志、朱德同志、邓小平同志、陈云同志等老一辈革命家都高度重视调查研究，把它看作是把马克思主义基本原理同中国实际相结合、理论联系实际的关键环节”②。习近平一贯坚持学习与实践相结合、注重调查研究的工作方法。他在浙江工作期间十分注重基层调查研究，动员干部同志参加和落实一系列专题调研工作，贯彻“实践出真知”的工作思路③。2010年，他在中央党校春季学期开学典礼上做重要讲话，其中提到：“学习和掌握马克思主义方法，必须学习和掌握实事求是的思想方法”，“要真正做到实事求是，必须注重和坚持调查研究。对于各级领导干部来说，调查研究是做好一切工作的一门必备的基本功”④。学习和调查研究都是“求真务实”的重要途径，二者是有机统一、相辅相成的。面对层出不穷的新情况、新问题，除了调查研究之外，还要搞好我们的学习。习近平指出，“要认识好、解决好各种问题，唯一的途径就是增强我们自己的本领。增强本领就要加强学习，既把学到的知识运用于实践，又在实践中增长解决问题的本领。”⑤概而言之，通过调查研究力求做到实事求是，通过学

---

① 杨方：《哲学概论》，岳麓书社 2010 年版，第 290 页。

② 康沛竹：《马克思主义学习型政党建设问题研究》，北京大学出版社 2011 年版，第 8－9、183 页。

③ 费强：《向实践学习　向群众学习》，《瞭望新闻周刊》2003 年第 11 期。

④ 习近平：《深入学习中国特色社会主义理论体系　努力掌握马克思主义立场观点方法》，《求是》2010 年第 7 期。

⑤ 张烁：《习近平在中央党校发表重要讲话强调在全党大兴学习之风　依靠学习和实践走向未来》，《人民日报》2013 年 3 月 2 日。

以致用努力解决好实践中的问题,习近平的"学习实践观"真正体现了马克思主义哲学的精髓。

学习哲学与应用哲学是高度统一的,而"哲学应用的着眼点是哲学方法的应用"①,我们学习马克思主义哲学的目的,正是要通过对马克思主义哲学方法论的领悟,从中找到指导行动的科学方法。在马克思主义哲学方法中,"最重要、最根本的方法也就是理论和实践相统一、理论联系实际的方法"②。习近平"注重从客观实际出发,注重实干、实践行动和实际效果"③,他告诫广大领导干部,学习的"根本目的"是"增强工作本领、提高解决实际问题的水平","空谈误国,实干兴邦","领导干部要发扬理论联系实际的马克思主义学风,带着问题学,拜人民为师,做到干中学、学中干"④,这体现了他对领导干部学习和应用马克思主义哲学方法论的殷切期望。在这方面,习近平为广大领导干部树立了精彩生动的典范,从习近平的学习实践观中,我们能够获得马克思主义哲学方法论的深刻教益。

中国共产党历代领导人都强调学习和实践的重要性。毛泽东系统阐述了"什么是学习,为什么学习,学习什么,怎么学习"的政党学习思想,邓小平在改革开放中实践和发展了毛泽东开创的马克思主义实事求是的学风和方法,以江泽民为核心的中央领导集体提出了建设学习型社会和全民学习、终身学习的理念,以胡锦涛为总书记的中央领导集体提出建设学习型政党的思想。⑤ 习近平集中阐发了学习和实践的辩证关系,他在党中央前几代领导同志提出的学习和实践思想的基础上,高屋建瓴地勾勒出"学习实践观"的科学内涵。习近平的"学习实践观"是对中国共产党三代领导集体关于学习和实践思想论述的进一步丰富和发展。在新的历史时期,以习近平为总书记的中央领导集体,强调"大兴学习之风""依靠学习和实践走向未来"的学习实践观,对于进一步推动马克思主义学习型政党建设和增强广大党员运用马克思主义哲学的立场、观点、方法分析解决现实问题的能力,必将起到巨大的促进作用。

哲学是在理论的层面反映世界的图景以及人与自然、人与社会的相互关系,并且在这样的"反映"中体现其人文关怀。正如学者指出,"实践论的思维方式和

---

① 郑凤:《马克思主义哲学方法论》,厦门大学出版社2007年版,第285页。

② 唐晓勇:《马克思主义哲学原理》,西南财经大学出版社2010年版,第23页。

③ 韩庆祥:《全面深入把握习近平治国理政思想的十个重要方面》,《中国特色社会主义研究》2014年第6期。

④ 本书编写组:《新思想 新观点 新论断 新要求》,中共中央党校出版社2014年版,第131页。

⑤ 康沛竹:《马克思主义学习型政党建设问题研究》,北京大学出版社2011年版,第8－9、183页。

哲学视界，为马克思哲学的人文关怀提供了正确的出发点——‘从事实际活动的人’。”①尤其是21世纪，人类进入现、当代社会甚至后现代社会，人们的学习实践活动构成了自然与社会、主体与客体之间相互联系的基础和纽带，与之对应，人们的“学习实践观”将深刻影响和决定人与世界的相互关系和面貌，由此，学习实践观获得深刻的时代哲学价值意蕴。在新时期，我们依然需要“发扬理论联系实际的马克思主义学风，带着问题，拜人民为师，做到干中学、学中干，学以致用、用以促学、学用相长。”②全党同志、全国上下若能真正崇尚和形成“好学尚学、会学会用”以及“向书本学习”“向实践学习”“向群众学习”的学习实践观，不仅可以加快中华民族的伟大复兴“中国梦”的实现，也彰显了中国共产党和中华民族的理论思维和哲学底蕴。

三、学习实践观的理论创新

人类知识体系包括自然科学和哲学社会科学两大类别，其中哲学社会科学在推动思想解放、观念变革、理念转化、环境优化等社会进步方面，将为民族、为国家以至整个人类的文明发展发挥巨大的作用。从改革开放初期我国哲学社会科学的“赶紧补课”以来，党和国家一直高度重视哲学社科的发展，将社会科学和自然科学看成是推动中国经济社会发展的智慧力量。中共十七大报告提出，要把哲学社会科学的繁荣发展看作社会主义文化建设大繁荣大发展的重要方面。中共十八大报告提出，要增强文化整体实力和竞争力，发展哲学社会科学，建设哲学社会科学创新体系。我们相信，在习近平学习实践观的指导下，必将迎来一个哲学社会科学发展创新、推陈出新、升级换代的新时代。

尽管哲学社会科学研究的规律纷繁复杂，但其中最根本的一条准则，就是对学习实践观的把握和运用。

其一，哲学社会科学研究“要适应时代的变化，更多地揭示社会真理，促进民族的振兴”。为此，“社会科学研究者要通过创造性的劳动，探索社会真理，揭示社会发展规律”③。从2013年的政府工作报告提出的工作总要求来看，国家要全面推进社会主义经济建设、政治建设、文化建设、社会建设、生态文明建设，实现经济

① 杨学功：《超越哲学同质性神话——马克思哲学革命的当代解读》，北京大学出版社2010年版，第216页。

② 张烁：《习近平在中央党校发表重要讲话强调在全党大兴学习之风　依靠学习和实践走向未来》，《人民日报》2013年3月2日。

③ 汤涧：《李铁映在江苏社科院建院二十周年庆祝大会上说人文社科研究要适应时代变化》，《新华每日电讯》2000年10月15日。

持续健康发展与社会和谐稳定,这就为哲学社会科学研究提出了新方向,为社会科学工作者提出了新要求,在这场"前无古人的伟大实践"中,社会科学工作者必须勇敢地、创造性地"深入植根于中国经济、政治、文化、社会、生态建设的肥沃土壤",立足于"改革开放以来中国的伟大实践",提炼出中国特色哲学社会科学的新概念、范畴,并在世界文明的大道上,兼收并蓄,形成中国特色的哲学社会科学理论体系。由此看来,我们思考和研究、概括和创新"学习实践观",不断顺应国家社会发展的现实理论需要,在研究内容、研究目标、研究理念、研究方法等方面作出理论阐发和创新,这是与当前中国特色社会主义经济建设、政治建设、文化建设、社会建设、生态文明建设的伟大实践紧密相连的。

其二,习近平学习实践观理论上的进一步综合、凝练和阐发的过程,就是当前哲学社会科学理论创新的真实写照,学习实践观拥有哲学和社会科学理论拓展的广阔空间。如上所述,学习实践观具有鲜明的哲学社科理论特质,是促进新时期我国人文社会科学理论发展的重要方法论和创新路径。我们提炼和研究学习实践观,应当既注重探讨其理论、文本的内容形式,也要更多地关注如何解决各种理论及现实问题,并且在"学习实践"中不断获得理论的检验与更新换代发展。"研究方法的选择取决于方法论的选择,而研究方法根植于哲学,是一种理论立场的选择。"①习近平学习实践观真正体现了马克思主义哲学的立场、观点和方法。在"学习实践观"的指导下,哲学社会科学研究者将会更加自觉地贯彻实事求是的思想方法,不断解放思想,注重调查研究,面对现实研究对象的种种变化,努力通过学习和实践来研究新情况、解决新问题。

综上所述,习近平坚持实践第一的观点,不断推进实践基础上的理论创新,强调理论必须同实践相统一。他高度重视调查研究的工作方法,提出问题导向的全面深化改革学说,在治国理政中注重运用创新思维,提出"推进国家治理现代化,要有主张、有定力",为此,必须坚定制度自信,注重学习借鉴,坚持改革创新②。与此相关,习近平总书记的学习实践观具有深厚的理论哲学价值和深刻的方法论意义,包含着多方面的理论创新元素。在新问题、新情况不断涌现的当今时代,我们亟须增强自己的本领、克服"本领恐慌"③,必须通过学习来保持理论和实践上的先进性。面对这样的情势和挑战,学习什么、怎样学习、学习何为等问题就显得

---

① 叶洪、[澳]Julie White:《人文社科研究方法与方法论的后现代转向》,《东南学术》2012 年第 3 期。

② 何绍辉:《深刻理解和准确把握全面深化改革的总目标》,《毛泽东研究》2015 年第 2 期。

③ 本书编写组:《新思想 新观点 新论断 新要求》,中共中央党校出版社 2014 年版,第 117 页。

相当突出,习近平的学习实践观为我们正确地解决这些问题提供了科学指导。

习近平要求领导干部"认真学习党史、国史,知史爱党,知史爱国。经济、政治、历史、文化、社会、科技、军事、外交等方面的知识,要结合工作需要来学习,不断提高自己的知识化、专业化水平"①。这对于当今每一位哲学社科研究者而言都是极大的启迪和鞭策。广大社会科学研究者应当将"学习实践观"作为基础的哲学理念和方法论原理,加强学习,重视实践,使我国的哲学社会科学研究不断获得创新发展。在坚持和发展中国特色社会主义道路、全面建成小康社会的实践中,在实现中华民族伟大复兴的"中国梦"的征程中,哲学社会科学研究者倡导与践行学习实践观,形成高度的理论自觉和创新意识,必将为"筑梦"行动提供厚实的精神动力,为人类文明做出更大的贡献。

(原载于《求索》2015 年 4 月)

① 张烁:《习近平在中央党校发表重要讲话强调在全党大兴学习之风　依靠学习和实践走向未来》,《人民日报》2013 年 3 月 2 日。

党的建设创新思想探究*

十八大以来,以习近平同志为总书记的中央领导集体,深入贯彻十八大精神,励精图治、开拓创新,国家治理和党的建设开始呈现新局面、新气象,这一良好开局凝结着党和国家领导人的政治智慧和理论思考成果。一年多来,习总书记在加强党的建设问题上提出了许多新思想、新观点、新论断。认真领会习近平关于加强党的建设的一系列重要论述,对于全面推进党的建设新的伟大工程,切实提高党的建设科学化水平具有重要的现实意义和长远的战略意义。

一、关于加强党的建设必须突出管党治党的创新思想

办好中国的事情,关键在党。然而"打铁还需自身硬",要确保党的领导核心地位和完成党的历史使命必须不断加强和改进党的建设,认真贯彻党要管党、从严治党的根本方针。面临由国际国内形势变化带来的前所未有的风险挑战。我们党只有认真贯彻党要管党、从严治党方针,才能获得战胜各种风险挑战的智慧和力量。当前,党的自身建设面临着一系列新情况新问题,只有坚持党要管党、从严治党方针,我们党才能切实解决自身存在的突出问题。2013 年 2 月,习近平在党的十八届二中全会上发表重要讲话指出,进一步加强党的建设必须突出党要管党、从严治党,对党内存在的突出矛盾和问题,必须下大气力加以解决。因此,以更大的决心和力度认真贯彻党要管党、从严治党方针,为实现中华民族伟大复兴的中国梦努力奋斗,这是时代赋予中国共产党人的崇高使命。

(一)明确管党治党的极端重要性和紧迫性:党要管党,才能管好党;从严治党,才能治好党

2013 年 6 月,习近平在全国组织工作会议上指出,党要管党,才能管好党;从严治党,才能治好党。管党治党对于我们这样一个长期执政的大党,一刻也不能

---

* 本文作者:马苹(1972 -),女,辽宁海城人,海军大连舰艇学院讲师,博士,主要从事中国特色社会主义理论研究;南英丽,海军大连舰艇学院政治系。

松懈,否则迟早会失去执政资格①。中国共产党是中国工人阶级的先锋队,同时也是中国人民和中华民族的先锋队,但是这种先锋队的地位不是自然而然形成的,而是经过舍生忘死艰苦奋斗和牢记党性不断锤炼的结果。在中国共产党的历史发展进程中,凡是自身建设和国家事业发展较好的时期都是较好地坚持和认真贯彻党要管党、从严治党方针的时期。历史和实践都表明,一个政党过去先进不等于现在先进,现在先进不等于永远先进。要确保中国共产党的先锋队地位和先进性本质必须不断加强党的先进性建设,只有管党,才能管好党;只有治党,才能治好党。中国共产党党员数量众多,受国内国际环境的影响,一些党员尤其是一些新生代党员、党员干部、党员领导干部,他们思想的坚定性时刻都在接受严峻的考验。各级党组织要有高度的责任感,把教育管理好党员奉为神圣历史使命,充分认识到培养一个好党员的重要价值所在,明确每一个党员的形象都事关中国共产党的整体形象。

(二)明确管党治党的首要责任主体:党要管党,首先是党委要管、党委书记要管

"党要管党"中的第一个"党"是指党的各级组织和领导干部。因此,党要管党要求党建工作领导小组统筹各方力量,加强调查研究,努力破解工作难题;要求各级党的工作部门切实履行职责,按照分工狠抓各项工作落实,确保管党治党任务落到实处。但必须指出,党要管党首先的要求是党委要管党、党委书记要管党。2013 年 6 月,习近平在全国组织工作会议上指出,党要管党,首先是党委要管、党委书记要管。党委书记要在其位、谋其政,履行好第一责任人职责。早在 2008 年 5 月,习近平在山东考察工作时就明确提出,各级党委抓党建是本职,不抓党建是失职,抓不好党建是不称职②。政治路线确定之后,干部就是决定性因素。在认真贯彻党要管党、从严治党方针问题上,决定性因素就是各级党委、党委书记。只要党委尤其是党委书记对管党治党工作高度重视,把管党治党方针落到实处,管好党治好党的目标就会实现。实践证明,党委对于党建工作抓与不抓、抓得紧与不紧,结果不一样。不抓或抓得不紧,党员、党员干部特别是领导干部疏于教育、疏于管理、疏于监督,导致一些党员先锋队意识淡化,组织纪律性不强,发挥作用不明显;一些党员、干部理想信念动摇、宗旨意识淡薄,形式主义、官僚主义、享乐主义和奢靡之风突出;一些基层党组织战斗堡垒作用不强,有的甚至软弱涣散。

---

① 人民日报社理论部:《深入学习习近平同志重要论述》,人民出版社 2013 年版,第 117 页。

② 丁锡国:《习近平:以改革创新精神抓好党建,以党建成效推动科学发展》,http://news. xinhuanet. com/ne - wscenter/2008 - 05/11/content_8146851. htm

党委作为党的工作的核心部门,党委书记作为抓党建的第一责任人,必须预防和纠正这些不良现象,以避免小毛病演变为大祸患。

(三)明确管党治党的全面性要求:从严管理干部、从严管理党员队伍、扎实做好抓基层打基础工作、严肃党内生活

早在2008年9月,习近平在中央党校开学典礼上就曾指出,党要管党、从严治党是对党的建设的全面性要求。2013年6月,在全国组织工作会议上,他进一步强调把党要管党、从严治党贯彻到从严管理干部、从严管理党员队伍、扎实做好抓基层打基础工作、严肃党内生活等各个方面。

第一,管党治党必须首先管好干部,从严治吏。习近平指出,党要管党,首先是管好干部;从严治党,关键是从严治吏。对干部身上出现的苗头性、倾向性问题,要及时"咬咬"耳朵、扯扯袖子,早提醒、早纠正。让他们始终有如履薄冰、如临深渊的警觉①。他特别强调管好干部必须强化两种意识:一是强化领导机关和领导干部带头意识;二是强化干部讲规矩意识。针对有些干部缺乏为官做人的起码底线,口无遮拦,随心所欲,不讲基本规矩,毫无制度意识的问题,习近平强调要加强教育引导,认真查处违规违纪行为,使干部懂规矩、守规矩。

第二,管党治党必须从严管理党员队伍。习近平指出,党员是党的肌体的细胞。因此,党要管党、从严治党必须落实到党员队伍的管理中去。这种"管"和"治"应该体现在三个方面:一是严把入口,不打半点折扣地按照党员质量标准吸收新党员,特别要把政治标准放在首位,确保政治合格。二是重在平时,严格日常教育和管理,使广大党员平常时候能够充分发挥先锋模范作用。三是疏通出口,对那些道德败坏、蜕化变质等丧失党员条件的坚决清除出党。

第三,管党治党必须扎实做好抓基层打基础工作。习近平指出,贯彻党要管党、从严治党方针,必须扎实做好抓基层、打基础的工作,使每个基层党组织都成为坚强战斗堡垒②。他强调,当前和今后一个时期,落实党的十八大提出的加强基层服务型党组织建设的重大任务,必须着重解决三个方面的问题:一是健全党的基层组织、做好党的工作,确保全覆盖,固本强基。二是建立严密的基层党组织工作制度,推动服务群众、做群众工作制度化、常态化、长效化。三是加大投入力度,加强带头人队伍建设,提高基层党组织服务群众的能力。

第四,管党治党必须严肃党内生活。严肃党内生活是解决党内自身问题的重

---

① 习近平:《在全国组织工作会议上的讲话》,《人民日报》2013年06月30日。

② 中国共产党第十八届中央委员会:《中共中央关于全面深化改革若干重大问题的决定》,《求是》2013年第22期。

要途径。针对现在党内生活不经常、不认真、不严肃的问题,习近平强调,必须按照从严的要求,使党内生活真正严格起来。他指出,严肃党内生活最根本的是认真执行党的民主集中制。要严格落实党内组织生活制度,促进领导干部尤其是主要领导干部带头做到既诚恳进行批评和自我批评,又满腔热情欢迎批评包括尖锐批评;要严明党的组织纪律和政治纪律。

二、关于运用党的历史全面加强党的自身建设创新思想

坚持辩证唯物主义和历史唯物主义的立场观点方法,对历史经验进行深刻总结,对历史规律进行深刻揭示,对现实问题进行深入分析,对未来发展进行深入思考,将党的历史有机地融入治国理政管党新的实践,既是以习近平同志为总书记的党中央新的执政理念、执政风格的体现,也是习近平关于运用党的历史全面加强党的自身建设的创新思想。

(一)高度重视党的历史的鉴今作用

我们党的历史不仅同党的过去相联系,也同党的现在和未来相联系。因此,更好地发挥党史的鉴今作用是新形势下推动党的事业不断发展的迫切需要。2008 年 9 月,习近平在中央党校开学典礼上指出,党的建设的伟大实践,就是一个不断总结和运用经验的历史进程。我们党正是通过多方面经验的科学总结,使党的建设工作在历史的比较、国际的观察、现实的把握中开阔了视野、深化了认识、提高了水平。在 2009 年 9 月的中央党校开学典礼上,习近平更加明确地指出,回顾中国共产党的建设历程和经验,加深对长期执政条件下党的建设规律的认识和把握,对于在新的历史起点上全面推进党的建设新的伟大工程是十分重要的。2010 年 7 月,习近平在全国党史工作会议上进一步指出:“我们推进党的建设新的伟大工程,需要总结党加强思想建设、组织建设、作风建设、制度建设和反腐倡廉建设的经验,为加强党的先进性建设、保持和发展党的先进性提供历史借鉴和启示。”

(二)认真总结党的建设的历史经验

运用党的历史全面加强党的自身建设,必须首先认真总结党的历史特别是党的自身建设历史。中国共产党一贯重视对党的历史经验的总结,在总结历史中开创未来。毛泽东主持起草的《关于若干历史问题的决议》和邓小平主持起草的《关于建国以来党的若干历史问题的决议》是总结党的历史的光辉典范,不但在当时发挥了重要作用,而且在现在和未来也将对推进党和国家事业的发展产生重大的积极意义。习近平一贯重视认真总结党的建设的历史经验。2008 年 9 月,他在中央党校发表题为《改革开放 30 年党的建设回顾与思考》的重要讲话,2009 年 9 月,

他在中央党校发表题为《关于新中国60年党的建设的几点思考》的重要讲话，2009年10月，他在《人民日报》上发表《加强和改进新形势下党的建设的纲领性文献》一文，全面总结了党在全国执政60年以来特别是改革开放30年以来加强自身建设的基本经验。此外，2010年7月，在全国党史工作会议上他还强调面对新的形势要进一步提高对党史工作重要性的认识，党史工作要进一步从多方面提供历史经验，更好地为现实服务。

（三）认真修好党史这门必修课程

开展党史学习是加强党的思想理论建设的重要任务，也是运用党的历史全面加强党的自身建设的重要环节。如果说总结党的历史是河的此岸，运用党的历史是河的彼岸，那么学习党的历史就是过河的桥梁。总结党的历史也许是一部分人的使命和职责，但是学习党的历史应该是所有人的必修课程。2010年7月，习近平在全国党史工作会议上指出，要用党的历史教育党员、教育干部，特别是各级党员领导干部，组织和引导他们系统地学习党史，接受党性教育和革命传统教育。各级党委要把党史学习和教育纳入干部教育培训的必修课，把一些重大党史课题作为理论学习中心组的重要学习内容，把全面了解和正确认识党的历史作为对党员领导干部的一项基本要求，教育引导他们特别是年轻干部认真学习党的历史，努力提高思想政治素质和领导水平。2013年6月，他在主持中央政治局第七次集体学习时强调，学习党史是把党的各项事业继续推向前进的必修课。这门功课不仅必修，而且必须修好。

三、关于通过深化党的建设制度改革全面加强党的建设创新思想

党的十八届三中全会把"紧紧围绕提高科学执政、民主执政、依法执政水平，深化党的建设制度改革"作为全面深化改革的基本任务之一。这表明，以习近平同志为总书记的党中央开辟了一个新的视角，把党的建设新的伟大工程与改革开放新的伟大革命联系起来，力图发挥它们之间相辅相成、相互促进的作用。

（一）准确把握党的建设制度的科学内涵

党的建设制度是一个新提法。此前我们经常提的是党的制度建设。党的建设制度与党的制度既相互联系又相互区别。党的制度主要指对党的组织和党员关系及其行为进行规范的各种党内法规制度，包括党员的权利义务、党员的行为规范、党组织的功能、地位、作用、党的组织之间以及党员和组织之间各种关系处理原则、党内各种活动的基本要求、党内监督制度、党内民主制度等，《党章》《党内政治生活若干准则》《党内监督条例》等都属于党内制度，它的适用范围为党内。党的建设制度除了包括党内制度外，还会涉及处理党的建设与国家建设之间关系

的一些制度，如党的组织与国家权力机构及其他组织关系的制度，党的建设的组织、领导、活动方式等方面的制度，特别是党的领导体制和执政方式①。因此，把加强党的制度建设拓展到全面深化党的建设制度改革，说明了我们党对加强党的建设在制度层面上的把握更加全面了，反映了我们党对自身建设规律认识的深化。同时必须指出，虽然“党的建设制度改革”一词首次出现在党的重要文献之中，但实际上，我们党在这方面的工作是一直在进行的，尤其是十一届三中全会以来，我们党以巨大的政治勇气，锐意推进党的建设制度改革，成就举世瞩目。

（二）深化党的建设制度改革的重点任务

党的十八届三中全会构建了党的建设制度改革的基本框架，在这个框架中，加强民主集中制建设、完善党的领导体制和执政方式、保持党的先进性和纯洁性是重点任务。

第一，加强民主集中制建设。健全民主集中制一贯是我们党的制度建设的重点内容。党的十八届三中全会不仅强调“坚持民主集中制”“加强民主集中制建设”，而且提出了健全和落实民主集中制的一系列有针对性的新举措，如“推进决策公开”“完善科学民主决策机制”“在全社会开展广泛协商，坚持协商于决策之前和决策实施之中”“加强中国特色新型智库建设，建立健全决策咨询制度”等等。这是以习近平同志为总书记的党中央在加强民主集中制建设方面的重要理论创新和实践创新。

第二，完善党的领导体制和执政方式。党的领导主要是政治、思想和组织领导，因此，完善党的领导体制必须按照总揽全局、协调各方的原则，正确处理党委与人大、政府、政协和人民团体的关系。党的十八届三中全会明确指出，要规范各级党政主要领导干部职责权限。加强和改进对主要领导干部行使权力的制约和监督。依法公开权力运行流程，完善党务、政务和各领域办事公开制度，着力构建决策科学、执行顺畅、监督有力的权力运行体系。

第三，健全保持党的先进性和纯洁性的制度体系。改革和完善党的建设各项制度，以科学有效的制度保持和发展党的先进性和纯洁性，是党的十八届三中全会十分关注的重要内容，全会特别强调通过健全改进作风常态化制度和反腐败体制机制保持党的先进性和纯洁性。健全改进作风常态化制度，保持党的先进性和纯洁性。党的十八大以来，中央领导集体为了党和国家事业长久发展和回应群众关心的问题的需要，率先垂范，下大气力以切实改变工作作风为突破口全面加强党的作风建设，已经取得了有目共睹的初步成效。“加强党的政治、思想、组织、作

① 戴焰军：《深化党的建设制度改革的基本要求》，《光明日报》2013 年 11 月 27 日。

风建设,都必须坚持从制度建设入手”。① 党的十八届三中全会从制度层面对进一步改进作风进行了全面部署:健全领导干部带头改进作风、深入基层调查研究机制,完善直接联系和服务群众制度;改革会议公文制度;健全严格的财务预算、核准和审计制度;完善选人用人专项检查和责任追究制度;改革政绩考核机制;规范并严格执行领导干部工作生活保障制度;完善并严格执行领导干部亲属经商、担任公职和社会组织职务、出国定居等相关制度规定。其中一些制度如探索实行官邸制等是具有开创性意义的。

加强反腐败体制机制创新和制度保障,保持党的先进性和纯洁性。习总书记特别重视制度在反腐倡廉中的重要作用,强调把权力关进制度的笼子里。党的十八届三中全会在反腐败体制机制创新方面有很多建树,如确立了党委负主体责任、纪委负监督责任的党风廉政建设责任制;确立了强化上级纪委对下级纪委领导的反腐败领导体制和工作机制;确立了新提任领导干部有关事项公开制度等。这些制度的确立和不断完善必将进一步提高制度反腐的成效。

（原载于《辽宁师范大学学报》2014 年第 3 期）

---

① 曲建武,苑晓杰:《江泽民关于新时期执政党建设的理论框架》,《辽宁师范大学学报》社会科学版 2001 年第 5 期。

十八大以来依法治国理论的创新和发展*

自中共十一届三中全会以来，随着中国法治实践的开展，特别是中共十五大确立依法治国方略之后，中国的依法治国理论研究取得了丰硕成果：确立了坚持党的领导、人民当家做主和依法治国的有机统一，坚持走中国特色法治之路的法治国家建设指导思想；在基本理论研究方面取得有目共睹的成就，这些理论成果成为中国法治国家建设的理论指导和推动力量，勾勒了中国特色法治国家建设的目标框架。

中共十八大以来，尤其是中共十八届三中全会、四中全会分别通过《关于全面深化改革若干重大问题的决定》《关于全面推进依法治国若干重大问题的决定》和习近平关于全面推进依法治国的论述，面对改革进入攻坚期和深水区的新形势、新任务，强调法治在国家治理中的重要性，提出关于依法治国的一系列新概念和新观点，构建了中国特色社会主义法治理论的框架基础，使依法治国理论取得了进一步的创新和发展。由此，本文将对中共十八大以来依法治国理论的创新和发展做简要的分析和梳理。

一、对法治在治国理政中的功能和作用的认识进一步深化

在当前改革开放的新的历史时期，我们党面对的形势是两个“前所未有”，即“面对的改革发展稳定任务之重前所未有，矛盾风险挑战之多前所未有”①。怎样才能做到规避风险、化解矛盾，保持国家的长治久安，目标就是实现国家治理体系和治理能力现代化。怎样才能实现国家治理体系和治理能力现代化，路径就是依法治国，实行法治。

---

* 本文作者：蒋传光（1963—），男，教授，博士生导师，从事法理学、法社会学和法治文化研究。
基金项目：2012 年国家社会科学基金项目“依法执政与构建中国特色宪法体系理论研究”（12BFX029）；上海高校高峰高原学科建设计划资助。

① 习近平：《在中共中央召开的党外人士座谈会上的讲话（2014 年 8 月 19 日）》，《人民日报》2014 年 10 月 25 日。

全面依法治国是国家治理体系和治理能力现代化的重要保障。“推进国家治理体系和治理能力现代化，当然要高度重视法治问题，采取有力措施全面推进依法治国，建设社会主义法治国家，建设法治中国。”①党的十八届四中全会是我们党首次召开的以依法治国为主题的中央全会，全会研究了全面推进依法治国的若干重大问题，认为全面建成小康社会、实现中华民族伟大复兴的中国梦，全面深化改革、完善和发展中国特色社会主义制度，提高党的执政能力和执政水平，必须全面推进依法治国。

1. 全面依法治国成为“四个全面”战略布局的重要组成部分

“四个全面”，即全面建成小康社会、全面深化改革、全面依法治国、全面从严治党。自2014年12月在江苏调研时第一次提出后，在全国政协新年茶话会上、在党校省部级主要领导干部专题研讨班上、在中央政治局会议和集体学习中、在春节团拜会上……习近平不断地强调“四个全面”，“四个全面”已经成为引领民族复兴的战略布局。习近平在论述四者之间的关系时指出：全面建成小康社会是我们的战略目标，全面深化改革、全面依法治国、全面从严治党是三大战略举措。“要把全面依法治国放在‘四个全面’的战略布局中来把握，深刻认识全面依法治国同其他三个‘全面’的关系，努力做到‘四个全面’相辅相成、相互促进、相得益彰。”②

2. 法治建设是中国特色社会主义道路和制度的重要内容

中共十八大报告指出，“中国特色社会主义道路，就是在中国共产党领导下，立足基本国情，以经济建设为中心，坚持四项基本原则，坚持改革开放，解放和发展社会生产力，建设社会主义市场经济、社会主义民主政治、社会主义先进文化、社会主义和谐社会、社会主义生态文明，促进人的全面发展，逐步实现全体人民共同富裕，建设富强民主文明和谐的社会主义现代化国家。”从表述中可以看出，在对中国特色社会主义道路的内涵解读中，建设社会主义民主政治是其中的一个重要方面。民主政治建设的重要内容之一就是“加快建设社会主义法治国家，发展社会主义政治文明”；“注重发挥法治在国家治理和社会管理中的重要作用”。

中国特色社会主义法治国家建设的制度构建是和中国特色社会主义制度密切结合在一起的，是中国特色社会主义制度的主体内容。中共十八大报告指出，“中国特色社会主义制度，就是人民代表大会制度的根本政治制度，中国共产党领导的多党合作和政治协商制度、民族区域自治制度以及基层群众自治制度等基本政治制度，公有制为主体、多种所有制经济共同发展的基本经济制度，以及建立在

① 《习近平关于全面依法治国论述摘编》，中央文献出版社2015年版，第3页。

② 《习近平关于全面依法治国论述摘编》，中央文献出版社2015年版，第15页。

这些制度基础上的经济体制、政治体制、文化体制、社会体制等各项具体制度。”上述制度和体制以及运行机制的构建和完善，都是以宪法为核心的社会主义法律制度体系为保障的。

3. 法治理念、法治保障是建设中国特色社会主义的基本要求和共同信念

中共十八大报告的第五部分以“坚持走中国特色社会主义政治发展道路和推进政治体制改革”为题，集中阐述了社会主义民主法治建设，对“全面推进依法治国”“加快建设社会主义法治国家”做了全面部署。但报告关于法治的论述又不限于这一部分。法治的理念和精神体现在报告的每一部分，经济、政治、文化、社会、生态、外交问题都纳入了法律范畴。通过分析报告全文可以看出，社会主义法治建设既是建设中国特色社会主义的保障，又是建设中国特色社会主义的目标。

中共十八大报告指出，“在新的历史条件下夺取中国特色社会主义新胜利，必须牢牢把握以下基本要求，并使之成为全党全国各族人民的共同信念”。这些基本要求共八个方面，其中每一个方面既包含丰富的法治理念，又需要法治的保障。比如，在“坚持人民主体地位”的要求中提出要“坚持依法治国这个党领导人民治理国家的基本方略，最广泛地动员和组织人民依法管理国家事务和社会事务、管理经济和文化事业”，这实质上也是社会主义法治国家建设的基本要求。在“坚持解放和发展社会生产力”的要求中提出“要坚持以经济建设为中心，以科学发展为主题，全面推进经济建设、政治建设、文化建设、社会建设、生态文明建设，实现以人为本、全面协调可持续的科学发展”。在这里，以法治建设为核心内容的“政治建设”，以实现人的权利为核心的“以人为本”理念，都是其中的重要内容。在“坚持维护社会公平正义”的要求中提出“公平正义是中国特色社会主义的内在要求。要在全体人民共同奋斗、经济社会发展的基础上，加紧建设对保障社会公平正义具有重大作用的制度，逐步建立以权利公平、机会公平、规则公平为主要内容的社会公平保障体系，努力营造公平的社会环境，保证人民平等参与、平等发展权利”。在“坚持党的领导”的要求中提出“提高党科学执政、民主执政、依法执政水平”。依法执政是中国共产党领导法治国家建设的执政理念，而如何依法执政则要求党必须在宪法和法律范围内活动。任何组织或者个人都不得有超越宪法和法律的特权，绝不允许以言代法、以权压法、徇私枉法。

4. 法治中国建设是全面建成小康社会和全面深化改革开放的目标

中共十八大报告提出实现建成小康社会的目标之一就是“人民民主不断扩大。民主制度更加完善，民主形式更加丰富，人民积极性、主动性、创造性进一步发挥。依法治国基本方略全面落实，法治政府基本建成，司法公信力不断提高，人权得到切实尊重和保障”。十八届三中全会通过的《关于全面深化改革若干重大

问题的决定》对全面深化改革做出了系统部署，其中，建设社会主义法治国家，推进法治中国建设，是全面深化改革的有机组成部分。在“坚持依法治国、依法执政、依法行政共同推进，坚持法治国家、法治政府、法治社会一体建设”的总的指导原则之下，从维护宪法法律权威、深化行政执法体制改革、确保依法独立公正行使审判权检察权、健全司法权力运行机制、完善人权司法保障制度等方面，对如何推进法治中国建设进行了具体部署，“深化司法体制改革”是其中的重点。法治中国建设目标的提出，具有划时代的意义。

5. 全面深化改革需要法治的保障

习近平指出：“党的十八大提出了全面建成小康社会的奋斗目标，党的十八届三中全会对全面深化改革做出顶层设计，实现这个奋斗目标，落实这个顶层设计，需要从法治上提供可靠保障。”①实行法治是社会主义市场经济体制改革的必然要求。市场经济运行主体的自主性、市场经济活动的契约性、市场经济往来的信用性、市场经济的竞争性、市场经济的统一性、市场经济的国际性、对市场经济宏观调控的必要性，以及市场经济裁判和仲裁活动等，都离不开法治。从历史的角度进行分析，可以说，如果没有社会主义市场经济法律制度的建立，没有与市场经济相适应的法治环境，也就不可能有繁荣、健康的社会主义市场经济。

党的十八届三中全会在进一步落实十八大关于全面深化改革的战略部署时强调，“坚持和完善基本经济制度，加快完善现代市场体系，加快转变政府职能，深化财税体制改革，健全城乡发展一体化体制机制，构建开放型经济新体制，加强社会主义民主政治制度建设，推进法治中国建设，强化权力运行制约和监督体系，推进文化体制机制创新，推进社会事业改革创新，创新社会治理体制，加快生态文明制度建设，深化国防和军队改革，加强和改善党对全面深化改革的领导。”②上述体制机制的建立和目标的实现，最终都要落实到法律制度层面，离不开法治的保障。上述任何一个方面缺乏法治的保障，目标都难以实现。

二、依法治国理论在新形势下的创新和发展

1. 确立社会治理中的法治思维方式

中共十八大报告提出，“提高领导干部运用法治思维和法治方式深化改革、推

① 《关于〈中共中央关于全面推进依法治国若干重大问题的决定〉的说明（2014 年 10 月 20 日）》，《中国共产党第十八届中央委员会第四次全体会议文件汇编》，人民出版社 2014 年版，第 67 – 68 页。

② 《中国共产党第十八届中央委员会第三次全体会议文件汇编》，人民出版社 2013 年版，第 8 页。

动发展、化解矛盾、维护稳定的能力”。中国法学界、特别是法理学界，对属于法律方法范围的法律思维有较多的探讨，①但对“法治思维”这个概念却很少涉及。“法治思维”与法学方法论意义上的“法律思维”内涵既有一定的关联性，但也有明显的不同。关于法律思维，笔者赞同这样的理解，即法律思维强调法律职业的具体法律方法，侧重的是法律方法论对职业思维的影响②。

法治思维是一种整体性思维，一种社会思维，一种国家治理的理念、视角和思路。从社会治理的角度看，法治思维的概念主要是在治国方略的层面上使用的，其不仅是社会治理中的价值追求，更是一种治国方法、手段的选择。在社会治理的各种手段中，更侧重于法律规则和法律手段的运用，强调依法办事。法治的实现不仅仅是建立一套完备的法律体系，更重要的是使法治成为一种普遍的行为模式。具体而言，化解各种社会矛盾，把法治思维模式作为创新社会治理的思维模式，就是要注重法律方法和手段的运用，全面落实依法治国方略，完善各种具体法律制度，确立公民和各级政府机关的规则意识和契约意识，引导公民对待各种涉及自身利益的纠纷寻求理性的解决手段，构建社会治理的法治化模式。

2. 把法律价值要素纳入社会主义核心价值观

中共十八大报告提出，“倡导富强、民主、文明、和谐，倡导自由、平等、公正、法治，倡导爱国、敬业、诚信、友善，积极培育和践行社会主义核心价值观”。民主、自由、平等、法治、公正、诚信、和谐等理念，都可以被视为法律价值的基本构成要素。现代社会的法，从一般意义上说，都应与上述理念有着密切的联系，或者说上述理念都应是现代法治国家建设的题中应有之义。把法律价值的构成要素纳入社会主义核心价值观，有利于全社会法治观念和法治意识的确立，有利于社会主义法治精神的弘扬，有利于社会主义法治文化的建设。

3. 法治中国统领下的法治国家、法治政府、法治社会一体建设

习近平在十八届中央政治局第四次集体学习时的讲话中提出：“面向未来，全面建成小康社会对依法治国提出了更高要求。我们要全面贯彻落实党的十八大精神，以邓小平理论、‘三个代表’重要思想、科学发展观为指导，全面推进科学立法、严格执法、公正司法、全民守法，坚持依法治国、依法执政、依法行政共同推进，坚持法治国家、法治政府、法治社会一体建设，不断开创依法治国新局面。”③这是

① 考察目前学界关于法律思维的研究成果可以发现，对法律思维内涵的理解存在很大差异，因这一项内容不是本文关注的重点，故不在此详述。

② 陈金钊：《法律思维及其对法治的意义》，《法商研究》2003 年第 6 期。

③ 《习近平关于全面依法治国论述摘编》，中央文献出版社 2015 年版，第 3 页。

第一次把"依法治国、依法执政、依法行政""法治国家、法治政府、法治社会"等概念连接起来,使其构成一个有机统一的整体。中共十八届三中全会通过的《关于全面深化改革若干重大问题的决定》,对中国未来十年的改革开放和发展做出了纲领性的规划。全会提出了推进法治中国建设的目标及具体的制度性要求。具体而言,就是坚持依法治国、依法执政、依法行政共同推进,坚持法治国家、法治政府、法治社会一体建设,深化司法体制改革,完成法治中国建设的具体制度构建。

那么,如何推进法治中国建设?法治中国概念统领下的"依法治国、依法执政、依法行政","法治国家、法治政府、法治社会"等一系列概念相互之间存在何种内在逻辑关系?对这些问题的理论探讨,有助于进一步深化理解法治中国建设目标的内涵,并为法治中国建设提供成熟的法学理论引领。

三、明确全面推进依法治国的一系列理论问题

习近平关于全面依法治国的论述和十八届四中全会通过的《关于全面推进依法治国若干重大问题的决定》(下文简称《决定》),立足中国社会主义法治建设实际,直面中国法治建设领域的突出问题,明确提出了全面推进依法治国的指导思想、总体目标、基本原则,回答了党的领导和依法治国关系等一系列重大理论和实践问题。

1. 深刻阐明党的领导和依法治国的关系

党和法治的关系是中国法治建设的核心问题。《决定》提出,"坚持党的领导,是社会主义法治的根本要求,是党和国家的根本所在、命脉所在,是全国各族人民的利益所系、幸福所系,是全面推进依法治国的题中应有之义。"习近平在阐述党法关系时也指出:"党和法的关系是一个根本问题,处理得好,则法治兴、党兴、国家兴;处理得不好,则法治衰、党衰、国家衰。"①"我们必须牢记,党的领导是中国特色社会主义法治之魂,是我们的法治同西方资本主义国家的法治最大的区别。离开了中国共产党的领导,中国特色社会主义法治体系、社会主义法治国家就建不起来。"②这些论述对建设中国特色社会主义法治国家的核心问题给予了明确回答。

中国共产党的领导地位是党领导人民在长期的革命斗争中和社会主义建设中形成的。党的领导是中国政治生活的核心。因此,坚持党对社会主义建设事业的全面领导不能有丝毫削弱和动摇。党不仅是中国社会主义事业的领导核心,也

---

① 《习近平关于全面依法治国论述摘编》,中央文献出版社 2015 年版,第 33 页。
② 《习近平关于全面依法治国论述摘编》,中央文献出版社 2015 年版,第 35 页。

是依法治国、建设社会主义法治国家的领导核心。党的领导和社会主义法治是一致的,社会主义法治必须坚持党的领导,党的领导必须依靠社会主义法治。党是社会主义民主与法治的倡导者,党同人民一起制定法律,又自觉地在宪法和法律规定的范围内活动。

如何更好地实现和加强党的领导,是党一直在探索的理论和实践问题。中共十六大和十六届四中全会在如何加强中国共产党执政能力建设方面提出了依法执政的问题。依法执政既要求党依据宪法法律治国理政,也要求党依据党内法规管党治党。在立法、执法、司法和法律的实施过程中,党发挥着极大的作用。因此,推进社会主义法治国家建设,必须处理好党的领导、人民当家做主和依法治国的关系。习近平指出:“我们强调坚持党的领导、人民当家做主、依法治国有机统一,最根本的是坚持党的领导。”①党的领导是关键,人民当家做主是基础,依法治国是保证,绝不能把三者割裂开来、对立起来,以为发扬民主、强调法治就不需要党的领导,这是错误的。只有正确、充分发挥党的领导作用,法治才有前途。同时,坚持党必须在宪法和法律范围内活动,是正确处理坚持党的领导与国家宪法和法律的关系,依法治国、建设社会主义法治国家应遵循的重要原则,也是中国共产党作为执政党必须遵循的准则。

2. 确立全面推进依法治国的总目标

《决定》提出,全面推进依法治国,总目标是建设中国特色社会主义法治体系,建设社会主义法治国家,促进国家治理体系和治理能力现代化。这个总目标的提出,既明确了全面推进依法治国的性质和方向,又突出了全面推进依法治国的工作重点。其一,向国内外鲜明宣示我们将坚定不移走中国特色社会主义法治道路。其二,明确全面推进依法治国的工作重点。全面推进依法治国涉及很多方面,在实际工作中必须有一个总揽全局、牵引各方的工作重点,这个工作重点就是建设中国特色社会主义法治体系。其三,建设中国特色社会主义法治体系、建设社会主义法治国家是实现国家治理体系和治理能力现代化的必然要求。这个总目标也是全面深化改革的必然要求。

3. 阐释社会主义法治体系的内涵

《决定》提出,建设中国特色社会主义法治体系,“形成完备的法律规范体系、高效的法治实施体系、严密的法治监督体系、有力的法治保障体系,形成完善的党内法规体系”。社会主义法治体系是一个新的法学概念,涉及立法、执法、司法、守法、法律监督、法治保障,以及党内法规体系建设等内涵丰富的综合性内容。这个

① 《习近平关于全面依法治国论述摘编》,中央文献出版社2015年版,第19页。

概念的提出,是建立在改革开放以来法治建设实践的基础之上的,是对目前法治建设各个环节的概括和综合。具体到法治实践层面,建设中国特色社会主义法治体系就是要做到科学立法、严格执法、公正司法、全民守法,坚持依法治国、依法执政、依法行政共同推进,坚持法治国家、法治政府、法治社会一体建设,实现国家治理体系和治理能力现代化。

4. 强调在国家和社会治理中法治与德治并重

对于依法治国和以德治国相结合的内涵,法学界曾有不同的理解。根据十八届四中全会《决定》的阐述,应当理解为法律和道德是国家和社会治理中共同发挥作用的两个重要手段,维护国家和社会秩序既需要法治,也需要德治,两者不可或缺。这里使用的“法治”与“德治”概念主要是从国家和社会治理的方式即社会秩序维护的意义上使用的。所谓“法治”,主要是指在社会治理和社会秩序的维护中,重视法律的功能;所谓“德治”,主要是指要重视发挥道德在社会治理中的功能。在社会治理中法治和德治的作用同等重要。

当前中国社会正处于转型和变动的新的历史发展时期,社会结构、组织和个人的观念与心理空前变化带来了社会无组织化或无序、失范等状态,主要表现为,各种违法犯罪现象增加,权钱交易,谋取个人和小团体非法利益的各种消极腐败现象仍存在着;在经济领域里,一些人为了牟取暴利,不择手段、不讲诚信的现象时有发生。针对上述影响稳定和破坏社会秩序的各种因素,究竟应当采取何种社会治理模式,对此学者们有不同的认识和看法。一种较为普遍的看法是,建立完备的市场经济法律体系,强化法律手段,这应是中国社会治理模式的选择。另一种观点则认为,目前社会上存在的各种问题是由于一个时期以来不重视道德建设、“道德滑坡”导致的结果,而法律不是万能的,依据一些国家的经验,也应充分重视道德在社会治理中的作用。

对任何事物的评判不能非此即彼。目前各种无序、失范现象的存在,究其根源,一方面是由于适应新的社会形态的社会规范还未健全和完善;另一方面也与市场经济大潮下社会道德观念的多元和分化、一些优良的道德传统被认为过时有关。中国的实践已充分证明,市场经济体制的建立应有完备的法律制度加以规范和保障,但同时也需要完善的道德机制,充分发挥道德在社会治理中的作用。“法治”与“德治”并重应是中国社会治理模式的最佳选择。习近平在论述法律与道德的关系时指出:“法律是成文的道德,道德是内心的法律,法律和道德都具有规范社会行为、维护社会秩序的作用。治理国家、治理社会必须一手抓法治、一手抓德治,既重视发挥法律的规范作用,又重视发挥道德的教化作用,实现法律和道德相辅相成、法治和德治相得益彰。”①治理国家既依靠法律又依靠道德,任何类型的国家莫不如此。

从以上分析可以看出,法律与道德在维护社会秩序方面应该说互为补充,不存在谁主谁次的问题。两者的根本目的是一致的,都是国家和社会治理不可缺少的举措。“存在着一个具有实质性的法律规范制度,其目的是保证和加强对道德规则的遵守,而这些道德规则乃是一个社会的健全所必不可少的”②。

5. 突出和强调宪法在依法治国中的地位

宪法是国家的根本大法,是一国法律体系的核心,在整个法律体系中具有至上的权威性和最高的法律地位,是国家法治建设的基础。习近平指出:“法治权威能不能树立起来,首先要看宪法有没有权威。必须把宣传和树立宪法权威作为全面推进依法治国的重大事项抓紧抓好,切实在宪法实施和监督上下功夫。”③《决定》也进一步突出和强调了宪法在全面推进依法治国中的地位,提出“坚持依法治国首先要坚持依宪治国,坚持依法执政首先要坚持依宪执政”。为确立宪法权威,《决定》提出了一系列新的举措,如完善全国人大及其常委会宪法监督制度,健全宪法解释程序机制;加强备案审查制度和能力建设,依法撤销和纠正违宪违法的规范性文件;将每年 12 月 4 日定为国家宪法日;在全社会普遍开展宪法教育,弘扬宪法精神;借鉴世界上大多数有成文宪法国家的做法,建立宪法宣誓制度,凡经人大及其常委会选举或者决定任命的国家工作人员正式就职时公开向宪法宣誓。上述举措,对提升人们的宪法观念将会起到重要的促进作用。

6. 确立良法之治,明确地方立法权限

习近平在论及立法时曾指出:“人民群众对立法的期盼,已经不是有没有,而是好不好、管用不管用、能不能解决实际问题;不是什么法都能治国,不是什么法都能治好国;越是强调法治,越是要提高立法质量。”④这段话实质上包含良法之治的理念。《决定》进一步提出,“法律是治国之重器,良法是善治之前提”。重视良法在法治建设中的作用是《决定》在理论创新上的一个亮点。法治社会应是良法之治,这是现代法治的基本理念。西方是现代法治的发源地。在西方法治理念

---

① 习近平:《加快建设社会主义法治国家(2014 年 10 月 23 日)》,《求是》2015 年第 1 期。

② 博登海默:《法理学——法哲学及其方法》,邓正来,姬敬武译,华夏出版社 1987 年版,第 368 页。

③ 《关于〈中共中央关于全面推进依法治国若干重大问题的决定〉的说明(2014 年 10 月 20 日)》,《中国共产党第十八届中央委员会第四次全体会议文件汇编》,人民出版社 2014 年版,第 81 - 82 页。

④ 《习近平关于全面依法治国论述摘编》,中央文献出版社 2015 年版,第 43 页。

中,法律与公平正义紧密联系。法律的功能就是实施和维护社会正义,谋求公众幸福,增进人类道德。古罗马法学家西塞罗认为,真正的法律必须能够区分正义与非正义,对善良的事能够予以捍卫,制定法的目标是为了"保障公民的福祉、国家的繁昌和人们安宁而幸福的生活"①。古罗马另一位著名法学家塞尔苏斯对法律所下的定义是"法律是善良公正之术"②。优士丁尼在《学说汇纂》中对这个定义进行了阐述:"所谓善良,即是道德;所谓公平,即是正义。"③古典自然法学派的代表人物卢梭认为,立法的最终目标是实现全体人民的最大幸福,具体说来,"可以归结为两大主要目标:即自由与平等"④。黑格尔也认为:"在市民社会中,正义是一件大事。好的法律可以使国家昌盛。"⑤第二次世界大战以后,随着对发动战争的德国纳粹战犯的审判,强调道德准则并在当代产生重大影响的新自然法学或与此相类似的价值论法学迅速兴起,其核心观点就是认为法律应服从某种道德准则,法治应是良法之治。符合良法标准的法律,必须建立在尊重和保障人权的基础之上。法律必须尊重和保护公民的人身自由、人格尊严,各种民主权利、政治自由和经济社会与文化权利。

中国在推进法治建设的过程中,进一步完善中国特色社会主义法律体系就是要以良法为目标,使制定的法律不仅要满足人们的利益需求,也要满足人们的正义需求;不仅要满足人们的效率需求,也要满足人们的公平需求;不仅要满足人们的秩序需求,也要满足人们的自由需求。在完善立法体制方面,《决定》提出要"明确地方立法权限和范围,依法赋予设区的市地方立法权"。这是在党的文件中首次规定立法权,是全面推进依法治国的新举措。

7. 做到重大改革于法有据

《决定》提出,"实现立法和改革决策相衔接,做到重大改革于法有据、立法主动适应改革和经济社会发展需要"。习近平也曾要求:"凡属重大改革要于法有据,需要修改法律的可以先修改法律,先立后破,有序进行。有的重要改革举措,需要得到法律授权的,要按法律程序进行。"⑥"在整个改革过程中,都要高度重视运用法治思维和法治方式,发挥法治的引领和推动作用,加强对相关立法工作的

---

① 西塞罗:《论共和国论法律》,王焕生译,中国政法大学出版社 1997 年版,第 219 页。
② 张宏生:《西方法律思想史》,北京大学出版社 1983 年版,第 71 页。
③ 张宏生:《西方法律思想史》,北京大学出版社 1983 年版,第 71 页。
④ 卢梭:《社会契约论》,何兆武,译,商务印书馆 1980 年版,第 57 页。
⑤ 黑格尔:《法哲学原理》,范扬,张企泰译,商务印书馆 1961 年版,第 295 页。
⑥ 《习近平关于全国依法治国论述摘编》,中央文献出版社 2015 年版,第 45 – 46 页。

协调,确保在法治轨道上推进改革。"①在实践中做到"凡属重大改革都要于法有据",就是要把改革纳入法治的轨道,在改革创新中运用法治思维和法治方式思考问题、破解难题,提高改革决策的科学性,增强改革的可控性,降低改革可能带来的社会风险,使改革规范有序进行,做到社会不会因改革而引起动荡。这实际上也是正确处理改革、发展、稳定三者关系的落脚点和坚实的基础。

法治与改革在逻辑上是对立统一的关系,不能仅把改革简单地理解为对现有体制、机制、制度的变革和破除。如果从顶层设计的层面来看,一方面,法治建设是全面深化改革内容的一部分,是全面深化改革追求的目标;另一方面,法治的理念在今天能够得以确立并成为社会共识,依法治国、建设社会主义法治国家被确立为治国方略,都要得益于改革,是改革以来的一系列重要成果之一。

8. 深入推进依法行政,加快法治政府建设

《决定》提出"加快建设职能科学、权责法定、执法严明、公开公正、廉洁高效、守法诚信的法治政府"的目标。对于如何达到这一目标,《决定》也提出了一系列新的观点和新的措施,习近平关于全面依法治国的论述中也有较为丰富的相关内容。

第一,建立政府责任清单。建设法治政府,就像习近平所说的那样,要求"各级政府一定要严格依法行政,切实履行职责,该管的事一定要管好、管到位,该放的权一定要放足、放到位,坚决克服政府职能错位、越位、缺位现象"②。依法行政,要坚持"法定职责必须为",行政机关要勇于负责、担当,加大对不作为、慢作为、乱作为的问责力度,坚决克服懒政、怠政,坚决惩处失职、渎职。

第二,推行政府权力清单制度,坚决消除权力设租寻租空间。这就要求各级政府要全面推行政务公开。所谓权力清单,就是"各级政府要根据各自的事权和职能,按照突出重点、依法有序、准确便民的原则,推动执法部门公开职责权限、执法依据、裁量基准、执法流程、执法结果、救济途径等,规范行政裁量,促进执法公平公正"③。《决定》指出,行政机关不得法外设定权力,没有法律法规依据不得做出减损公民、法人和其他组织合法权益或者增加其义务的决定。

第三,健全依法决策机制。为规范行政决策行为特别是重大决策行为,防止乱决策、违法决策、专断决策、拍脑袋决策等现象,减少决策失误,实现决策权和决

① 《习近平主持召开中央全面深化改革小组第二次会议强调,把抓落实作为推进改革工作的重点,真抓实干蹄疾步稳务求实效》,《人民日报》2014 年 3 月 1 日。

② 《习近平在十八届中央政治局第十五次集体学习时的讲话(2014 年 5 月 26 日)》,《人民日报》2014 年 5 月 28 日。

③ 《中共中央办公厅、国务院办公厅印发〈关于全面推进政务公开工作的意见〉》,《人民日报》2016 年 2 月 18 日。

策责任相统一。《决定》要求,建立重大决策终身责任追究制度及责任倒查机制,对决策严重失误或者依法应该及时做出决策但久拖不决造成重大损失、恶劣影响的,严格追究行政首长、负有责任的其他领导人员和相关责任人员的法律责任。

第四,全面推进政务公开。公开透明是法治政府的基本特征。全面推进政务公开,让权力在阳光下运行,对于发展社会主义民主政治,提升国家治理能力,增强政府公信力执行力,保障人民群众知情权、参与权、表达权、监督权具有重要意义①。政务公开应坚持以公开为常态、不公开为例外的原则,"推进行政决策公开、执行公开、管理公开、服务公开和结果公开,推动简政放权、放管结合、优化服务改革,激发市场活力和社会创造力,打造法治政府、创新政府、廉洁政府和服务型政府。"②凡"涉及群众切身利益、需要社会广泛知晓的重要改革方案、重大政策措施、重点工程项目,除依法应当保密的外,在决策前应向社会公布决策草案、决策依据"。对涉及公民、法人或其他组织权利和义务的规范性文件应予以公布。

9. 保证公正司法,提高司法公信力

以司法公正为核心的司法体制改革,是社会主义法治国家建设的重点内容之一。自中共十八大以来,在已有理论和实践的基础上,又有了进一步的推进和新的发展。2012 年 12 月 4 日,在首都各界纪念现行宪法公布施行 30 周年大会上,习近平提出:"努力让人民群众在每一个司法案件中都能感受到公平正义。"这一理念被写入中共十八届三中、四中全会通过的关于深化改革和全面推进依法治国的文件。以此精神为指导,全社会对司法公正重要性的认识达到了一个新的高度。《决定》指出:"公正是法治的生命线。司法公正对社会公正具有重要引领作用,司法不公对社会公正具有致命破坏作用。"目前,中国司法领域中存在的司法腐败和司法不公等突出问题,原因是多方面的,但多与司法体制和工作机制不合理有关。要解决这些问题,就必须深化司法体制改革,提高司法公信力,让司法真正发挥维护社会公平正义最后一道防线的作用。

第一,解决领导机关和领导干部违法违规干预司法问题。习近平指出:"做到严格执法、公正司法,还要着力解决领导机关和领导干部违法违规干预问题。这是导致执法不公、司法腐败的一个顽瘴痼疾。一些党政领导干部出于个人利益,打招呼、批条子、递材料,或者以其他明示、暗示方式插手干预个案,甚至让执法司

① 《中共中央办公厅、国务院办公厅印发〈关于全面推进政务公开工作的意见〉》,《人民日报》2016 年 2 月 18 日。

② 《中共中央办公厅、国务院办公厅印发〈关于全面推进政务公开工作的意见〉》,《人民日报》2016 年 2 月 18 日。

法机关做违反法定职责的事。”“要建立健全违反法定程序干预司法的登记备案通报制度和责任追究制度,对违反法定程序干预政法机关执法办案的,一律给予党纪政纪处分;造成冤假错案或者其他严重后果的,一律依法追究刑事责任。”①任何党政机关和领导干部都不得让司法机关作违反法定职责、有碍司法公正的事情,任何司法机关都不得执行党政机关和领导干部违法干预司法活动的要求。这些规定是中共十八大以来的创新举措。

第二,确保依法独立公正行使审判权和检察权。优化司法职权配置,规范司法行为,加大司法公开力度,回应人民群众对司法公正公开的关注和期待。改革司法管理体制,推动省以下地方法院、检察院人财物统一管理,省以下法院和检察院法官、检察官编制统一管理制度,法官、检察官由省提名和管理并按法定程序任免的机制,探索由省级财政统筹地方各级法院、检察院的经费;探索建立与行政区划适当分离的司法管辖制度,最高人民法院设立巡回法庭,审理跨行政区域重大行政和民商事案件;探索设立跨行政区域的人民法院和人民检察院,办理跨地区案件。

第三,健全司法权力运行机制。明确司法机关内部各层级权限,健全内部监督制约机制,司法机关内部人员不得违反规定干预其他人员正在办理的案件;建立司法机关内部人员过问案件的记录制度和责任追究制度。完善主审法官、合议庭、主任检察官、主办侦查员办案责任制,落实“谁办案谁负责”。

10. 全面依法治国,必须抓住领导干部这个“关键少数”

习近平指出:“我们党是执政党,能不能坚持依法执政,能不能正确领导立法、带头守法、保证执法,对全面推进依法治国具有重大作用。”②全面推进依法治国,建设社会主义法治国家,必须坚持党的领导。因此,各级党组织和各级领导干部的法治意识、是否带头依法办事、遵守法律,对法治国家建设起着关键作用。

中共十八大以来,党对各级领导机关和领导干部要提高运用法治思维和法治方式的能力非常重视,强调各级党组织和党员领导干部要带头厉行法治,不断提高依法执政能力和水平,不断推进各项治国理政活动的制度化、法律化。“事实证明,领导干部对法治建设既可以起到关键推动作用,也可能起到致命破坏作用。”③习近平在一些论著和讲话中,对当前中国一些领导干部在法治意识方面还存在的诸多问题,进行了系统、全面和深刻的分析。其一,人治思想和长官意识仍

---

① 习近平:《严格执法,公正司法(2014 年 1 月 7 日)》,《十八大以来重要文献选编》上,中央文献出版社 2014 年版,第 720 – 721 页。

② 《习近平关于全面依法治国论述摘编》,中央文献出版社 2015 年版,第 110 页。

③ 《习近平关于全面依法治国论述摘编》,中央文献出版社 2015 年版,第 120 页。

然存在。“现在,一些党员、干部仍然存在人治思想和长官意识,认为依法办事条条框框多、束缚手脚,凡事都要自己说了算,根本不知道有法律存在,大搞以言代法、以权压法”①。其二,一些地方和部门不善于运用法治思维和法治方法处理和解决问题。“一些地方和部门还习惯于仅靠行政命令等方式来管理经济,习惯于用超越法律法规的手段和政策来抓企业、上项目推动发展,习惯于采取陈旧的计划手段、强制手段完成收入任务。”其三,不少干部法治意识淡薄,甚至知法犯法,给法治国家建设及党和国家的形象带来了严重危害。“在现实生活中,不少领导干部法治意识比较淡薄,有法不依、违法不究、知法犯法等还比较普遍,特别是少数领导干部不尊崇宪法、不敬畏法律、不信仰法治,崇拜权力、崇拜金钱、崇拜关系,大搞权权勾结、权钱交易、权色交易,一些地方和单位被搞得乌烟瘴气,政治生态受到严重破坏。这些问题,影响了党和国家的形象和威信,损害了政治、经济、文化、社会、生态文明领域的正常秩序,干扰了党和国家制度体系运行,冲击了人民群众对法治的信心,给全面推进依法治国造成了很多问题,甚至是很严重的问题。”②

上述种种现象和问题如果不改变,依法治国就难以真正落实。鉴于各级领导干部在推进依法治国方面肩负着重要责任,习近平指出,“必须抓住领导干部这个‘关键少数’,首先解决好思想观念问题,引导各级干部深刻认识到,维护宪法法律权威就是维护党和人民共同意志的权威,捍卫宪法法律尊严就是捍卫党和人民共同意志的尊严,保证宪法法律实施就是保证党和人民共同意志的实现。”③全面推进依法治国,抓住领导干部这个“关键少数”,就是要通过法治宣传教育,提高各级领导干部的法治意识、法治思维和依法办事能力;对各级领导干部,不管什么人,不管涉及谁,只要违反法律就要依法追究责任;要把法治建设成效作为衡量各级领导班子和领导干部工作实绩的重要内容,把能不能遵守法律、依法办事作为考察干部重要依据。

四、构建中国特色社会主义法治理论的框架基础

《决定》提出,要“坚定不移走中国特色社会主义法治道路”,必须从我国基本国情出发,“围绕社会主义法治建设重大理论和实践问题,推进法治理论创新,发展符合中国实际、具有中国特色、体现社会发展规律的社会主义法治理论,为依法治国提供理论指导和学理支撑。”

---

① 习近平:《加快建设社会主义法治国家(2014 年 10 月 23 日)》,《求是》2015 年第 1 期。

② 《习近平关于全面依法治国论述摘编》,中央文献出版社 2015 年版,第 118 - 119 页。

③ 习近平:《加快建设社会主义法治国家(2014 年 10 月 23 日)》,《求是》2015 年第 1 期。

人类法治文明发展的历史充分表明,没有成熟的法学理论的引领和支撑,就不可能有成熟的法治实践。同样,在全面推进依法治国、建设社会主义法治国家的过程中,完成法治中国建设的具体制度构建是一项系统工程,既需要实践的推动、重视具体法治建设,更离不开成熟法治理论体系的引领和支撑。坚持走中国特色社会主义法治道路,建设社会主义法治国家,必须以中国特色社会主义理论体系、特别是以中国特色社会主义法治理论体系为指导思想。中国特色社会主义法治理论体系是在总结社会主义法治国家建设的理论和实践中形成的。

综观中共十八大以来党的各类文献对建设社会主义法治国家的阐释,十八届三中、四中全会通过的《关于全面深化改革若干重大问题的决定》《关于全面推进依法治国若干重大问题的决定》,以及习近平关于全面依法治国的论述,既有对党的十一届三中全会以来在探索社会主义法治道路、制度构建等方面理论成果和成功经验的肯定,对法治实践所取得成果的概括、提炼和总结,也有适应改革开放新形势和针对社会转型期出现的各种现实问题的理论创新和一系列新的举措。以十八届四中全会通过的《决定》为标志,中国特色社会主义法治理论框架体系已经基本形成。

总结中共十一届三中全会以来探索中国特色社会主义法治道路的理论与实践,尤其是中共十八大以来全面推进依法治国、建设社会主义法治国家的理论和实践,中国特色社会主义法治理论体系的内容可从以下十二个方面进行概括。

第一,确立依法治国的治国方略。依法治国是坚持和发展中国特色社会主义的本质要求和重要保障。法律是治国之重器,法治是国家治理体系和治理能力的重要依托。全面推进依法治国,是解决党和国家事业发展面临的一系列重大问题,解放和增强社会活力,促进社会公平正义,维护社会和谐稳定,确保党和国家长治久安的根本要求。

第二,坚持党的领导、人民当家做主和依法治国的统一。党的领导是中国特色社会主义最本质的特征,是社会主义法治最根本的保证。

第三,坚持走中国特色社会主义法治道路。中国特色社会主义法治道路是社会主义法治建设成就和经验的集中体现,是建设社会主义法治国家的唯一正确道路。

第四,加强以人权为核心的公民权利保障。以权利义务为中心是法治思维的主要特征,公民权利保障是依法治国追求的目标。

第五,完善人民代表大会的国家权力机关建设。人民代表大会制度是保证人民当家做主的根本政治制度,人民代表大会制度是实现依法治国的组织保障。

第六,健全宪法的实施和监督机制。宪法是中国特色社会主义法律体系的核心,依法治国、依法执政首先要做到依宪治国、依宪执政,要完善宪法监督机制。

第七,完善中国特色社会主义法律体系。要坚持立法先行,坚持立、改、废、释并举,加快完善法律、行政法规、地方性法规体系,完善包括市民公约、乡规民约、行业规章、团体章程在内的社会规范体系,为全面推进依法治国提供基本遵循。

第八,建设权责统一、高效权威的法治政府。各级政府必须依法全面履行职能,坚持法定职责必须为、法无授权不可为,健全依法决策机制,完善执法程序,严格执法责任,做到严格、规范、公正、文明执法。

第九,建立公正、具有公信力的司法体制。深化司法体制改革的重要目的就是提高司法公信力,让司法真正发挥维护社会公平正义最后一道防线的作用。通过司法体制改革,着力解决影响司法公正、制约司法能力的深层次问题,破解体制性、机制性、保障性障碍。

第十,增强全民法律意识和法治观念。要在全社会弘扬社会主义法治精神,传播法律知识,培养法律意识,使人民认识到法律既是保障自身权利的有力武器,也是必须遵守的行为规范,培育社会成员办事依法、遇事找法、解决问题靠法的良好环境,自觉抵制违法行为,自觉维护法治权威。

第十一,加强法治工作队伍建设。全面推进依法治国,建设一支德才兼备的高素质法治队伍至关重要。要按照政治过硬、业务过硬、责任过硬、纪律过硬、作风过硬的要求,推进法治专门队伍正规化、专业化、职业化,提高职业素养和专业水平,为加快建设社会主义法治国家提供强有力的组织和人才保障。

第十二,繁荣法学研究。法学研究与法治建设之间是一种良性的互动关系:法治实践呼唤理论的指引和解说,而法学研究也不断地在回应实务需求的过程中获得灵感与动力。法学研究的繁荣既是法学发展的基本途径,也是促进法治建设的重要动力。

中国特色社会主义法治理论体系是和马克思主义中国化第二次历史性飞跃的理论成果,即中国特色社会主义理论体系的形成密切联结在一起的。中国特色社会主义法治理论体系是在马克思主义法治理论的指导下,立足于中国的实践和文化传统对中国特色社会主义法治道路探索的经验总结,是全面推进依法治国、建设中国特色社会主义法治体系、建设中国特色社会主义法治国家的指导思想和价值理念。

(原载于《学习与探索》2016 年第 6 期)

十八大以来党中央治国理政理论创新的基本特征*

党的十八大以来，以习近平同志为核心的党中央把马克思主义基本原理与中国具体实际相结合，积极应对国内和国际的严峻挑战，推进了马克思主义中国化，形成了系统的治国理政新理论，提升了马克思主义中国化新境界。十八大以来党中央治国理政理论具有丰富的内容、强大的穿透力和宽广的视野，体现出以习近平同志为核心的党中央的辩证思维、战略思维和整体思维，呈现出适应中国实践、现时时代和世界发展诉求的鲜明特征。

一、立足现实和理想引领的有机统一：既立足于中国改革开放实践，又蕴涵着最高理想和共同理想的引领

十八大以来党中央治国理政理论既立足于和来源于改革开放实践，把握和阐释改革开放实践，为解决改革开放实践中的矛盾和问题提供强有力的指导，又蕴涵理想性目标和追求，能够发挥超越实践的特性，给人们指明将来的、光明的、美好的理想，实现了立足现实和理想引领的有机统一。

（一）党中央治国理政理论立足于改革开放实践，来源于改革开放实践。理论来源于实践，是实践的经验总结和理论概括，反过来又指导实践，给实践以规范性引领，这是马克思主义的一条基本原理。十八大以来党中央治国理政理论来源于、立足于并指导改革开放实践，主要涵盖实践的三个层面：一是生产关系改革实践，主要是改革开放以来经济领域的体制机制改革实践，目的是解放和发展生产力；二是生产力发展实践，主要是生产关系变革条件下的生产力发展实践，包括生产技术变革、人的发展变化、生态环境变化等；三是上层建筑改革实践，主要是适应生产力和生产关系变革而出现的政治体制变革、意识形态变化、思想观念变革

* 本文作者：贾绘泽（1977—），男，博士，山西师范大学政法学院副院长，副教授。
基金项目：国家社会科学基金十八大以来党中央治国理政新理念新思想新战略研究专项工程项目“十八大以来党中央治国理政理论创新研究”（16ZZD023），项目负责人肖贵清。

等。这三个层面的改革开放实践既取得了重大成就,也存在严重短板。继续发展的要求,尤其是存在的严重短板,包括收入差距过大、社会建设滞后、生态环境恶化等,构成十八大以来党中央治国理政理论创新的出发点和立足点,反过来这一理论又给实践以指导,以弥补短板,促进实践有序进行。

(二)党中央治国理政理论蕴涵共产主义和中国特色社会主义理想追求,从而使其具有超越实践的功能。仅仅立足实践而无崇高理想和目标的理论极易迷失方向,也不能起到引领作用,不能激发群众奋斗热情。党中央治国理政理论中既有切实可行的中国梦的奋斗目标,又有远大的共产主义理想。可以说,党中央治国理政理论涉及经济、政治、文化、社会、生态、国防、外交和党的建设等各个领域,而贯穿这些理论始终的一条红线,是民族复兴中国梦和共产主义理想,它不仅能够激发广大人民群众的担当精神和责任,而且能够为人们提供强大的精神动力和精神支撑。同时,党中央治国理政理论体现了共产党执政规律、社会主义建设规律、人类社会发展规律,反映了中国特色社会主义必然性和内在本质,把对中国特色社会主义的认识提高到新的水平,这能够使中国共产党运用把握到的规律超越现实实践,"缩短"并且"减轻"改革开放实践中的"阵痛"。

(三)党中央治国理政理论实现了立足实践和理想引领的有机统一。一方面,十八大以来党中央深刻把握和认识改革开放中的深层次、关键性和核心性问题,从不同角度和层面对这些矛盾和问题做了概括,同时以解决这些重大问题为导向,研究和思考治国理政的新思路、新方法、新战略,推进了马克思主义基本原理与中国实际和时代特征相结合,形成了马克思主义中国化的最新成果。从这个意义上看,十八大以来党中央治国理政理论是对改革开放过程中重大现实问题的及时回应和理论表达,另一方面,又强调理想目标,用理想引领现实,最终超越现实。既强调为共产主义远大理想奋斗,又强调为中国梦、中国特色社会主义共同理想奋斗。正如毛泽东曾经指出的,每个共产党员心中都应该悬着为新阶段目标和为将来社会主义目标而奋斗这样两个明确目标,首先必须为着现阶段的目标而奋斗,如果不为这个目标奋斗,而空谈什么社会主义和共产主义,那就是有意无意的、或多或少地背叛了社会主义和共产主义。

二、顶层设计与基层推动的有机统一:既重视加强理论的顶层设计,又强调摸着石头过河,重视基层群众的推动

根据唯物史观,理论创新发展是与社会生产力的发展水平和社会发展阶段相适应的不断建构的历史过程。这一过程中,理论的创立者和建构者既可以在把握社会发展规律的基础上自上而下进行理论的顶层设计,保证理论的正确方向和宏

观架构,又可以充分吸收基层广大人民群众从实践中取得的成功经验,充分发挥群众的积极性和创造性,从而实现理论创新的自上而下和自下而上的有机统一。

(一)顶层设计首先体现了对理论创新和发展方向、原则准确的、深刻的把握。也就是不仅要从宏观上对马克思主义中国化理论创新和发展的内在逻辑、总体趋势有深刻把握,而且对马克思主义中国化理论创新和发展的根本方向和基本原则有坚定信念。习近平总书记强调:“马克思主义是我们立党立国的根本指导思想。背离或放弃马克思主义,我们党就会失去灵魂、迷失方向。在坚持马克思主义指导地位这一根本问题上,我们必须坚定不移,任何时候任何情况下都不能有丝毫动摇。”①同时,习近平总书记还把治国理政理论发展内在逻辑定位于马克思主义关于生产力和生产关系、经济基础和上层建筑的框架之内,又强调对中国传统优秀文化和国外先进理论成果的吸收和借鉴,既把握了理论创新和发展的基本路径和总体趋势,又具有开放的视野和胸怀。

(二)顶层设计还体现了对中国社会发展的深度思考和规律把握,对理论创新的战略设计和安排。习近平总书记有丰富的经历和经验,有对规律的深刻把握,有对存在问题的深度思考,有求实创新的精神,从而能够在中国改革进入“深水区”“攻坚期”后,围绕中国特色社会主义这一主题,抓住全局性、关键性和核心性问题进行理论思考,从而纲举目张,推动整个理论的创新和发展,形成包括理论主题、发展目标、战略布局、发展理念、建设内容、对外战略等在内的治国理政的整体设计和理论框架,在此基础上还形成了其他各个领域的具体的思想和观点。习近平总书记强调:“我们要以更加宽阔的眼界审视马克思主义在当代发展的现实基础和实践需要,坚持问题导向,坚持以我们正在做的事情为中心,聆听时代声音,更加深入地推动马克思主义同当代中国发展的具体实际相结合,不断开辟21世纪马克思主义发展新境界,让当代中国马克思主义放射出更加灿烂的真理光芒。”②

(三)顶层设计的同时要高度重视基层群众实践经验的总结和提升。重视基层群众实践经验,并适时总结和提升为理论,是改革开放以来形成的富有中国特色、符合中国国情的理论探索和创新的有效方法。十八大以来党中央在加强顶层设计、推进理论创新过程中同样重视基层群众实践经验的总结和概括,强调要对

---

① 习近平:《在庆祝中国共产党成立95周年大会上的讲话》,《人民日报》2016年07月02日。

② 习近平:《在庆祝中国共产党成立95周年大会上的讲话》,《人民日报》2016年07月02日。

基层群众自主创新实践深度关切和及时总结。习近平总书记在中央全面深化改革领导小组第七次会议上强调,改革开放在认识和实践上的每一次突破和发展,无不来自人民群众的实践和智慧。要鼓励地方、基层、群众解放思想、积极探索,鼓励不同区域进行差别化试点,善于从群众关注的焦点、百姓生活的难点中寻找改革切入点,推动顶层设计和基层探索良性互动、有机结合。更为常见的是,党中央顶层设计下的理论创新得到基层广大人民群众的热烈响应和支持。这正是改革开放以来党的理论创新的基本推动力。

三、理论自信和理论创新的有机统一:既具有坚定的理论自觉和自信,又不故步自封,而是与时俱进,不断推进理论创新

十八大以来党中央治国理政理论创新过程中的一个显著特征就是始终充满着强烈的理论自信,这是理论创新的内在动力和方向保证。理论自信并不是理论的妄自尊大,不是理论迷信,更不是理论的故步自封,而是强调要始终具有开阔胸怀和宽广世界眼光,吸纳世界各国优秀文明发展成果。

(一)党中央治国理政理论创新中体现的理论自信不是虚幻的、更不是理论迷信。马克思在《〈黑格尔法哲学批判〉导言》中谈到德国制度时指出:“它只是想象自己有自信。”①在谈到人民革命时指出:“光凭革命精力和精神上的自信是不够的。”②也就是说,想象的、虚幻的自信不是真正的自信。十八大以来党中央治国理政理论创新中体现的理论自信不是想象中的、虚幻的自信,而是现实的、真实的自信,它建立在对马克思主义的科学认识的基础上,建立在改革开放三十多年以来中国取得的举世瞩目的成就基础上。同时,理论自信也不是妄自尊大,不是理论迷信或理论神话,相信现有理论能够解决所有问题。习近平总书记在谈到制度自信时指出:“制度自信不是自视清高、自我满足,更不是裹足不前、故步自封,而是要把坚定制度自信和不断改革创新统一起来。”③他又指出,“离开不断改革,制度自信也不可能彻底、不可能久远。”④习近平总书记对制度自信的论述同样适合理论自信。

(二)党中央治国理政理论创新体现了对马克思主义立场、观点和方法的自觉和自信。早在2010年3月中央党校春季学期开学典礼上的讲话中,习近平就强

① 《马克思恩格斯选集》第1卷,人民出版社2012年版,第5页。
② 《马克思恩格斯选集》第1卷,人民出版社2012年版,第13页。
③ 习近平:《在庆祝全国人民代表大会成立60周年大会上的讲话》,《人民日报》2014年09月06日。
④ 《习近平关于全面深化改革论述摘编》,中央文献出版社2014年版,第11页。

调:“马克思主义立场观点方法,贯穿于马克思列宁主义、毛泽东思想和中国特色社会主义理论体系之中,是马克思主义科学思想体系的精髓所在。”①后来又多次强调:“马克思列宁主义、毛泽东思想一定不能丢,丢了就丧失根本。”②要求自觉运用辩证唯物主义和历史唯物主义的思想武器改造客观世界和主观世界。一方面,马克思主义是党的指导思想,是中国特色社会主义理论体系的理论基础。治国理政理论创新的实质是把马克思主义基本原理与中国新的实践和新的发展实际相结合,运用马克思主义对实际问题的理论思考,丰富和发展马克思主义,而不是脱离马克思主义轨道;另一方面,马克思主义深刻揭示了社会发展规律,提供了分析社会的科学方法,是应对各种风险和考验的理论支撑,对党和人民坚定信念,坚持正确方向,提高战略思维能力、综合决策能力、驾驭全局能力等具有决定性意义。

(三)党中央治国理政理论体现了对马克思主义中国化理论特色的坚持和坚定。马克思主义中国化理论成果是马克思主义基本原理与中国实际相结合的产物,它既坚持了马克思主义基本原理,又在具体思想和观点上体现了中国实际。十八大以来党中央治国理政理论既是马克思主义中国化的最新成果,又是对已有马克思主义中国化理论成果的继承和发展,它有力驳斥了各种认为马克思主义中国化成果背离了马克思主义的错误思潮和看法,体现了对马克思主义中国化理论特色的坚持和坚定。比如,始终坚持和坚定马克思主义中国化的经济理论、政治理论、文化理论等,始终坚持和坚定马克思主义中国化的文化优势和特色,等等。习近平总书记明确指出:“必须高度重视理论的作用,增强理论自信和战略定力,对经过反复实践和比较得出的正确理论,要坚定不移坚持。要根据时代变化和实践发展,不断深化认识,不断总结经验,不断实现理论创新和实践创新良性互动,在这种统一和互动中发展21世纪中国的马克思主义。”③

四、聚焦国内和放眼世界的有机统一:既注重对国内错综复杂矛盾和问题的解决,又有人类关怀,重视全球问题治理

聚焦国内和放眼世界是中国特色社会主义的方法论,也是十八大以来党中央治国理政理论创新的重要特点。聚焦国内就是把理论创新的立足点和着眼点放

---

① 习近平:《深入学习中国特色社会主义理论体系,努力掌握马克思主义立场观点方法》,《求是》2010年第7期,第1-5页。

② 《习近平谈治国理政》,外文出版社2014年版,第9页。

③ 《习近平在中共中央政治局第二十次集体学习时强调坚持运用辩证唯物主义世界观方法论提高解决我国改革发展基本问题本领》,《人民日报》2015年01月25日。

在中国建设和改革的实践上，放在人民利益的增进上，把中国自己的事情办好；放眼世界就是理论创新有世界眼光、全球视野和人类关怀，既借鉴世界经验，又促进全球治理。

（一）党中央治国理政理论创新的立足点和着眼点在中国的事情上。中国自己的事情是理论创新的根据和基础，处于主导地位，是十八大以来党中央治国理政理论创新具有中国特色和中国逻辑的重要依据，也符合马克思主义关于内因起决定性作用的原理，符合改革开放以来中国共产党的理论和实践创新的基本逻辑。邓小平曾经多次强调："我们要好好地把自己的事情搞好""别国的事情我们管不了，中国的事情我们就得管""我们要利用机遇，把中国发展起来"等。2015年1月，习近平总书记在听取"八出省、四出境"铁路通道重要枢纽以及建设面向西南大通道等情况时说，"千里之行，始于足下，关键还是要把我们自己的事情做好"。党的十八届五中全会又强调："我们要准确把握战略机遇期内涵的深刻变化，更加有效地应对各种风险和挑战，继续集中力量把自己的事情办好，不断开拓发展新境界。"①

（二）党中央治国理政理论创新具有全球视野，重视全球问题治理。具有全球视野，放眼世界，主要体现在大胆吸收和借鉴世界各国现代化发展成果，充分利用国际形势和有利条件发展自己的基础上，重视全球治理，探索全球治理格局和全球治理体制。对此习近平总书记提出许多重要思想，包括坚持平等民主、合作共赢，积极参与全球治理，在追求本国利益时兼顾别国合理关切；积极推进国际经济金融体系改革，完善全球治理机制，为世界经济健康稳定增长提供保障；推动国际关系的民主化、法制化及合理化；加强国际对话与沟通，坚持开放包容，不损人利己、以邻为壑；与时俱进，推动全球治理体系朝着更加公正合理有效的方向发展；弘扬共商共建共享的全球治理理念，确立以合作共赢为核心的新型国际关系；推动全球治理理念创新发展，积极发掘中华文化中积极的处世之道和治理理念，打造人类命运共同体和利益共同体等主张；等等。这些思想和观点为各国治理全球性难题贡献了中国智慧和中国方案。

（三）党中央治国理政理论创新中聚焦国内和全球视野具有内在统一性。毛泽东在谈到"中国化"时曾用织帽子的形象比喻说明借鉴国外成果与中国自己的东西的统一，他指出，要"把学的东西中国化。我们接受外国的长处，会使我们自己的东西有一个跃进。中国的和外国的要有机结合，而不是套用外国的东西。学

---

① 《中国共产党第十八届中央委员会第五次全体会议公报》，《人民日报》2015年10月30日。

外国织帽子的方法，要织中国的帽子。外国有用的东西，都要学到，用来改进和发扬中国的东西，创造中国独特的新东西"①。这段论述同样适合十八大以来党中央治国理政理论创新中学习国外东西和中国东西的统一。另外，这种统一还体现在聚焦国内发展有助于维护世界和平和发展、提升中国国际地位等，这对全球治理具有重要意义。同时，全球治理对中国和周边国家地区以及世界其他国家稳定发展、对中国发展的民主平等的环境塑造、对中国的开放和发展等也具有重要价值。

五、理论创新和制度保障的有机统一：既重视理论的创新和发展，又强调把理论上升或转化为制度，促进理论制度化

十八大以来党中央治国理政理论创新的显著特征是不断解放思想、与时俱进、推进理论创新的同时，制度创新也始终跟紧，使理论指导下切实可行的成功做法固化，上升或转化为具体体制机制，为理论转化为实践提供中介和保障，实现了理论创新和制度保障的协同发展和相互促进。

（一）党中央治国理政理论创新体现了党不断强化理论思维、推进理论创新的品格。中国共产党历来重视理论的作用，强调不断推进理论创新。十八大以来党中央以问题为导向，坚持解放思想，与时俱进，提出一系列新思想、新论断、新概括，取得了重要理论成果。这些成果主要包括：实现中华民族伟大复兴中国梦的总目标，"四个全面"战略布局，创新、协调、绿色、开放、共享五大发展理念，统筹经济、政治、文化、社会、生态、党建等多位一体建设，总体国家安全观、打造人类命运共同体和实施"一带一路"战略等。这些理论创新成果立足现实、高屋建瓴、涵盖广泛、意蕴深厚，体现了马克思主义的世界观和方法论，体现了中国共产党不断推进理论创新的品格，为开创中国特色社会主义新局面提供了强大理论武器，为实现"两个一百年"奋斗目标提供了理论指导。

（二）党中央治国理政理论创新与制度创新协同进步、共同发展。理论与制度紧密相关，理论只有通过制度中介才能变成现实，制度是理论的固化和凝结。十八大以来党中央在推进理论创新的同时，强调把制度建设摆在突出位置，通过理论创新推动制度创新。习近平总书记指出："我们要坚持以实践基础上的理论创新推动制度创新，坚持和完善现有制度，从实际出发，及时制定一些新的制度，构建系统完备、科学规范、运行有效的制度体系，使各方面制度更加成熟更加定型，

① 《毛泽东文集》第7卷，人民出版社1999年版，第82页。

为夺取中国特色社会主义新胜利提供更加有效的制度保障。”①党的十八届三中全会强调,到2020年形成系统完备、科学规范、运行有效的制度体系,使各方面制度更加成熟更加定型。党的十八届四中全会对全面依法治国作了战略部署。全面依法治国就是要实现国家治理活动的规范化、程序化、法治化,其深刻蕴涵和指向是制度定型。党的十八届五中全会又明确提出,“十三五”期间“国家治理体系和治理能力现代化取得重大进展,各领域基础性制度体系基本形成”。制度创新体现出在理论创新基础上纵深推进、补齐短板、形成体系的显著特点。

(三)党中央治国理政理论创新与制度创新有机统一。“党的理论创新引领各方面创新。”②“实践基础上的理论创新是社会发展和变革的先导。通过理论创新推动制度创新、科技创新、文化创新以及其他各方面的创新……是我们要长期坚持的治党治国之道。”③十八大以来党中央治国理政理论创新为制度创新提供理论引领。十八大以来我国在经济、政治、文化、社会和生态等各个领域制度创新和突破,从而形成的一整套相互衔接、相互联系的制度体系,都是在党中央治国理政理论的指导下确立的。同时,要使理论创新成果能够保持和巩固下来,离不开制度体制的作用。制度具有根本性、长远性、稳定性和全局性,能够保障理论创新发展的成果。十八大以来制度创新和完善从制度层面上解决了思想的混乱和行动的不一致等问题,从根本上保障了理论创新的社会主义方向。

六、大众话语与深邃思想的有机统一:既有大众化的、群众喜闻乐见、清新朴实的话语,又有高端大气、博大精深、立意高远的思想

话语是思想的外在表达,思想是话语的核心内容。一个好的理论家、政治家,往往是用大众化的、通俗的、群众都能听懂的话语讲出深邃的、博大精深的道理。习近平总书记善于和惯于用大众化的、群众喜闻乐见的话语表达高端大气、博大精深的思想,在很大程度上减少和避免了理论表达的抽象性和晦涩性,使治国理政理论更接地气、更贴近群众。

(一)党中央治国理政理论表达摆脱空洞教条倾向,贴近百姓生活和需求,体现百姓“生活逻辑”。早在1942年5月,毛泽东在《反对党八股》中就严厉批评过一些人用死板的语言的现象,指出:“人民的语汇是很丰富的,生动活泼的,表现实

① 习近平:《紧紧围绕坚持和发展中国特色社会主义学习宣传贯彻党的十八大精神》,《人民日报》2012年11月19日。

② 《十七大以来重要文献选编》上,中央文献出版社2013年版,第38页。

③ 《十六大以来重要文献选编》上,中央文献出版社2011年版,第10页。

际生活的。”①习近平总书记的话语反映人民群众生活实践，贴近群众思想情感，关切群众切身利益，充满着丰富的生活逻辑。比如，在谈到党的奋斗目标时，没有用“假、大、空”的语言，而是运用了教育、工作、收入、社会保障、医疗卫生服务、居住条件、环境、孩子成长等话语。他反对脱离实际的空话连篇，言之无物，反对照搬马列著作中的若干词句。他在《之江新语》一书中谈到与群众的说话时指出：“有少数干部不会同群众说话，在群众面前处于失语状态。其实，语言的背后是感情、是思想、是知识、是素质。不会说话是表象，本质还是严重疏离群众，或是目中无人，对群众缺乏感情；或是身无才干，做工作缺乏底蕴；或是手脚不净、形象不好，在人前缺乏正气。”②

（二）党中央治国理政理论中包含着丰富的中国传统文化的话语。习近平总书记有深厚的传统文化根基和素养，经常用中国传统文化中的警句和典故表达治国理政思想。比如，用“人视水见形，视民知治不”“政之所兴在顺民心，政之所废在逆民心”“利民之事，丝发必兴；厉民之事，毫末必去”等来描述重视群众利益，以人民为本，联系群众，服务群众的价值取向；用“国有四维，礼义廉耻，四维不张，国乃灭亡”的说法来强调社会主义核心价值观的重要性；用“千磨万击还坚劲，任尔东西南北风”“石可破也，而不可夺坚；丹可磨也，而不可夺赤”等来描述要坚定的中国特色社会主义和共产主义理想信念；用“计利当计天下利”“一花独放不是春，百花齐放春满园”“智者求同，愚者求异”来描述新时期我国的外交理念；用“纸上得来终觉浅，绝知此事要躬行”“耳闻之不如目见之，目见之不如足践之”等来表述马克思主义实践观；用“不谋全局者，不足谋一域”来表示整体战略思维。这些话语与文章内容有机结合，让人耳目一新、振聋发聩，又印象深刻、回味无穷。

（三）党中央治国理政理论中包含着通俗的“大白话”“顺口溜”“民间谚语”。列宁曾说过，最高限度的马克思主义＝最高限度的通俗化。习近平总书记有长期基层工作的经验，熟知老百姓的思维习惯、语言方式，能以通俗的、群众易于接受的语言表达治国理政思想。比如，用“鞋子合不合脚，自己穿着才知道”来比喻发展道路的选择要符合具体国情；用“小康不小康，关键看老乡”来生动阐述实现小康社会的标准；用“打铁还需自身硬”强调党员干部加强自身建设的重要性；用不能“捡进篮子都是菜”阐述转变发展方式，提高发展质量和效益；用“照镜子、正衣冠、洗洗澡、治治病”要求党员干部遵守党纪国法、加强自身修养；用“中国要强，农业必须强；中国要美，农村必须美；中国要富，农民必须富”说明“三农”问题的重要

① 《毛泽东选集》第3卷，人民出版社1991年版，第837页。

② 习近平：《之江新语》，浙江人民出版社2007年版，第146页。

性。这些很接地气的群众语言，言简意赅、通俗易懂，同时又能深刻说明大道理，从而使主流话语和思想得以有效传播、理解和接受。

十八大以来党中央治国理政理论创新除了以上六个“有机统一”的鲜明特征之外，还有问题导向与规律遵循的有机统一：既坚持以问题为导向进行理论创新，又把理论创新放在遵循社会发展客观规律这个基础之上；一元主导与多元借鉴的有机统一：既坚持马克思主义主流意识形态的一元指导地位，又借鉴中国传统文化、世界各国文明成果；人民为本与实践为基的有机统一：既坚持理论创新以人民为标准和依据的价值原则，又强调社会实践在理论创新中的基础性；整体推进和重点突破的有机统一：既强调理论创新和发展的系统性、整体性，又根据现实发展要求实现局部突破。这些特征充分体现了十八大以来党中央治国理政理论创新的丰富内容、深刻思维和宽广视野，反映了以习近平为核心的党中央把马克思主义基本原理与中国实际相结合，积极应对国内和国际的严峻挑战，推进马克思主义中国化进程，提升马克思主义中国化新境界的重要贡献。

（原载于《探索》2016 年第 6 期）

论治国理政思想的科学性与体系化*

——十八大以来我们党理论创新的坚实基础和坚固支撑

统揽十八大以来我们党的理论创新,可用“治国理政思想”称之。把握治国理政思想,有两点应当格外关注和重视:一是它的科学性,二是它的体系化。科学性,强调理论观点的合理、正确,能够反映事物的本质与规律,能够呼应时代的要求和人民的意愿。体系化,强调理论观点的集聚、系统,能够多角度反映事物的基本面貌,能够全方位呈现对象世界的整体内容。任何思想体系,既要有充分的科学性,又需要形成体系化。没有科学性,无论何种理论观点都是徒劳的、无用的,不仅毫无价值、毫无益处,而且会误导思维、误导实践;同样,没有体系化,任何理论观点都是孤立的、微弱的,不仅缺乏关联、形若散沙,而且势单力薄、难有作为。唯有既具有科学性又构成体系化的理论观点,唯有科学性与体系化有机统一的理论观点,才会有生命力和影响力,才会指导实践并发挥作用。

科学性与体系化,对十八大以来我们党的理论创新——治国理政思想十分重要。科学性以其对理论观点的正确判定并赋予其真理特征,体系化以其对理论观点的统筹集成并赋予其规模效能,给予治国理政思想以坚实基础,为之提供坚固支撑。赖有科学性,治国理政思想才有深厚根基而巍然屹立,才为广大人民群众所接受、所信任;赖有体系化,治国理政思想才具有结构严谨的丰富内容,才形成相互支持、同向共为的整体力量。正是有了科学性与体系化的坚实基础和坚固支撑,治国理政思想才能够超越精神领域并发挥引领实践的指导作用,从而有效指引了十八大以来改革开放的伟大实践,有效指引了中国特色社会主义事业和现代化建设的深入发展。

---

* 本文作者:商志晓,山东师范大学党委书记,马克思主义学院教授,博士生导师,国家“万人计划”第一批哲学社会科学领军人才,全国“四个一批”理论人才暨全国文化名家。

基金项目:本文系国家社科基金重大项目“弘扬中华优秀文化与现代化研究”(项目编号:2015YZD17)、国家社科基金重点项目“中国特色社会主义深化发展与研究”(项目编号:14AZD003)阶级性成果。

一、治国理政思想的科学性

治国理政思想的科学性,亦如任何理论观点的科学性一样,主要不是来自自身,而是来自思想与其反映对象之间的关系,说到底,来自以理论观点呈现的思想体系是否客观、真实,是否全面而深刻地再现了认识对象,特别是是否揭示了其本质规定和本质联系。因为"意识在任何时候都只能是被意识到了的存在,而人们的存在就是他们的现实生活过程"①。"人们的观念、观点和概念,一句话,人们的意识,随着人们的生活条件、人们的社会关系、人们的社会存在的改变而改变。"②思想体系自身是否表达清晰、是否逻辑严谨、是否论证充分,固然与科学性有一定联系,但这充其量只是其形式表达,是外在呈现,并非真实根据。思想体系之科学性的真正根据,根本还在于其内容的真实来源、观点的现实蕴涵、方法的唯物辩证。唯有合理地揭示现实问题的实质并找出解决问题的办法,唯有正确地再现客观存在着的各种关系并予以清晰梳理与说明,思想体系才具有科学性。这意味着,思想体系的科学性,只能到思想反映的客观对象那里、到思想与反映对象之间的关系方面去寻找,到使客观对象活起来、动起来并架设起思想与反映对象之间通达桥梁的实践中去寻找。正如马克思指出的那样:"人的思维是否具有客观的真理性,这不是一个理论的问题,而是一个实践的问题。人应该在实践中证明自己思维的真理性,即自己思维的现实性和力量,自己思维的此岸性。"③

如此来看,对于治国理政思想的科学性,我们也不能在治国理政思想本身去寻找,不能靠治国理政思想自身去说明,只能到其源泉、对象、途径、方法中去把握,到它与时代、现实、实践、生活的关联中去发掘,看它是不是反映了现实(内容是否客观)、怎样反映的现实(方法是否正确),看它反映的现实是不是真实的(去除虚假)、是不是深刻的(触及本质),看治国理政思想与治国理政实践是怎样的关系、是不是系统完备地总结了实践经验,看它与现代化建设、与中国特色社会主义事业之间是如何发生联系的、是否反映了时代与民众的要求,等等。只有正确解决好这样一些根本性问题,以科学的方法与思维去反映当代中国实际,我们党的治国理政思想才会是科学的,也必然是科学的,也才会被赋予充分的科学性。

---

① 马克思恩格斯:《德意志意识形态》,《马克思恩格斯文集》第1卷,人民出版社2009年版,第525页。

② 马克思恩格斯:《共产党宣言》,《马克思恩格斯文集》第1卷,人民出版社2009年版,第530页。

③ 马克思:《关于费尔巴哈的提纲》,《马克思恩格斯文集》第1卷,人民出版社2009年版,第503页。

具体来说,我们党治国理政思想的科学性,主要来源于并体现在以下主要方面。

第一,奠基于科学理论,治国理政思想有坚实的思想基础。

任何理论创新都不是无端产生的,都有其认识前提和思想基础。我们党推进治国理政实践,是在马克思列宁主义、毛泽东思想、中国特色社会主义理论体系等科学理论指导下进行的。科学理论不仅指导了治国理政实践,而且为治国理政思想在理论上奠定了坚实基础,为之提供了正确的立场观点和科学的方法指导。以科学理论为认识前提,我们党的治国理政思想在总的遵循上就有了基本保障,不至于迷失方向、偏离轨道。尽管从科学理论出发的思想并不必然走向科学真理,但起码在起始点上、立足点上站在了正确的位置,为其标示了基本走向;而当我们寻找新思想的科学性来源时,我们不能不回望那个给予了正确支撑、给予了科学力量的"思想基础"。

在坚守科学理论指导问题上,我们党始终是清醒的、坚定的。习近平同志指出:"马克思主义揭示了事物的本质、内在联系及发展规律,是'伟大的认识工具',是人们观察世界、分析问题的有力思想武器。"①他要求我们"必须不断接受马克思主义哲学智慧的滋养,更加自觉地坚持和运用辩证唯物主义世界观和方法论,增强辩证思维、战略思维能力,努力提高解决我国改革发展基本问题的本领"②。正是因为坚持以马克思列宁主义、毛泽东思想、中国特色社会主义理论体系等科学理论为指导,我们党才能够自觉运用辩证方法去分析矛盾、去观察和处理问题,才能够以历史唯物主义观点去把握客观实际和现实生活,使主观世界更好地符合客观实际,治国理政思想才能够奠基于科学理论基础之上并获得充足的科学根据和真理特征。

第二,应和着时代需求,治国理政思想有崭新的时代内涵。

产生于十八大以来的治国理政思想,必然被打上深深的时代烙印。而应和着时代需求并反映时代任务,亦是治国理政思想应有的特征。"一切划时代的体系的真正的内容都是由于产生这些体系的那个时期的需要而形成起来的。"③"我们只能在我们时代的条件下去认识,而且这些条件达到什么程度,我们就认识到什

---

① 习近平:《在哲学社会科学工作座谈会上的讲话》,《人民日报》2016年5月19日,第2版。

② 《坚持运用辩证唯物主义世界观方法论提高解决我国改革发展基本问题本领》,《人民日报》2015年1月25日,第1版。

③ 马克思恩格斯:《德意志意识形态》,《马克思恩格斯全集》第3卷,人民出版社1960年版,第544页。

么程度。”①治国理政思想不能外在于时代,不应与时代脱节分离,而必须与时代背景紧密相连,必须反映并体现时代要求,唯其如此,自身才会充盈时代的气息,才会与时代精神得以贯通,才会被赋予崭新的时代内涵。可以说,在与时代需求联结、与时代精神贯通的过程中,治国理政思想不仅具有了时代色彩,而且其科学性也得到了实质性拓展。

在世界多极化、经济全球化、文化多样化、社会信息化深入发展的大背景下,在错综复杂的国际环境和艰巨繁重的国内改革发展稳定任务面前,我们党牢牢把握我国发展仍处于可以大有作为的重要战略机遇期,积极应对诸多矛盾叠加、风险隐患增多的严峻挑战,推动形成经济结构优化、发展动力转换、发展方式转变加快的良好态势,使当代中国发展与时代要求吻合、与发展趋势顺应。治国理政思想倡导以合作共赢为核心的新型国际关系,着力推进和平、发展、合作、共赢时代潮流,提出“一带一路”大思路、“全球治理”大视野、“人类命运共同体”大目标,都深深地镌刻上了时代印记、中国印记,都切实影响到了中国发展、世界发展。

第三,追随着实践脚步,治国理政思想有深厚的生活土壤。

一切认识成果都是实践的产物,是在追随实践脚步过程中形成与发展起来的。我们党的治国理政思想与十八大以来波澜壮阔的伟大实践一起成长,把思想的根须深深扎在生活的土壤之中,源源不断地从实践中、从社会生活中汲取生命养分,形成了思想与实践的互动与交融。在这样一个过程中,我们党立足现实,脚踏实地,不断总结实践经验,使理论创新获得了坚固的实践支撑,能够沿着正确的方向前进并取得实实在在的成绩。一方面,治国理政思想遵循客观真实原则,力求反映现实生活、实际状况和实践本来面貌,另一方面,更重要的则是通过去粗取精、去伪存真、由此及彼、由表及里,透过现象看本质,抓住实践的主流和根本,努力深入到事物的内里去揭示本质联系和必然规律。

正是从着重于本质和规律出发,我们党对于全面深化改革的规划和部署,不是就事论事,不是眉毛胡子一把抓,而是着重抓要害、抓关键、抓根本,在遵循改革规律及其要求的基础上,科学谋划,统筹布局,整体推进。围绕经济体制、政治体制、文化体制、社会体制、生态文明体制和党的建设制度六大领域,我们党把摸着石头过河与加强顶层设计有机结合,注重改革的系统性、整体性、协同性,把完善和发展中国特色社会主义制度、推进国家治理体系和治理能力现代化明确为全面深化改革的总目标。这种从本质上、规律上思考问题并解决问题的态度与作为,就彰显出思想的深刻,显示出思想的特有力量。

① 恩格斯:《自然辩证法》,《马克思恩格斯文集》第9卷,人民出版社2009年版,第494页。

第四,呼应着现实问题,治国理政思想有针对性指向。

问题是时代的声音。坚持问题导向,既是马克思主义的鲜明特点,也是我们党治国理政的必然要求。与社会发展联系起来看,问题是社会矛盾的呈现,是民众诉求的呼唤,在问题里面,包含着需要重视、亟待解决的实践课题,凝结着不可忽略、有待回应的群体关切。因此,问题很重要,在一定意义上甚至说提出问题比解决问题更重要。马克思主义以解答时代课题、回应现实呼唤为己任,深刻剖析资本主义的矛盾运动,科学揭示人类社会的发展规律,体现出问题引领、问题导向的鲜明特征。马克思主义在中国的发展,同样是坚持了问题导向,在解决中国革命、建设、改革的一系列重大问题过程中,马克思主义方能在中国扎下根来,方能开花结果并长成参天大树。

我们党非常重视问题,重视问题的解决。习近平同志指出:“在认识世界和改造世界的过程中,旧的问题解决了,新的问题又会产生。”①要求我们“要有强烈的问题意识”,要“以重大问题为导向,抓住关键问题进一步研究思考,着力推动解决我国发展面临的一系列突出矛盾和问题”②。改革开放以来的历程表明,改革由问题倒逼产生,又在不断解决问题中得以深化。以问题为导向,就能够积极面对和化解前进中遇到的矛盾,促进以解决问题为突破口去打开工作局面。治国理政思想坚持问题导向,在解决我国经济社会发展不平衡、不协调、不可持续,城乡区域发展差距和居民收入分配差距较大,有法不依、执法不严、违法不究现象,党风廉政建设和反腐败斗争形势严峻复杂等一系列问题过程中,自身在丰富发展,作用得以充分发挥,同时也得到了应有的尊重。

第五,反映了人民意愿,治国理政思想有广泛的民意指引。

思想理论是为人服务的,为谁服务就要反映谁的意愿和诉求。在我们这个坚持人民主体地位的国家,我们党的治国理政思想必然是为人民服务的,必然要反映人民的意愿。马克思主义始终坚守人民立场与尊重社会发展规律有机结合,指明“历史活动是群众的活动”“是群众队伍的扩大”,③强调人民群众是推动社会发展的决定性力量,并毕生致力于无产阶级的解放和劳苦大众的幸福。我们坚持以马克思主义为指导,必须切实解决好为什么人的问题,否则,再好的思想理论,若得不到人民群众的响应和运用,也只能是束之高阁。“批判的武器当然不能代替

① 《中共中央召开党外人士座谈会》,《人民日报》2013年11月14日,第1版。

② 习近平:《关于〈中共中央关于全面深化改革若干重大问题的决定〉的说明》,《人民日报》2013年11月16日,第1版。

③ 马克思恩格斯:《神圣家族》,《马克思恩格斯文集》第1卷,人民出版社2009年版,第287页。

武器的批判,物质力量只能用物质力量来摧毁。但是理论一经群众掌握,也会变成物质力量。"①

在当代中国,我们推进中国特色社会主义事业,党和国家一切工作以实现好、维护好、发展好最广大人民根本利益为出发点和落脚点,相应的,我们的思想理论必须坚持以人民为中心的认识导向,树立为人民推进理论创新的追求。我们党坚持把"人民对于美好生活的向往"视为奋斗目标,要求"把群众路线贯彻到治国理政全部活动之中",坚决克服脱离群众的形式主义、官僚主义、享乐主义、奢靡之风。可以说,"以人民为主体"成为我们党治国理政的基本原则,治国理政思想体现出以人民为中心的鲜明品格。只有坚定不移地秉持这样一种根本价值和信念,治国理政思想方能行久于世、取信于众,真正实现科学性与人民性的统一、真理追求与价值追求的统一。

二、治国理政思想的体系化

与科学性相连,体系化问题凸显。体系化问题之所以重要,是因为体系化是思想理论的存在形式,是思想理论不可或缺的结构框架。一般说来,认识成果呈现为依次递进、逐步提升的三种形态。一是单一观点,表现为一个判断、一个独立论点,如世界是物质的;二是集成论述,是针对某一对象、某一领域形成的系列观点,构成互为关系、相互支持的观点群,如世界是物质的、物质世界是普遍联系的、物质世界是无限运动的、物质世界的运动是有规律的、物质世界是在时间与空间存在的等,由以构成了唯物辩证的世界观;三是系统理论,是众多集成论述的有机组合与有机统一,是对事物整体、对象全局的认识和把握,如唯物辩证的世界观、唯物辩证的认识论、唯物辩证的历史观、唯物辩证的价值论、唯物辩证的人生观等,就统集为唯物辩证哲学(马克思主义哲学)。唯有完整立体而不是单一孤立的思维判断,唯有逻辑连接而并非互不相干的论断集成,思想理论才构成体系化。

毫无疑问,我们党的治国理政思想不是单一观点,不只是集成论述,必然是包括众多观点与论断、涵纳一系列论述和内容的系统理论,是一个涉及诸多方面、诸多领域的完整的思想体系。原因在于,它所反映的客观现实与实践内容是丰富的,它所认识的对象及在过程中所展示出的规定性是全面的。从认识对象角度来看,十八大以来我们全面深化改革、加快推进现代化建设、全方位推进治国理政实践,中国特色社会主义事业以前所未有的广度、深度、力度,在当代中国广袤的大

① 马克思:《〈黑格尔法哲学批判〉导言》,《马克思恩格斯文集》第1卷,人民出版社2009年版,第11页。

地上展开。“当代中国正经历着我国历史上最为广泛而深刻的社会变革,也正在进行着人类历史上最为宏大而独特的实践创新。这种前无古人的伟大实践,必将给理论创造、学术繁荣提供强大动力和广阔空间。”①如此伟大的事业和波澜壮阔的实践,必然孕育伟大的理论及丰硕厚重的思想。在这样一种大格局、大背景下成长起来的治国理政思想,必然具有大气磅礴之势、雷霆万钧之力,与伟大事业和伟大实践奏出知行一致的大合唱,喊出响彻天地的最强音。

这样的治国理政思想,不仅需要体系化,而且已经形成为体系化,凝结为一系列观点、论断、理念、战略,在习近平同志系列重要讲话和我们党诸多重要文献中得以呈现。在把握时代大趋势、回答实践新要求、顺应人民新期待过程中,治国理政思想围绕改革发展稳定、内政外交国防、治党治国治军,通过明晰目标方向、指明正确道路、确立科学理念、构建战略体系、拓宽实践途径、强化条件保障等,确立起了一个内涵丰富、系统完整、博大精深的思想体系。

第一,明晰目标方向。

在一个思想体系中,目标往往被置放于首要位次,并用以统领其他各个方面。如马克思主义通常也被称为共产主义理论,而共产主义就是马克思主义指明的人类社会的发展目标。在马克思恩格斯看来:“个人的全面发展,只有到了外部世界对个人才能的实际发展所起的推动作用为个人本身所驾驭的时候,才不再是理想、职责等等,这也正是共产主义者所向往的。”②古今中外常常以追求目标为思想体系的核心概念,或被视为思想体系的代名词,或直接用以称谓,足见追求目标的重要意义。如“三个代表”重要思想、科学发展观等理论成果的命名,均具有目标称谓的特征。

治国理政思想明确“两个一百年”奋斗目标,指明中华民族伟大复兴美好前景,由以凝结13亿多中国人民的共同追求。这对于从近代苦难历程、艰苦卓绝战争中走出来的中国人民,对于经历社会主义曲折探索和改革开放快速发展的当代中国,具有极大的感召力和凝聚力。“建设富强民主文明和谐的社会主义现代化国家,实现中华民族伟大复兴,是鸦片战争以来中国人民最伟大的梦想,是中华民族的最高利益和根本利益。”③特别是“中国梦”的提出,极大地激励着全中国人民和全世界华人,成为华夏子孙团结奋进、开辟未来的一面精神旗帜。

---

① 习近平:《在哲学社会科学工作座谈会上的讲话》,《人民日报》2016年5月19日,第2版。

② 马克思恩格斯:《德意志意识形态》,《马克思恩格斯全集》第3卷,人民出版社1960年版,第330页。

③ 习近平:《青年要自觉践行社会主义核心价值观——在北京大学师生座谈会上的讲话》,《人民日报》2014年5月5日,第2版。

第二,指明正确道路。

明晰了目标方向之后,就要着力解决好怎样通达目标、如何实现目标问题。很显然,再美好的目标若没有可行的途径、没有正确的道路,那只是不能充饥的画饼,到头来也是竹篮打水一场空。选择什么样的道路,对目标的实现至为关键,特别就一个国家一个民族的发展而言。当年马克思在分析俄国发展方向时,指出过:"如果俄国继续走它在 1861 年所开始走的道路,那它将会失去当时历史所能提供给一个民族的最好的机会,而遭受资本主义制度所带来的一切灾难性的波折。"①我国近代以来寻求救亡图存道路、新中国成立之后探索社会主义道路的经验与教训,都表明走一条什么样的道路是多么的重要!

道路问题关系党的事业兴衰成败,关系国家民族命运。我们历经坎坷、不懈求索,在付出了沉重代价之后,经过实践的检验,找到了能够实现中华民族伟大复兴的正确道路,这就是中国特色社会主义道路。党的十八大报告明确指出:我们"既不走封闭僵化的老路、也不走改旗易帜的邪路"②,而是坚定不移高举中国特色社会主义伟大旗帜,坚定不移走中国特色社会主义道路。习近平同志强调:"'鞋子合不合脚,自己穿了才知道。'一个国家的发展道路合不合适,只有这个国家的人民才最有发言权。"③实践证明,中国特色社会主义道路是实现中华民族伟大复兴的必由之路,是创造人们美好生活的必由之路,只有这条道路而没有别的道路,能够引领中国进步、实现人民福祉、实现国家繁荣富强。

第三,确立发展理念。

在明确目标、指明道路的基础上,治国理政思想应当重视和着力解决的,就是确立既合乎目标与道路要求又符合当前与现实需要的发展理念。因为发展理念是关于发展的根本价值取向和根本原则,是管全局、管根本、管方向、管长远的东西。发展理念是否对头,从根本上决定着发展成效,决定着目标的实现与道路的成败。习近平同志指出:"面对经济社会发展新机遇和新矛盾新挑战,谋划'十三五'时期经济社会发展,必须确立新的发展理念,用新的发展理念引领发展行动。""发展理念搞对了,目标任务就好定了,政策举措也就跟着好定了。"④

---

① 马克思:《给〈祖国记事〉杂志编辑部的信》,《马克思恩格斯文集》第 3 卷,人民出版社 1960 年版,第 464 页。

② 胡锦涛:《坚定不移沿着中国特色社会主义道路前进为全面建成小康社会而奋斗——在中国共产党第十八次全国代表大会上的报告》,《人民日报》2012 年 11 月 18 日,第 1 版。

③ 习近平:《顺应时代前进潮流　促进世界和平发展——在莫斯科国际关系学院的演讲》,《人民日报》2013 年 3 月 24 日,第 2 版。

④ 习近平:《关于〈中共中央关于制定国民经济和社会发展第十三个五年规划的建议〉的说明》,《人民日报》2015 年 11 月 4 日,第 2 版。

中共中央在关于制定国民经济和社会发展第十三个五年规划的建议中，提出了创新、协调、绿色、开放、共享的发展理念，以此为主线对“十三五”乃至更长时期我国发展进行谋篇布局，进一步明晰我国发展思路、发展方向、发展着力点，努力破解发展难题、增强发展动力、厚植发展优势。这样的发展理念，坚持以人民为中心的发展思想，是在深刻总结国内外发展经验教训、分析国内外发展大势的基础上形成的，是针对我国经济发展进入新常态、世界经济复苏低迷提出的治本之策，是针对当前我国发展面临的突出问题和挑战提出来的战略指引，集中反映了我们党对经济社会发展规律认识的深化，深刻揭示了实现更高质量、更有效率、更加公平、更可持续发展的必由之路，是关系我国发展全局的一场深刻变革。

第四，构建战略体系。

有了发展理念，就需要把发展理念落到实处，就需要构建一个完整的战略体系和战略布局。习近平同志提出：“战略问题是一个政党、一个国家的根本性问题。战略上判断得正确，战略上谋划得科学，战略上赢得主动，党和人民的事业就大有希望。”①战略体系必须以目标为引领、以道路为遵循、以理念为指导，着眼于发展的全局性和长远性，结合新的历史条件和新的现实要求对中国特色社会主义事业予以总体谋划和宏观布局，把当代中国的发展目的、发展道路、发展战略、发展布局、发展进程、发展动力、发展任务等重大问题放在国内和国际两个大局中去思考、去构建。

十八大以来我们党注重构建战略体系，一方面，协调推进经济、政治、文化、社会、生态文明“五位一体”建设，让“五位一体”建设形成合力、深化发展，为实现社会主义现代化奠定坚实物质基础；另一方面，提出全面建成小康社会、全面深化改革、全面依法治国、全面从严治党“四个全面”总方略，通过“四个全面”的协同发展和有机统一，共同支撑起中国特色社会主义事业发展全局。全面建成小康社会是第一个百年目标，是实现中华民族伟大复兴的至关重要的第一步。全面深化改革、全面依法治国、全面从严治党则是三大战略举措，也是全局工作中的三方面重点，为如期实现全面建成小康社会提供了重要保障。

第五，拓宽实践途径。

构建起战略体系和战略布局之后，如何把“五位一体”总布局和“四个全面”总方略付诸实施呢？这需要一系列具体措施，需要采取有效的途径，需要在实践过程中通过一定方式来完成。不然，战略规划就只是挂在墙上、悬在空中，只能体

① 习近平：《在纪念邓小平同志诞辰110周年座谈会上的讲话》，《人民日报》2014年8月21日，第2版。

现在文件里、报告中。如果只是这样,战略规划就只有鼓舞人的作用,却难以使人们从中获得实际利益,其号召力和影响力也就难以持久。

我们党的治国理政思想包含了十分丰富的实践途径、具体措施、有效方法的内容,在建设社会主义市场经济、民主政治、先进文化、和谐社会、生态文明等多领域全面展开。围绕坚持和发展中国特色社会主义与实现中华民族伟大复兴,我们党科学把握经济发展新常态、促进经济持续健康发展、加快经济发展方式转变、推进供给侧结构性改革、建设法治中国、推进社会治理能力现代化、建设社会主义文化强国、培育践行社会主义核心价值观、推进社会事业和社会管理创新发展、建设生态文明、打造绿水青山优美环境、推进国防和军队现代化、丰富"一国两制"实践和推进祖国统一、推动构建新型大国关系、推进反腐倡廉建设、提高党的领导水平等,都是在拓宽实践途径、丰富具体措施方面做出的努力。这一系列实践途径、具体措施和有效方式,可谓深入细致、系统完整。

第六,强化条件保障。

在治国理政思想中,有大量属于条件保障方面的内容,十分必须,非常重要。要使治国理政的奋斗目标得以实现、各项任务得以落实、诸多工作得以完成,没有必要的条件保障是不行的,缺乏充足的条件保障也是不够的。要扎实推进治国理政实践,强化国家治理体系和治理能力并使之现代化,加快中国特色社会主义各项事业发展,条件保障需要得到强化。

治国理政的各方面条件保障,在"五位一体"总布局和"四个全面"总方略中,都有体现。像全面深化改革、全面依法治国、全面从严治党,都是全面建成小康社会的条件保障,都属于中国特色社会主义事业的大条件、大保障。再具体一些的条件保障,如在不断完善社会主义市场经济过程中,使市场在配置资源中发挥决定性作用,同时更好发挥政府作用,用好"看得见的手"和"看不见的手";在建设社会主义和谐社会过程中,建立起与社会主义经济、政治、文化体制相适应的社会体制,切实创造各民族、不同群体和谐相处的社会环境,更好地解决好人民内部矛盾,维护社会稳定;再如通过促进教育、就业、社会保障、医疗、养老等领域的改革,促进社会公平正义等,都涉及条件保障问题。还有,像加强国防和军队建设、走和平发展道路、推动构建以合作共赢为核心的新型国际关系、坚决维护国家核心利益等,以此为现代化建设营造良好发展环境,更是不可或缺的条件保障。

三、科学性与体系化的有机统一

我们党的治国理政思想,既需要科学性做坚实基础,又需要体系化做坚固支撑,更需要二者的紧密联结与有机统一为之搭建指导实践、作用于现实的有效通道和广阔舞台。仅有科学性而没有体系化,就只剩零打碎敲的个别观点;仅有体系化而没有科学性,就只落下无病呻吟的一堆说辞。从根本上说,没有科学性的体系化与没有体系化的科学性,都不能独善其身,也都不可能存在与存活。

第一,科学性,赋予治国理政思想以理论自信与真理力量。

思想理论是否科学,关系到它是否正确、是否具有价值和意义。如果一种思想理论不具有科学性,它就一文不值,甚至根本不能以"思想理论"称之。而当其科学性得到公认,这种思想理论就会发挥极大的作用。正如列宁讲到马克思主义那样:"马克思学说具有无限力量,就是因为它正确。它完备而严密,它给人们提供了决不同任何迷信、任何反动势力、任何为资产阶级压迫所作的辩护相妥协的完整的世界观。"①

思想理论的科学性,并非由其创立者和支持者自我标榜,更非强权和武力所能够给予。从马克思主义唯物辩证观点来看,科学性是思想理论的内在品质,是思想理论的力量所在。这样一种品质和力量,由实践给予,由人民给予。正是按照马克思主义唯物辩证观点的要求,我们从奠基于科学理论、应和着时代需求、追随着实践脚步、呼应着现实问题、反映了人民意愿等几方面,多层面揭示其坚实思想基础、崭新时代内涵、深厚生活土壤、针对性问题导向、广泛民意指引等意蕴,使我们党治国理政思想的科学性跃然纸上,鲜明地呈现于我们眼前。

治国理政思想因其科学性,一会强化我们的理论自信,二能够充分展示其真理力量。理论自信既对治国理政思想本身而言,更是对治国理政思想的创立者、拥护者、践行者而言,后者作为自信的主体,指向性更为明确。我们的理论自信,来源于对治国理政思想的充分信任,来源于对其科学性的充分肯定。当着对治国理政思想的科学性有了深切了解、对治国理政思想有着清晰把握之后,我们自然而然会深信不疑、充满自信。这种深信不疑不是外力强加的,而是发自内心的;这种充满自信不是违背意愿的,而是真切实在的。有了这种深信不疑、充满自信,我们就不仅内心尊崇、自觉维护,而且会身体力行、自觉遵循。到这时,理论自信就转化为理论信仰,成为行动指南。建立在理论自信基础之上,治国理政思想的真理力量将由内在到外化,由信念信仰到行为实践,形成为指导实践、作用于现实之效能,在对象化过程中得以实现出来。思想的力量,真理的力量,源于对事物本质与规律的客观反映,源于对时代要求和人民意愿的真实呼应。治国理政思想正确地再现了客观存在着的各种关系并予以清晰梳理与说明,合理地揭示了现实问题

---

① 列宁:《马克思主义的三个来源和三个组成部分》,《列宁专题文集:论马克思主义》,人民出版社2009年版,第67页。

的实质并找出解决问题的办法,因而能够超越思想界限而进入到实践领域、介入到社会生活之中。“新的社会思想和理论,只有在社会物质生活的发展向社会提出新的任务以后,才会产生。可是,它们一经产生,就会成为促进解决社会物质生活的发展所提出的新任务、促进社会前进的最重大的力量。”①

第二,体系化,体现治国理政思想的逻辑魅力与综合效能。

追求体系化并力求体系化,是一切思想理论的共同需要。没有体系化,思想理论不仅缺乏力量和光彩,而且无法呈现和存在。体系化的内在要求,表现为内容的丰富性和逻辑的严密性。相对于内容,体系是外在呈现,但体系化却是包括内容于一身的。没有内容,没有丰富内容,就谈不上体系化问题。同样,只有内容,若缺乏逻辑的联结与构架,也没有体系化存在。在这里,体系化把内容与逻辑纳入自身,使之统筹协调进入到一个完整框架之中。这与单纯构建体系的形式主义相区别。

我们党的治国理政思想,由目标、道路、理念、战略、途径、保障等构成,包括丰富内容,具有完整结构,是一个已经形成并现实存在着的思想体系。它通过明晰目标方向、指明正确道路、确立科学理念、构建战略体系、拓宽实践途径、强化条件保障等层面,环环相扣,步步深化,体现了历史与逻辑的统一、现实与思想的一致;它在改革发展稳定、内政外交国防、治党治国治军等方面展开,把全局与局部、整体与领域有机结合,展现出我们党治国理政的大视野、大格局。

这样的体系化,既增添了治国理政思想的逻辑魅力,又强化了治国理政思想的综合效能。其逻辑魅力,来自一些标识性概念和新范畴、新表述,如中国梦、新常态、供给侧、治理体系、协商民主、共享发展、“一带一路”、人类命运共同体等;来自一系列带有国情特色并富有普遍意义的基本判断,如写好中国特色社会主义这篇大文章、维护和用好我国发展重要战略机遇期、推进国家治理体系和治理能力现代化、建设中国特色社会主义法治体系、坚持以零容忍态度惩治腐败、使市场在资源配置中起决定性作用、继承和弘扬中华优秀传统文化等;来自观点、论证、资料之间,理念、现实、规划之间,决定、贯彻、落实之间,政策、措施、途径之间,以至于概念、判断、推理之间,分析、综合、归纳之间的内在联系与融洽结构。正是建立在体系化及其逻辑魅力前提下,治国理政思想固有的效能得以强化,固有的综合效能得以拓展,既深深影响到人们的思想观念和思维心态,也深深影响到社会思潮和生活风尚,更深深影响到当代中国实践,特别是全面小康社会、现代化推进、

---

① 斯大林:《论辩证唯物主义和历史唯物主义》,《斯大林文集》,人民出版社1985年版,第214页。

中华民族复兴的伟大实践。这样的综合效能，正在发生并将继续发生，已经显现并将进一步显现。

第三，科学性与体系化的有机统一，使治国理政思想站在了当今时代思维的制高点上。

科学性与体系化的有机统一，是一切科学理论、一切有作为的思想体系共有的特征和风格。人类伟大思想的创造，伴随着人类社会的发展一路走到今天。远如中国孔子、孙子的思想，古希腊柏拉图、亚里士多德的思想，近如马克思主义等，都在人类思想宝库中留下了夺目的光彩，至今仍然是我们不断从中汲取养料的思想宝库。但是，社会在发展，实践在前进，我们不可能只是躺在前人的著述上从中寻找解决现在问题的答案，而必须遵循思想理论发展的规律，不断总结实践经验，提出并创造新的理论认识。即便对我们党的指导思想——马克思主义，我们也必须采取这样的态度。“马克思主义作为科学是不能停滞不前的，——它是在发展着和完备着。马克思主义在自己的发展中不能不以新的经验、新的知识丰富起来，——因此，它的个别公式和结论不能不随着时间的推移而改变，不能不被适用于新的历史任务的新公式和新结论所代替。”①为此，我们必须努力完成列宁所强调的“在各方面把这门科学推向前进”的任务，达到毛泽东提出的“创造新的理论，写出新的著作”的要求。

我们党的治国理政思想以其科学性与体系化的有机统一，站在了当今时代思维的制高点上，成为坚持和发展马克思主义的典范。在积极推进实践的基础上，后人秉承马克思主义基本精神，使马克思主义理论发展到列宁主义、毛泽东思想、中国特色社会主义理论新的阶段、新的形态。习近平同志提出推进21世纪中国马克思主义发展的时代任务，恰是中国共产党人和社会主义中国应有的责任意识和历史担当。我们以正在做的事情为中心，以解决现实问题为导向，必将让马克思主义深深植根于当代中国土壤中，开出更加灿烂的花朵，结出更加丰硕的果实。我们党的治国理政思想，洞悉世情、国情、党情的深刻变化，着眼于坚持和发展中国特色社会主义，勇于推进实践基础上的理论创新，积极探索共产党执政规律、社会主义建设规律、人类社会发展规律，使我们党的认识达到了新高度新水平。治国理政思想不仅指导了当代中国的实践发展，而且走向了世界，在世界舞台上产生了广泛影响，这从《习近平谈治国理政》一书在国外得以热销、习近平治国理政思想研讨会在捷克、印度、法国等地召开并受到关注等方面，足见一斑，足可得到说明。

（原载于《济南大学学报》社会科学版2016年第4期）

创新驱动"第一动力"理论体系*

从"科技是第一生产力"到"创新驱动是引领发展的第一动力"是科技创新理论的又一次飞跃。习近平总书记反复强调要把创新摆在国家发展全局的核心位置,加快推进以科技创新为核心的全面创新,并把创新提升到民族进步的灵魂和国家兴旺发达不竭动力的高度,显示了新一代中央领导集体的高瞻远瞩。

一、树立创新理念,让创新成引领发展第一动力

受环境资源瓶颈制约,加上劳动力、资金等成本大幅上涨,我国固有的传统竞争优势大大削弱,必须从要素驱动、资本驱动转向创新驱动。念兹在兹,创新已成为习近平治国理政的核心理念之一,创新驱动也已成为中国发展的核心战略之一。

创新是引领发展的第一动力。这是习近平总书记提出的一个重大论断,是对创新与发展关系的新认识,是创新驱动的重大理论突破。2015 年全国两会上,习近平在参加上海代表团审议时强调,抓创新就是抓发展,谋创新就是谋未来。2013 年 10 月 21 日,习近平在欧美同学会成立 100 周年庆祝大会上指出,激烈的国际竞争中,惟创新者进,惟创新者强,惟创新者胜。2013 年 5 月,习近平在天津视察时指出:"科技创新是提高社会生产力和综合国力的战略支撑,必须摆在发展全局的核心位置。"2015 年 10 月,党的十八届五中全会把创新发展作为五大发展理念之首,这是党中央在我国发展的关键时期做出的重大决策,顺应了全球科技创新趋势,契合我国发展的历史逻辑和现实逻辑。

牢牢把握创新驱动发展的大方向。实施创新驱动发展战略,首先要把方向搞清楚,看清世界科技发展大势。2013 年 7 月 17 日,习近平在中国科学院考察工作时指出,面对新形势新挑战,我们必须加快从要素驱动为主向创新驱动发展转变,发挥科技创新的支撑引领作用,推动实现有质量、有效益、可持续的发展。综合分

* 本文作者:本刊首席时政观察员。

析当前科技发展形势,2015 年 5 月 27 日习近平在华东七省市党委主要负责同志座谈会上强调,综合国力竞争说到底是创新的竞争。要深入实施创新驱动发展战略,推动科技创新、产业创新、企业创新、市场创新、产品创新、业态创新、管理创新等,加快形成以创新为主要引领和支撑的经济体系和发展模式。

二、提高创新能力,让创新成为经济转型升级的强大动力

当今世界,谁牵住了科技创新这个"牛鼻子",谁走好了科技创新这步先手棋,谁就能占领先机、赢得优势。习近平总书记敏锐地看到了新一轮科技革命和产业变革与我国加快转变经济发展方式形成的历史性交汇,2014 年 5 月 24 日他在上海考察时强调,我们在国际上腰杆能不能更硬起来,能不能跨越"中等收入陷阱",很大程度取决于科技创新能力的提升。

坚持自主创新,掌握核心技术。过去三十多年,我国发展主要靠引进上次工业革命的成果,基本是利用国外技术,早期是二手技术,后期是同步技术。如果现在仍采用这种思路,不仅差距会越拉越大,还将被长期锁定在产业分工格局的低端。习近平在 2013 年两会上参加政协科技界联组讨论时强调,在日趋激烈的全球综合国力竞争中,我们没有更多选择,非走自主创新道路不可。同年 7 月 17 日,他在中国科学院考察工作时再次强调,如果总是跟踪模仿,是没有出路的。我们必须着力提高自主创新能力,加快推进国家重大科技专项,深入推进知识创新和技术创新,增强原始创新、集成创新和引进消化吸收再创新能力,不断取得基础性、战略性、原创性的重大成果。

三、加快创新改革,坚决破除科技体制障碍

深化科技体制改革是全面深化改革的重要内容,也是实施创新驱动发展战略、建设创新型国家的根本要求。习近平把科技体制改革比作"点火系",认为如果把科技创新比作我国发展的新引擎,那么改革就是点燃这个新引擎必不可少的"点火系"。同时,他又用"两个轮子"理论加以印证,强调要加快体制机制创新,形成新的利益轨道。一个是科技创新的轮子,一个是体制机制创新的轮子,两个轮子共同转动,才有利于推动经济发展方式根本转变。

营造激励创新的公平竞争环境。面对发展中不平衡、不协调、不可持续的问题,面对越来越大的人口、资源、环境压力,充满转型紧迫感的中国,必须通过改革在创新驱动的道路上加速前进,需要直击难点、痛点和堵点。2013 年 9 月 30 日,中央政治局集体学习将"课堂"搬到红墙外的中关村,现场上了一堂生动的"创新课"。习近平在会上指出,最为紧迫的是要进一步解放思想,加快科技体制改革步

伐,破除一切束缚创新驱动发展的观念和体制机制障碍。时隔近一年,习近平2014年8月18日又在中央财经领导小组第七次会议上进一步强调,全面分析影响创新驱动发展的体制机制因素,在保护知识产权、放宽市场准入、破除垄断和市场分割等方面提出管长远的改革方案。

营造良好鼓励创新的政策环境。科技创新要取得突破,不仅需要基础设施等"硬件"支撑,更需要制度等"软件"保障。对此,习近平总书记2015年7月20日在长春召开的部分省区党委主要负责同志座谈会上强调,积极营造有利于创新的政策环境和制度环境,对看准的、确需支持的,政府可以采取一些合理的、差别化的激励政策。2015年2月10日,习近平主持召开中央财经领导小组第九次会议时再次强调,"着力破除制约创新驱动发展的体制机制障碍,完善政策和法律法规,创造有利于激发创新活动的体制环境。"

四、集聚创新人才,建设创新型人才队伍

"盖有非常之功,必待非常之人。"人才资源是第一资源,也是创新活动中最为活跃、最为积极的因素。

建设规模宏大、富有创新精神、敢于承担风险的创新型人才队伍。谁拥有了人才,谁就拥有了先进的技术和先进的管理,谁就能在激烈的竞争中占据制高点。2012年12月,习近平在广东考察时强调,充分发挥好现有人才作用,同时敞开大门,招四方之才,招国际上的人才,择天下英才而用之。2014年8月18日,他在中财领导小组会议上再次强调,为了加快形成一支规模宏大、富有创新精神、敢于承担风险的创新型人才队伍,要重点在用好、吸引、培养上下功夫。

实行更具竞争力的人才吸引制度。"一年之计,莫如树谷;十年之计,莫如树木;终身之计,莫如树人。"2013年7月17日,习近平在中国科学院考察工作时表明人才培养的重要性。对于人才制度建设,2013年9月30日习近平在中央政治局第九次集体学习时提出,要用好用活人才,建立更为灵活的人才管理机制,完善评价这个指挥棒,打通人才流动、使用、发挥作用中的体制机制障碍。

五、推进创新创业,让创新在全社会蔚然成风

激发调动全社会的创新激情,持续发力,加快形成以创新为主要引领和支撑的经济体系和发展模式。习近平在十八届五中全会上强调,"十三五"期间,我们要激发创新创业活力,推动大众创业、万众创新,释放新需求,创造新供给,推动新技术、新产业、新业态蓬勃发展。

更加注重激发基层群众的激情和活力。习近平在十八届五中全会上指出,

"充分尊重群众的首创精神,着眼于解放和发展生产力,放手支持群众大胆实践,大胆探索,大胆创新,及时发现、总结和推广群众创造的成功经验,把群众的积极性和创业精神引导好、保护好。"早在2012年12月,习近平在广东考察时就提出要调动优秀人才创新创业的积极性,要求"继续完善凝聚人才、发挥人才作用的体制机制,进一步调动优秀人才创新创业的积极性。"他还希望形成:"开创人人皆可成才、人人尽展其才的生动局面"。

更加注重让企业成为创新的主体。2013年全国两会上,习近平在参加政协分组讨论时,要进一步突出企业的技术创新主体地位,推动人财物各种创新要素向企业集聚,使企业真正成为技术创新决策、研发投入、科研组织、成果转化的主体,变"要我创新"为"我要创新",培育产学研结合、上中下游衔接、大中小企业协同的良好的创新格局。

(原载于《领导决策信息》2016年第9期)

“新发展理念”:关于现代化发展理念的检视、重构和开拓*

发展是人类亘古不变的主题,理念是现代化前进的指引。习近平在党的十九大报告中把“坚持新发展理念”作为贯彻落实新时代中国特色社会主义思想十四个基本方略之一,强调“发展是解决我国一切问题的基础和关键,发展必须是科学发展,必须坚定不移贯彻创新、协调、绿色、开放、共享的发展理念”①,奋力推进社会主义现代化建设,实现“两个一百年”奋斗目标,建成富强民主文明和谐美丽的社会主义现代化强国。因此,全面理解和把握习近平新发展理念思想,事关2035年基本实现社会主义现代化和到本世纪中叶建成社会主义现代化强国的进程,为人类现代化提供中国智慧和中国方案。

一、新发展理念是对现代化发展理念的检视,是中国特色社会主义进入新时代的历史方位与哲学思辨的辩证统一,体现了开启全面建设社会主义现代化国家新征程的本质要求

习近平强调,“坚持马克思主义,坚持社会主义,一定要有发展的观点,一定要以我国改革开放和现代化建设的实际问题、以我们正在做的事情为中心,着眼于马克思主义理论的运用,着眼于对实际问题的理论思考,着眼于新的实践和新的

---

* 本文作者:余立(1984－),男(汉),中共中央党校2015级博士研究生、安徽医科大学马克思主义学院讲师,研究方向为科学社会主义;孙劲松(1955－),女(汉),法学博士,中共中央党校科学社会主义教研部教授,博士研究生导师,研究方向为科学社会主义。

基金项目:本文系国家社会科学基金重点项目“中国模式研究”(14AKS008)和安徽医科大学校级科研项目“五大发展理念引导和谐校园建设的作用机制及意义研究”(2017XKJ079)阶段性成果。

① 习近平:《决胜全面建成小康社会夺取新时代中国特色社会主义伟大胜利——在中国共产党第十九次全国代表大会上的报告》,《人民日报》2017年10月28日。

发展。”①新发展理念是习近平对国内外现代化建设经验和教训的深刻检视，是我国现代化建设处于社会主义进入新时代这一历史方位与哲学思辨的辩证统一，体现了全面建设社会主义现代化国家新征程的本质要求。

1. 新发展理念是社会主义现代化建设把握发展大势、厚植发展优势的需要

发展问题归根到底是理念问题，发展战略竞争透射的也是发展理念之争。世界现代化的进程肇始于英国，到现在已经历了三百多年的历程，其在不同的发展阶段现代化发展的主题、秉承的发展理念和发展模式是不同的，带来的结果和效果也是不一样的，而新发展理念是在对世界现代化发展经验的总结，世界现代化未来发展趋势的科学洞察和研判的基础上提出的，是中国特色社会主义现代化建设把握发展大势、厚植发展优势的需要，目的是使我国现代化建设立足时代前沿、占据时代高点，在日趋失序而又激烈的国际竞争中赢得更大的发展优势。

从人类进入现代化以来，传统的现代化发展理念和发展模式偏重于把经济增长作为首要和根本目标，把物质的积累作为重中之重，而忽视了社会公平、生态环境、人的发展等，造成了社会不公、两极分化、资源枯竭、环境恶化，生态失衡、社会动荡的沉痛代价。加之在当下“世界面临的不稳定性不确定性突出，世界经济增长动力不足，贫富分化日益严重，地区热点问题此起彼伏，恐怖主义、网络安全、重大传染性疾病、气候变化等非传统安全威胁持续蔓延，人类面临许多共同挑战”②。

世界现代化发展到现今阶段，传统发展模式潜能已消退，需要新的机制和动力，各国都在寻找新的增长点，寻找现代化发展的新动能。尤其还没有走出金融危机阴霾之下，“一个基本判断是，国际金融危机深层次影响还在继续，世界经济仍然处在深度调整期”③。如何克服面临的问题，克服国际金融危机的深层影响、提高发展质量和效益，许多国家都积极创新发展理念、提出发展战略，完善发展计划，力争以新的理念和战略赢得发展主动。如美国“再工业化”战略、英国“数字经济战略”、俄罗斯“全球经济战略”、日本“科技创新立国”战略、法国“未来工业”计划、德国“工业 4.0”战略等。我国如何在新一轮的全球经济和治理结构的深度调整中把握世界趋势，厚植发展优势，赶上或超越主要发达国家，就成为必须和

---

① 中共中央文献研究室：《十八大以来重要文献选编》上，中央文献出版社 2014 年版，第 114 页。

② 习近平：《决胜全面建成小康社会夺取新时代中国特色社会主义伟大胜利——在中国共产党第十九次全国代表大会上的报告》，《人民日报》2017 年 10 月 28 日。

③ 习近平：《创新增长路径共享发展成果—在二十国集团领导人第十次峰会第一阶段会议上关于世界经济形势上的发言》，《人民日报》2015 年 11 月 16 日。

必要。

2. 新发展理念是社会主义现代化建设补齐发展短板、增强发展动力的要求

我国作为后起的现代化发展中国家,现代化的历程从洋务运动开始才一百多年的时间,但真正中国现代化的快速发展是1978年后中国所确立的改革开放以来。中国要尽快实现现代化,就面临着在时空压缩的情境下落后国家如何赶超的问题,中国要在几十年内走完发达资本主义国家现代化三百多年所走的历程,在发达资本主义国家现代化历程中几百年所经历的一系列社会矛盾、生态矛盾等,在中国的几十年就聚集性凸显,因此如何避免这些不足,利用现代化的文明成果,更快地促进中国现代化的发展,赶超发达国家,成为当代我们所面临的主要问题。新发展理念就是对这一时代命题的深刻反思,对我国现代化所处阶段的准确判断,新特点的科学认知,新问题的深刻洞悉,以补齐发展短板,增强发展动力,努力跨越"中等收入陷阱",开拓我国现代化建设新境界就成为必须。

经过新中国成立将近七十年的建设和发展,尤其是改革开放近四十年的现代化建设的快速发展,我国现代化建设取得的成就是非凡的。可以说,我国"经济保持中高速增长,在世界主要国家中名列前茅,国内生产总值从五十四万亿元增长到八十万亿元,稳居世界第二,对世界经济增长贡献率超过百分之三十。"①中国用几十年时间走完了发达国家几百年走过的发展历程,中国现代化在全面建成小康社会的基础上,开启了由基本实现现代化到全面建成社会主义现代化强国的新的伟大征程。

在我国现代化建设取得巨大成绩的同时要认清我国的新情况,我国处于并将长期处于社会主义初级阶段的基本国情没有变,世界最大发展中国家的国际地位没有变,但我国社会的主要矛盾的内涵已变化,已从人民日益增长的物质文化需要同落后的社会生产之间的矛盾转化为人民日益增长的美好生活需要和不平衡不充分的发展之间的矛盾。我国现代化业已由全面建成小康社会到基本实现现代化,再到全面建成社会主义现代化强国的阶段。因此,我国现代化呈现出发展动能需要转化、发展质量需要提高、结构需要优化、补齐短板需要突破等新特点和特征。新发展理念切实把握了这些特点和特征,着力在优化结构、增强动力、化解矛盾、补齐短板上取得突破,努力跨越"中等收入陷阱",保证我国现代化建设更好更快的发展。

我国社会主义现代化建设取得了非凡成绩,但我们也要清醒地看到我国的现

---

① 习近平:《决胜全面建成小康社会夺取新时代中国特色社会主义伟大胜利——在中国共产党第十九次全国代表大会上的报告》,《人民日报》2017年10月28日。

代化还存在着发展方式粗放、发展不平衡不充分、发展质量效益不高、创新不强、民生短板较多、脱贫任务艰巨、区域发展收入分配差距较大、社会矛盾和问题交织叠加等。如何应对挑战,发展仍是解决我们所有问题的关键,是必须抓好的第一要务,同时发展也应当根据新的实践而有新的理念、新的要求。

3. 新发展理念是社会主义现代化建设增加民众福祉、实现民族复兴的期盼

建设现代化强国,实现伟大民族复兴,是国人不懈的追求和奋斗目标。让人民有更多的获得感,满足人民对美好生活的向往是中国共产党施政所向。2014 年习近平在北京大学师生座谈会上的讲话中指出,“建设富强民主文明和谐的社会主义现代化国家,实现中华民族伟大复兴,是鸦片战争以来中国人民最伟大的梦想,是中华民族的最高利益和根本利益。”①中国百年的近现代史向我们昭示落后就要挨打,受人欺凌,在旧中国,中华民族想要屹立于世界民族之林,在当时只是梦想。自从中华人民共和国建立以来,“三大改造”的完成,社会主义制度的建立,中国的现代化建设才真正地步入正轨,尤其在改革开放之后,取得了巨大成就,这些成绩的取得是在中国共产党的带领下,深化“三大规律”认识的基础上,形成了新时代中国特色社会主义思想。因此,“建设富强民主文明和谐的社会主义现代化国家,是我们的目标,也是我们的责任,是我们对中华民族的责任,对前人的责任,对后人的责任。”②

中国特色社会主义现代化的本质是人的现代化,目的是实现人的解放和全面发展。但我们应该看到当前我国现代化建设所面临的困境是“我国社会生产力水平总体上显著提高,社会生产能力在很多方面进入世界前列,更加突出的问题是发展不平衡不充分,这已经成为满足人民日益增长的美好生活需要的主要制约因素。”③为回应民众期待,满足人民对美好生活的向往,要坚持新的发展理念,要以新的理念促进发展,释放社会活力,开创我国现代化建设的新局面。

二、新发展理念是对现代化发展理念的重构,是开启全面建设社会主义现代化国家新征程的实践逻辑与理论逻辑的辩证统一,统一于建成富强民主文明和谐美丽的社会主义现代化强国的全过程

时代是思想之母,实践是理论之源。新发展理念是习近平吸收和总结我国社

① 《习近平谈治国理政》,外文出版社 2014 年版,第 169 页。

② 《习近平谈治国理政》,外文出版社 2014 年版,第 350 页。

③ 习近平:《决胜全面建成小康社会夺取新时代中国特色社会主义伟大胜利——在中国共产党第十九次全国代表大会上的报告》,《人民日报》2017 年 10 月 28 日。

会主义现代化建设不同阶段的发展理念和实践经验,依据我国社会主义已进入新时代的这一现代化建设的历史方位,立足我国社会主要矛盾已是人民日益增长的美好生活需要和不平衡不充分的发展之间的矛盾这一重大判断的基础之上,重新提出和建构新的发展理念,主要是“必须坚定不移贯彻创新、协调、绿色、开放、共享的发展理念”①。这些发展理念是中国社会主义现代化国家新征程的实践逻辑与理论逻辑的辩证统一,统一于建成社会主义现代化强国的全过程之中,目的是“我们坚定不移贯彻新发展理念,有力推动我国发展不断朝着更高质量、更有效率、更加公平、更可持续的方向前进”②。

1. 创新发展理念:创新是中国社会主义现代化建设强大引擎,引领中国社会主义现代化建设的第一动力

从中国现代化发展的动力来说,中国的现代化不是内源性的,而是外源或外诱的现代化,这种现代化发展方式,必须由某种力量有目的有意识地主动引领和推动③。而今天中国现代化取得巨大成就,中国特色社会主义进入了新的时代,中国现代化已由外源或外诱的现代化,转向外源和内源共重,并更多地侧重于内源性的现代化。这种从外源性到内源性的转变,要求引领和推动现代化发展的力量更加依靠于创新,通过全方位的创新,引领和推动现代化建设,为现代化提供强大引擎和不竭动力。在实践层面,我国社会主义现代化建设进程也表明,中国社会主义现代化建设的开端始于创新,发展于创新,强盛于创新。1956 年“三大改造”的完成,社会主义制度在中国的确立,如何进行现代化建设,毛泽东进行了探索,他在 1956 年 9 月会见南斯拉夫共产主义代表团时明确表示“走中国自己的现代化道路”,并在《论十大关系》的报告中提出了“四个现代化”的奋斗目标,中国开始了真正意义上的社会主义现代化建设,建立了完整的国民经济体系和工业体系,为后来的现代化建设提供了坚强的物质基础。在 1978 年十一届三中全会上,邓小平根据世情、国情,提出了解放思想、实事求是的思想路线,突破“两个凡是”的束缚,强调“现在我们要实现四个现代化,”④是“都要解放思想,开动脑筋想问题、办事情”⑤,大胆地试,大胆地闯,开启了我国各领域全方位多层次的重大创

① 习近平:《决胜全面建成小康社会夺取新时代中国特色社会主义伟大胜利——在中国共产党第十九次全国代表大会上的报告》,《人民日报》2017 年 10 月 28 日。

② 习近平:《在省部级主要领导干部“学习习近平总书记重要讲话精神,迎接党的十九大”专题研讨班开班式上发表重要讲话》,《人民日报》2017 年 07 月 28 日。

③ 罗荣渠:《现代化新论世界与中国的现代化进程》,北京大学出版社 1993 年版,第 123 页。

④ 中共中央文献编辑委员会:《邓小平文选》第 2 卷,人民出版社 1994 年版,第 143 页。

⑤ 中共中央文献编辑委员会:《邓小平文选》第 2 卷,人民出版社 1994 年版,第 250 页。

新,实现了时代主题的重大转变。江泽民进一步把“创新”提升到治党、治国和民族振兴的高度,强调“创新是一个民族进步的灵魂,是一个国家兴旺发达的不竭动力,也是一个政党永葆生机的源泉”①,胡锦涛把提高自主创新能力和水平上升到“是事关社会主义现代化建设全局的重大战略决策”②的高度,指出走自主创新道路,“把增强自主创新能力作为国家战略,贯穿到现代化建设的各个方面。”③巩固发展社会主义现代化伟大事业。尤其十八大以来,习近平站在治国理政的高度,以宏大视野谋划和推动创新,倡导协同创新,推动创新驱动新战略。在创新的重要性上,强调“创新是一个民族进步的灵魂,是一个国家兴旺发达的不竭动力,也是中华民族最深沉的民族禀赋。在激烈的国际竞争中,惟创新者进,惟创新者强,惟创新者胜”。④ 指出解决 2008 年世界金融危机以来我国面临的困难和问题,“关键在于坚持创新驱动发展,开拓发展新境界”⑤。在创新的谋略上强调“必须把发展基点放在创新上,通过创新培育发展新动力、塑造更多发挥先发优势的引领型发展,做到人有我有、人有我强、人强我优。”⑥在创新方式上,强调“要不断提高创新能力,用创新培育新兴产业,用创新发掘增长动力,用创新提升核心竞争力。”⑦在创新内容上,包括理论、制度、科技、文化等全方位创新。明确提出创新是引领发展的第一动力。在党的十九大报告上进一步强调创新是引领发展的第一动力,是建设现代化经济体系的战略支撑,并就创新的主攻方向、主要内容,人才培养等进行了部署和规划。

2. 协调发展理念:协调是中国社会主义现代化建设前进方式,是中国社会主义现代化建设持续健康发展的内在要求

中国的现代化是依据不同时期所处的阶段、肩负的任务、解决的社会矛盾不同,采取着力点或着力面不同的发展方式,总体上是与当时中国现代化发展状况相协调的,这也是中国社会主义现代化建设能够持续健康发展的内在要求。1956

---

① 中共中央文献编辑委员会:《江泽民文选》第 3 卷,人民出版社 2006 年版,第 537 页。

② 中共中央文献研究室:《十六大以来重要文献选编》下,中央文献出版社 2008 年版,第 187 页。

③ 中共中央文献研究室:《十六大以来重要文献选编》下,中央文献出版社 2008 年版,第 187 页。

④ 习近平:《在欧美同学会成立一百周年庆祝大会上的讲话》,《人民日报》2013 年 10 月 21 日。

⑤ 习近平:《在第二届世界互联网大会开幕式上的讲话》,《人民日报》2015 年 12 月 17 日。

⑥ 习近平:《在省部级主要领导干部学习贯彻十八届五中全会精神专题研讨班开班式上的重要讲话》,《人民日报》2016 年 01 月 19 日。

⑦ 《习近平谈治国理政》,外文出版社 2014 年版,第 350 页。

年,在党的八大上指出当时国内的主要矛盾是人民对于建立先进的工业国的要求同落后的农业国的现实之间的矛盾,是人民对于经济文化迅速发展的需要同当前经济文化不能满足人民需要的状况之间的矛盾。依据这一矛盾,1957 年毛泽东在《论十大关系》中着重论述了关于社会主义现代化建设的十个主要方面的关系,提出要调动一切积极因素进行现代化建设的方针,采取了“两条腿走路”“综合平衡、稳步前进”的发展方式。党的十一届三中全会指出中国社会的主要矛盾是人民日益增长的物质文化需求与落后的社会生产之间的矛盾。根据这一判断,邓小平指出要在发展的基础上注重国家、集体和个人之间,各生产部门和要素之间,物质文明和精神文明之间,改革、发展和稳定之间,国内与国外之间等协调发展,强调“现代化建设的任务是多方面的,各方面需要综合平衡,不能单打一”①。江泽民提出了可持续发展思想,强调“实现经济社会协调发展是我国社会主义现代化建设的一个重要指导方针”②,是全面实现现代化的必然要求。胡锦涛在十七大上确立了“以人为本,全面协调可持续的科学发展观”,强调要按照现代化建设事业总体布局,“促进现代化建设各个环节、各个方面相协调”③。党的十八大之后,习近平立足中国现代化新的任务和特点,强调要“促进现代化建设各方面相协调,促进生产关系与生产力、上层建筑与经济基础相协调”④。习近平在 2013 年 3 月 27 日金砖国家领导人第五次会晤时的主旨讲话中提出“我们将坚持以人为本,全面推进经济建设、政治建设、文化建设、社会建设、生态文明建设,促进现代化建设各个方面、各个环节相协调,建设美丽中国”⑤。习近平在党的十九大上指出我国社会主要矛盾已变化,强调要紧扣我国社会主要矛盾变化,统筹推进经济、政治、文化、社会、生态文明建设,尤其把实施区域协调发展战略作为贯彻新发展理念,建设现代化经济体系的六个方面之一而提出,可见区域协调发展对于当下建成现代化强国的重要性。

3. 绿色发展理念:绿色是中国社会主义现代化建设路径选择,是中国社会主义现代化建设永续发展的必要条件和人民对美好生活追求的重要体现

绿色发展主要解决的是在现代化建设过程中人与自然的关系,主要内涵是人们选择什么样的路径进行现代化建设。大自然孕育和滋养了人类,人类在认识自

---

① 中共中央文献编辑委员会:《邓小平文选》第 2 卷,人民出版社 1994 年版,第 128 页。

② 中共中央文献编辑委员会:《江泽民文选》第 2 卷,人民出版社 2006 年版,第 446 页。

③ 中共中央文献研究室:《十七大以来重要文献选编》上,中央文献出版社 2009 年版,第 12 页。

④ 《习近平谈治国理政》,外文出版社 2014 年版,第 11 页。

⑤ 《习近平谈治国理政》,外文出版社 2014 年版,第 326 页。

然和改造自然的过程中不断前进，并不断改变着人与自然的关系。虽然早在一百多年前恩格斯就发出警告："我们必须时时记住，我们统治自然界，绝不像征服者统治异族人那样，绝不像站在自然界之外的人似的"。① "我们不要过分陶醉于我们人类对自然界的胜利，对于每一次这样的胜利，自然界都对我们进行报复。"②但并没有引起人们应有的重视。特别是近代工业革命以来，人类干预改造大自然的能力和规模不断提高和扩展，在创造了辉煌物质文明的同时，也造成了资源枯竭、生态破坏、环境恶化的后果，传统的现代化的路径模式不能为继。我国现代化也面临着同样的困境。在改革开放后，邓小平就强调要注重保护环境，把环境的保护提高到与重工业的发展相等的地位，指出"油气田开发、铁路公路建设、自然环境保护等，都很重要。"③江泽民在讲话和报告中大量使用"生态环境""生态保护"等概念，他强调"环境保护很重要，是关系我国长远发展的全局性战略问题。在社会主义现代化建设中，必须把贯彻实施可持续发展战略始终作为一件大事来抓。"④胡锦涛强调要在调整经济结构、转变发展方式上下功夫，建设资源节约型、环境友好型社会，指出"必须把建设资源节约型、环境友好型社会放在工业化、现代化发展战略的突出位置，落实到每个单位，每个家庭。"⑤在党的十八大上正式把"生态文明建设"列入"五位一体"的现代化建设总布局，提出"推动形成人与自然和谐发展现代化建设新格局。"⑥习近平在以往两座"金山"的概念的基础上，强调绿色发展关系人民福祉，关乎民族未来，提出要以高度负责的态度和责任，治理好环境污染，建设好生态文明，"努力走向社会主义生态文明新时代"⑦。在党的十九大报告中把"加快生态文明体制改革，建设美丽中国"作为第九个主要方面而提出，强调"人与自然是生命共同体，人类必须尊重自然、顺应自然、保护自然"⑧，"我们要建设的现代化是人与自然和谐共生的现代化，既要创造更多物质财富和

① 中共中央马克思恩格斯列宁斯大林著作编译局：《马克思恩格斯选集》第 3 卷，人民出版社 2012 年版，第 998 页。

② 中共中央马克思恩格斯列宁斯大林著作编译局：《马克思恩格斯选集》第 3 卷，人民出版社 2012 年版，第 998 页。

③ 中共中央文献编辑委员会：《邓小平文选》第 2 卷，人民出版社 1993 年版，第 363 页。

④ 中共中央文献编辑委员会：《江泽民文选》第 1 卷，人民出版社 2006 年版，第 163 页。

⑤ 中共中央马克思恩格斯列宁斯大林著作编译局：《马克思恩格斯选集》第 3 卷，人民出版社 2012 年版，第 998 页。

⑥ 中共中央文献研究室：《十八大以来重要文献选编》上，中央文献出版社 2014 年版，第 114 页。

⑦ 《习近平谈治国理政》，外文出版社 2014 年版，第 326 页。

⑧ 习近平：《决胜全面建成小康社会夺取新时代中国特色社会主义伟大胜利——在中国共产党第十九次全国代表大会上的报告》，《人民日报》2017 年 10 月 28 日。

精神财富以满足人民日益增长的美好生活需要,也要提供更多优质生态产品以满足人民日益增长的优美生态环境需要。”①从推进绿色发展的体制机制、产业布局、生活方式、实际行动等方面促进现代化的发展。

4. 开放发展理念:开放是中国社会主义现代化建设战略举措,是中国特色社会主义现代化建设繁荣发展的必由之路

开放对于我国现代化建设有着特殊的地位和意义。在20世纪七八十年代,我们选择开放是因为我们是落后的发展中国家,我们要想尽快实现现代化,就要采取“后发优势”和“追赶模式”,要利用和借鉴国外的现代化发展经验、资金技术和体制机制。而当下,我们继续对外开放,主要的考量:一是继续促进中国现代化的进程,二是带动愿意搭乘中国现代化前进列车的国家共同实现现代化,为人类现代化贡献中国智慧和方案。

我国真正对外开放是在十一届三中全会之后,邓小平当时就指出“总结历史经验,中国长期处于停滞和落后状态的一个重要原因是闭关自守。经验证明,关起门来搞建设是不能成功的,中国的发展离不开世界。”②要“实现四个现代化必须有一个正确的开放的对外政策。”③由此,我国的对外开放就从沿海地区对外开放由点到线、由线到面逐步展开。江泽民强调对外开放是一项长期的基本国策,“我们的开放,要吸收国外先进技术、科学管理经验和优秀文化成果,引进外资,以增强我国经济社会发展的自力更生能力和在国际社会中的竞争能力。”④我国的对外开放由沿海到内地纵深发展,逐步形成了全方位的对外开放格局。胡锦涛强调改革开放是历史的选择,是人民的选择,“是决定当代中国命运的关键抉择,”⑤是当代中国最鲜明的特征。我国逐渐形成了全方位、多层次、宽领域的双向开放。十八大后,习近平强调要破解发展面临的困难和难题,化解风险和挑战,发挥制度优势,推动现代化持续健康发展,“除了深化改革开放,别无他途。”⑥在对外开放的要求和战略上:一是主动顺应经济全球化潮流,“充分运用人类社会创造的先进

① 习近平:《决胜全面建成小康社会夺取新时代中国特色社会主义伟大胜利——在中国共产党第十九次全国代表大会上的报告》,《人民日报》2017年10月28日。

② 中共中央文献编辑委员会:《邓小平文选》第2卷,人民出版社1993年版,第363页。

③ 中共中央文献编辑委员会:《邓小平文选》第2卷,人民出版社1994年版,第250页。

④ 中共中央文献编辑委员会:《江泽民文选》第1卷,人民出版社2006年版,第163页。

⑤ 中共中央文献研究室:《十七大以来重要文献选编》上,中央文献出版社2009年版,第12页。

⑥ 中共中央文献研究室:《十八大以来重要文献选编》上,中央文献出版社2014年版,第114页。

科学技术成果和有益管理经验。"①二是要"提高把握国内国际两个大局的自觉性和能力,提高对外开放质量和水平。"②三是"积极主动参与全球治理,构建互利合作格局,承担国际责任义务,扩大同各国利益汇合,打造人类命运共同体。"③四是推进"一带一路"建设,积极参与全球经济治理,积极承担国际责任和义务。在党的十九大报告中强调推动形成全面开放新格局,重点是"一带一路"建设,原则是共商共建共享,主要是加强创新能力开放合作,格局是形成陆海内外联动、东西双向互济。

5. 共享发展理念:共享是中国社会主义现代化建设的价值取向,是中国社会主义现代化建设的本质要求

中国共产党领导中国人民的革命、建设和发展是以人民为中心,为人民服务为根本目的,现代化建设成果全体人民共享,实现人的自由而全面的发展。邓小平指出,现代化建设的任务是"使人民不断增长的物质文化生活需要能够逐步得到满足。"④现代化的标准是"各项工作都要有助于建设有中国特色的社会主义,都要以是否有助于人民的富裕幸福,是否有助于国家的兴旺发达,作为衡量做得对或不对的标准。"⑤现代化的目标是"把我们的国家建设成为社会主义的现代化强国,是我国人民肩负的伟大历史使命。"⑥江泽民认为社会主义现代化建设代表着人民的最大的利益、最根本的利益,是最大的政治。社会主义现代化是要使人民"共享社会物质文化的成果。"⑦"共享经济全球化和科技进步的成果。"⑧胡锦涛强调,"坚持发展为了人民、发展依靠人民、发展成果由人民共享"⑨,促进人的全面发展,增进人民福祉的现代化。习近平在2003年提出要"使所有人都能共享

① 习近平:《在省部级主要领导干部学习贯彻十八届五中全会精神专题研讨班开班式上的重要讲话》,《人民日报》2016年01月19日。

② 习近平:《在省部级主要领导干部学习贯彻十八届五中全会精神专题研讨班开班式上的重要讲话》,《人民日报》2016年01月19日。

③ 习近平:《共同开创中阿关系的美好未来——在阿拉伯国家联盟总部的演讲》,《人民日报》2016年01月22日。

④ 中共中央文献编辑委员会:《邓小平文选》第2卷,人民出版社1994年版,第128页。

⑤ 中共中央文献编辑委员会:《邓小平文选》第2卷,人民出版社1993年版,第78-79页。

⑥ 中共中央文献编辑委员会:《邓小平文选》第2卷,人民出版社1994年版,第648页。

⑦ 中共中央文献编辑委员会:《江泽民文选》第1卷,人民出版社2006年版,第233页。

⑧ 中共中央文献编辑委员会:《江泽民文选》第3卷,人民出版社2006年版,第537页。

⑨ 中共中央文献研究室:《十七大以来重要文献选编》上,中央文献出版社2009年版,第107页。

现代文明”①,在现代化的本质上指出“现代化的本质是人的现代化,”②要“让广大农民平等参与现代化进程、共同分享现代化成果”③,在肩负的任务上提出“人民对美好生活的向往,就是我们奋斗的目标。”④在党的十九大报告中“人民”这个词出现了两百多次,这充分说明人民在建设现代化强国中的重要地位,且在现代化分两个阶段的安排中强调,第一阶段人民生活更为宽裕,全体人民共同富裕迈出坚实步伐,第二阶段全体人民共同富裕基本实现,我国人民将享有更加幸福安康的生活。

三、新发展理念是对现代化发展理念的开拓,是把我国建成富强民主文明和谐美丽的社会主义现代化强国合目的性与合规律性的辩证统一,丰富和发展了中国社会主义现代化建设理论,为发展中国家走向现代化提供了中国智慧和中国方案

时代在前进、实践在发展,理念创新不断结出硕果。新发展理念是习近平根据我国现代化所处阶段、时代特征、主要任务等提出和确立的,是对我国现代化建设规律的深化、内涵的丰富和发展中国家走向现代化路径的拓展,是我国现代化合目的性与合规律性的辩证统一,是我国现代化发展理念最新理论成果,是指导我国建成富强民主文明和谐美丽的社会主义现代化强国必须长期坚持的重要遵循。

1. 新发展理念深化了中国社会主义现代化建设规律的新认识

规律性是事物的本质属性,只有在对事物本质规律认识的基础上,才能更好地把握事物,促进事物的发展。中国社会主义现代化具有特殊性,中国现代化是外源性的现代化,是处于社会主义初级阶段,而又步入了中国特色社会主义新时代的现代化。如何促进中国现代化的发展,怎样建设现代化强国,符合此阶段我国现代化的规律和要求,是当下中国共产党要探索和思考的重大命题。习近平提出的新的发展理念是遵循经济规律的科学发展、自然规律的可持续发展、社会规律的包容性发展,把握了现代化建设速度变化、动力转换、结构优化的新特征和新特点,顺应了我国现代化发展速度、区域布局、产业升级的新要求,是对我国现代

---

① 《习近平谈治国理政》,外文出版社2014年版,第326页。

② 中共中央文献研究室:《十八大以来重要文献选编》上,中央文献出版社2014年版,第114页。

③ 中共中央文献研究室:《十八大以来重要文献选编》上,中央文献出版社2014年版,第625页。

④ 《习近平谈治国理政》,外文出版社2014年版,第19页。

化的发展思路、发展方向、发展着力点等规律的新认识,是对这一重大命题的回应。

2. 新发展理念丰富了中国特色社会主义现代化建设内容的新内涵

在实践中认识理论,在实践中发展理论,是我们认识世界、改造世界的重要方法。在我国社会主义现代化建设的过程中,我们的发展理念从秉承以经济建设为中心、发展是硬道理的物质发展为中心;到发展是党执政兴国的第一要务的可持续发展;到坚持以人为本、全面协调可持续发展的科学发展观;再到当下的新发展理念。每一次现代化发展理念的创新和完善,都是对中国特色社会主义现代化建设内容的新丰富和理论的新跨越。新的发展理念把创新理念、协调理念、绿色理念、开放理念、共享理念作为一个统一体提出来,在我国现代化建设历史上是第一次。五大发展理念在现代化发展的动力、发展方式、发展路径、发展举措、发展取向上都有新的开拓和深化,丰富了社会主义现代化建设内涵。

3. 新发展理念为发展中国家走向现代化提供了中国智慧和方案

中国的现代化把一个"一穷二白"的落后的发展中国家,建设成了经济增速在世界主要国家居于前列,国内生产总值稳居世界第二位,对世界经济增长贡献率超过百分之三十。历经磨难的中华民族已从站起来、富起来到当下的强起来,中华民族比历史上任何时期更接近世界舞台的中心,等等。这些都充分说明,现代化虽然是由西方国家开启的,但不是只有西方国家现代化一种范式。中国今天的强大,中国的崛起,恰恰说明中国的现代化是对西方现代化的发展范式的突破,并且正在改变西方现代化模式在全球的垄断局面。尤其自 2008 年世界金融危机以来,西方主要国家出现了经济下滑,国内矛盾激化,右倾保守主义抬头等社会乱象。而反观中国,中国经济继续中高速增长,国力增强,人民福祉提高。中国的成功和崛起,中国现代化建设发展的成功经验,对广大发展中国家有着示范性和标杆作用,为广大发展中国家拓展了走向现代化的新路径。

(原载于《理论与改革》2017 年第 6 期)

创新驱动发展战略持续推进*

2012 年,党的十八大明确提出,“科技创新是提高社会生产力和综合国力的战略支撑,必须摆在国家发展全局的核心位置”,同时强调要坚持走中国特色自主创新道路、实施创新驱动发展战略。十八大以来,以习近平同志为核心的党中央紧密围绕推动实施创新驱动发展战略,出台、颁布和实施了《关于深化体制机制改革,加快实施创新驱动发展战略的若干意见》(以下简称《若干意见》)和《国家创新驱动发展战略纲要》(以下简称《战略纲要》)等一系列政策和措施。这些政策是党中央适应新常态、把握新常态、引领新常态的重要举措,也是我国贯彻落实五大发展理念的重要表现,这些政策的持续实施将对我国经济社会发展产生深远的影响。

十八大以来推动创新政策的核心内涵

十八大以来,我国经济发展进入“新常态”,国际经济环境和我国经济发展阶段都发生重大变化,推动实施创新驱动发展战略是顺应这些变化的客观要求。近年来,党中央、国务院和政府各部门出台了各种政策和措施,从核心内涵来看,这些政策主要包括以下几个方面。

(一)营造激励创新的公平竞争环境

政府资源配置方式会严重影响市场形成公平竞争环境,因此,营造公平竞争环境,最重要的是要解决政府和市场的关系。十八届三中全会审议通过的《中共中央关于全面深化改革若干重大问题的决定》从顶层设计的视角提出一个关于政府和市场的重大理论观点,即“使市场在资源配置中起决定性作用和更好发挥政府作用”。《若干意见》也对这一关系进行了强调和贯彻。2016 年中共中央办公厅和国务院办公厅联合印发的《关于创新政府配置资源方式的指导意见》为解决当前政府配置资源中存在的市场价格扭曲、配置效率较低、公共服务供给不足等

---

* 本文作者:任继球,国家发改委产业所。

突出问题，提出“需要从广度和深度上推进市场化改革，大幅度减少政府对资源的直接配置，创新配置方式，更多引入市场机制和市场化手段，提高资源配置的效率和效益”。从具体政策和措施来看，2014 年国务院出台了《关于促进市场公平竞争维护市场正常秩序的若干意见》，对鼓励公平竞争和提高监管质量进行了规定：一是要求放宽市场准入，严厉惩处垄断行为和不正当竞争行为；二是强化市场主体行为监管，改进市场监管执法和改革监管执法体制。2016 年，为了限制政府资源配置方式对市场体系的干预（如国家产业政策对重点企业的倾斜和地方政府对本地市场的保护等），国务院出台了《关于在市场体系建设中建立公平竞争审查制度的意见》，提出要从维护全国统一市场和公平竞争的角度，按照市场准入和退出标准、商品和要素自由流动标准等逐步清理废除妨碍全国统一市场和公平竞争的规定和做法。

公平竞争会在一定程度上促进企业为培育和打造企业核心竞争力进行自主创新，从而激励整个社会创新。更为直接的，通过知识产权保护等制度完善，保障个人和企业创新的权益，能营造一个激励整个社会创新的环境。近几年我国出台了一系列推进知识产权保护制度建设的政策文件，主要包括《关于新形势下加快知识产权强国建设的若干意见》《知识产权综合管理改革试点总体方案》和《“十三五”国家知识产权保护和运用规划》等。

（二）推动产业创新发展

推动创新驱动发展战略的一个重要落脚点是要将科技创新落到经济、产业和现实生产力上。推动产业创新发展是我国推动创新驱动发展战略的一个重要目标。现有政策主要从两个方面来促进产业创新发展：一方面是做大做强高新技术产业。如，2016 年发布的《高新技术企业认定管理办法》为扶持和鼓励高新技术企业发展，首先对我国高新技术企业的认定进行了相关规定，并为完善高新技术企业税收优惠等优惠条件实施提出了相关管理办法。同年发布的《“十三五”国家战略性新兴产业发展规划》则为促进“十三五”期间我国节能环保、新一代信息技术、生物、高端装备制造、新能源、新材料和新能源汽车等战略性新兴产业快速发展提出了相关路径、任务和工程。另一方面是采用新技术新模式改造传统产业，这些政策文件主要包括《中国制造 2025》《关于积极推进“互联网 +”行动的指导意见》和《关于深化制造业与互联网融合发展的指导意见》。其中，《中国制造 2025》要求新一代信息技术和智能制造技术与传统制造业融合发展，《关于积极推进“互联网 +”行动的指导意见》强调推动互联网与制造业融合，提升制造业数字化、网络化、智能化水平，加强产业链协作，发展基于互联网的协同制造新模式。为贯彻落实这两个政策文件，2016 年国务院发布《关于深化制造业与互联网融合发展的指导意见》,着重解决传统企业运用互联网的意识和能力不足、互联网企业对传统产业理解不够深入、新业态发展面临体制机制障碍、跨界融合型人才严重匮乏等问题。

(三)培育和高效配置创新人才和资源

创新人才和资源是推动创新驱动发展的微观单元,也是促进产业创新发展的最原始动力,营造激励创新的公平竞争环境也是为了培育和高效配置这些创新要素。十八大以来,我国出台了一系列政策培育和有效配置创新人才和资源。在创新人才方面,一是要培育创新人才,如《"十三五"国家科技创新规划》提出要加快培育集聚创新型人才队伍,推进创新型科技人才结构战略性调整,大力培养和引进创新型科技人才。二是要完善创新人才流动机制,有效配置创新人才。如《"十三五"国家科技创新规划》强调完善人才流动机制,改进科研人员薪酬和岗位管理制度,破除人才流动障碍,研究制定高等学校、科研院所等事业单位科研人员离岗创业的政策措施,允许高等学校、科研院所设立一定比例的流动岗位,吸引具有创新实践经验的企业家、科技人才兼职,促进科研人员在事业单位和企业间合理流动。三是要通过完善收益分配制度和改革成果转换激励机制,用好创新人才。如《关于实行以增加知识价值为导向分配政策的若干意见》提出实行以增加知识价值为导向的分配政策,推动形成体现增加知识价值的收入分配机制,扩大科研机构、高校收入分配自主权,加强科技成果产权对科研人员的长期激励等。而《促进科技成果转移转化行动方案》则要求围绕科技成果转移转化的关键问题和薄弱环节,加强系统部署,抓好措施落实,形成以企业技术创新需求为导向、以市场化交易平台为载体、以专业化服务机构为支撑的科技成果转移转化新格局。

在创新资源方面,一是要改善基础研究的资金支持方式。如《关于改进加强中央财政科研项目和资金管理的若干意见》和《关于深化中央财政科技计划(专项、基金等)管理改革的方案》都对中央财政资金支持基础研究进行了一定程度的改革和完善。二是要提高创新资源的综合利用效率。如《关于国家重大科研基础设施和大型科研仪器向社会开放的意见》提出要解决科研设施与仪器利用率和共享水平不高、部分科研设施与仪器重复建设和购置、闲置浪费现象严重、科研设施与仪器对科技创新的服务和支撑作用没有得到充分发挥等问题,并大力加快推进科研设施与仪器向社会开放,进一步提高科技资源利用效率。

十八大以来推动创新政策的主要特点

(一)更加注重从供给侧发力

从政策导向来看,相比于其他国家,我国现有政策更加注重从供给侧发力。

例如,为推动本国经济创新发展,OECD 国家采取了一系列需求侧的政策,如创新型政府采购政策、培育领先市场、推动来自需求方的创新。与这些国家相比较,我国更偏重于供给侧出台和实施一系列推动创新驱动发展的政策,如从 2015 年开始,我国就开始启动和实施以去产能、去库存、去杠杆、降成本、补短板为重点的供给侧结构性改革,推动经济向提高质量和效益发展。这主要是因为目前制约我国创新驱动发展的很多问题主要集中在供给层面,如长期存在的结构、技术、效率等问题,需要通过这些政策重点在营造激励创新的公平竞争环境、推动产业创新发展、培育和有效配置创新人才和资源等方面发力。

(二)更加注重发挥市场作用

与以往政策相比,我国现行政策普遍注重发挥市场作用,这主要表现在:一是强调营造激励创新的公平竞争环境就是为了促进市场更好发挥作用,让企业在规范的市场体系中通过创新培育核心竞争力。二是倾向于“简政放权、放管结合、优化服务”,减少政府对市场干预,加强政府对市场体系建设的服务,鼓励政府做增强市场功能型政府。三是与以往强调科研院所在科技创新中的作用不同,近些年来的政策越来越重视让企业成为创新的主体。如《若干意见》提出建立技术创新市场导向机制,要扩大企业在国家创新决策中的话语权,完善企业为主体的产业技术创新机制。四是政策手段和措施更多采用市场化方式,与市场互动合作。例如,最近一段时间常使用的政府和社会资本合作(PPP)模式,就是在纯公共领域和准公共领域采取市场竞争的方式提供服务。

(三)更加注重环境营造和普惠性政策

以往政策在扶持创新企业或建设创新项目时,偏重于选择性政策,选择重点企业或重点科研院所支持。而十八大以来,我国创新驱动发展战略政策更加注重环境营造,更多采用普惠性政策,通过对全社会企业的税收优惠等普惠性政策促进这些企业在平等条件下竞争,让市场选择创新冠军,避免出现寻租和企业垄断等不利影响。例如,《若干意见》重点强调营造激励创新的公平竞争环境,在具体支持上要求提高普惠性财税政策支持力度,坚持结构性减税方向,逐步将国家对企业技术创新投入方式转变为普惠性财税政策为主。2015 年 6 月国务院颁布的《关于大力推进大众创业万众创新若干政策措施的意见》也提出要完善普惠性税收措施,落实扶持小微企业发展的各项税收优惠政策,在鼓励企业创新发展上不再仅仅“抓大放小”。

(四)更加注重体制机制改革和创新

现行政策更加注重体制机制改革和创新,更注重从制度层面上破除限制创新活动的种种束缚,扭转了以往政策偏重财税、金融等政策对创新活动支持的路径依赖。改革开放以来,经过将近四十年的经济建设和社会发展,我国已经成为一个资本、技术人才等要素充裕的国家,人口红利优势逐渐丧失,接下来要推动我国创新驱动发展,推动经济稳定快速增长,只能坚定从体制机制改革中寻找红利,进而释放出更大的创新活力和创造潜能。认识到这一点,十八大以来,党中央、国务院坚定不移地出台政策推动我国体制机制改革和创新。《若干意见》的颁布和实施最能体现这一重要变化。《若干意见》出台后,政府各部门相继出台了一系列政策措施来细化和落实《若干意见》,如《关于实行以增加知识价值为导向分配政策的若干意见》是为了落实《若干意见》中完善成果转化激励的政策方向,而《关于创新政府配置资源方式的指导意见》则是为了更好地落实《若干意见》中提到的“营造激励创新的公平竞争环境”。

(五)更加注重采用多样化政策手段

现行政策不断借鉴和吸收国外政策手段的先进做法,不断创新对政策工具的使用,更加注重采用多样化的政策手段。如为提高政府在纯公共领域、准公共领域基础设施等项目建设的资金效率,近些年开始创新使用 PPP 模式;为扶持战略性新兴产业发展,提高政府资金对这些产业的支持效率,近些年来广泛使用产业投资基金,通过政府资金的引导增加社会各界资金对战略新兴产业的扶持力度,同时减少了过往特定产业扶持方式带来的对市场公平竞争的影响;为提高政府监管质量,转变政府职能,国务院还出台了一系列关于负面清单管理办法的政策文件,创新政府对市场准入的监管方式;在对出口贸易支持上,我国已经不仅仅限于出口退税等政策扶持方式,近些年来,更是在战略谋划和信息服务上发力,便利企业走出去;为推动基层,特别是县域创新驱动发展,积极采取和推广“科技镇长团”“博士服务团”等模式,提升县域人才集聚和创新管理服务能力。

(六)坚持长期性与短期性相结合

现行政策体系既注重从长远规划我国建设创新型国家的战略方向和战略路径,又注重着眼当下,结合考虑当前现实需要,短期规划近几年的战略目标和战略任务。《战略纲要》规划了我国创新驱动发展的长远目标,即通过分三步走,到 2050 年将我国建成世界科技创新强国,成为世界主要科学中心和创新高地。《中国制造 2025》也规划了未来十年我国制造业创新发展的战略目标、战略路径和战略任务,提出要到 2025 年,我国制造业整体素质大幅提升,创新能力显著增强,全员劳动生产率明显提高,两化(工业化和信息化)融合迈上新台阶。而《“十三五”国家科技创新规划》《“十三五”国家战略性新兴产业发展规划》等则注重短期规划,侧重于解决未来五年内我国相关行业和领域创新发展的目标和任务。

（七）坚持指导性与操作性相结合

现行政策体系既注重出台和颁布具有指导性的纲领性、综合性政策文件，指导各部门未来的改革方向，也注重具体落实这些指导文件，制定解决当前制约创新发展现实问题的政策措施。《若干意见》指明了未来很长一段时间我国推动创新驱动发展战略的体制机制改革方向，这些细化的体制机制改革方向有机耦合在一起，形成一个完整的政策体系，需要在新时期很长一段时间具体落实，对各部门接下来的工作具有重要指导意义。但现行政策体系并不仅仅流于表面，各部门还出台了一系列措施在短期解决实质性问题，落实纲领性文件，可操作性强。如为推动政府简政放权，方便企业注册，2015 年国务院办公厅颁布《关于加快推进"三证合一"登记制度改革的意见》，提出将由工商行政管理、质量技术监督、税务三个部门分别核发不同证照，改为由工商行政管理部门核发一个加载法人和其他组织统一社会信用代码的营业执照，即"一照一码"登记模式。

完善现有政策的几点建议

（一）加强顶层设计和统筹协调，切断政策打架的"病根"

现行政策体系仍存在部分政策脱节、政策缺失、政策拥挤、甚至政策冲突的现象，需要加强顶层设计和统筹协调，完善政策体系。一是完善政策治理体系，做到从前期研究、制定出台、执行评估、督察问责全流程环环相扣、无缝对接。二是处理好部门之间的关系，推动形成各部门各尽其责、各司其职、密切配合、协同发力的合作机制，共同制定和实施好政策。建立部际协商沟通机制，在政策法规的制定过程中，召开联席会议，避免出现冲突打架。三是加强立法的严肃性，避免政策的随意出台，建立政策法规审查机制，经常性地对已颁行的政策法规进行梳理和处理，及时对有冲突的内容进行废止、修改和补充完善。四是要在政策法规修订前，由法制办对有关"打架"法规的适用问题予以明确，以提高政策的可操作性。

（二）加快推进相关政策落地，进一步提高政策的可操作性

现行政策体系的大多数政策都找准了制约我国创新驱动发展的各种问题，并提出了有效的解决方案和政策措施，但遗憾的是，目前仍存在一些政策流于表面，不能有效落地，需要进一步提高政策的可操作性，加快推进相关政策落地。一是要借助法律法规的强制力，将部分政策写入相关法律法规。二是要加快推进专项规划和政策出台，推进配套措施政策制定落实，细化政策措施，不能过于原则化，更不能模棱两可，要让地方政府和企业看得明白、找得到操作办法。三是对推行困难的重点政策成立专项督查小组，深入地方基层，结合微观案例，指导和促进这些政策的实施，并形成示范作用，带动其他地方效仿实施。

（三）加大对政策的后续评估，通过实践反馈推动政策修改和完善

现行政策体系存在一些政策停留于制定和颁布，或者实施后期出现不适应时代发展的问题，这是因为缺少评估、监督、问责等环节，故需加大对政策的后续评估，加强对政策的修改和完善，保证政策顺利落地，必要时能及时退出。一是完善第三方评估体系，引入独立的专业评估机构对政策实施效果进行全方位评估，对政策实际效果或存在问题做出客观、公正的判断，并据此对政策进行修改和完善。二是明确政府各部门在政策实施过程中的职责和作用范围，建立合理的激励和惩罚机制，提高地方官员执行政策的积极性、主动性和创造性。三是建立政策退出机制，每一项政策都有适用条件，环境变化会导致政策不再适用，因此在政策出台之前就应考虑退出机制。

（四）增加对需求侧政策的使用，加强对政策工具的创新

十八大以来，我国大部分政策都偏向于供给层面，也更加注重采用多样化的政策手段，这些政策都对推动创新驱动发展发挥了积极作用。但供给和需求不是孤立存在的，是一枚硬币的两面，我国创新驱动的大多数问题从供给侧出发有利于政策推进，但也存在一些问题，从需求侧出发解决更有效。因此，可以采取一些需求侧政策，特别是微观层面的需求政策来配合供给侧政策，如加强政府采购、协调制定规制与标准、面向创新的消费补贴等需求侧政策对创新活动的支持，并在实际操作中加强对这些政策具体手段和工具的创新，提高政策推进效率。

（原载于《中国发展观察》2017 年 Z3 期）

“创新发展理念”探要*

在党的十八届五中全会上，习近平提出了“创新、协调、绿色、开放、共享”的“五大发展理念”。在这“五大发展理念”中，“创新发展理念”居于首位，是方向，是钥匙，是引领发展的第一动力。“创新发展理念”，包括理论创新、科技创新、制度创新、文化创新、协同创新等基本内涵，从理论层面来说是对中国特色社会主义理论体系的丰富与发展，从实践层面来说是对我国经济社会发展现实的客观认识与准确把握，必将成为我国经济社会新发展的理论指南和实践引领。

一、“创新发展理念”的提出依据

（一）当今世界各国创新能力竞争的日趋激烈是“创新发展理念”提出的国际背景

“创新”一词起源于拉丁语。最早出现在经济学领域，学界普遍认为是由原籍奥地利的美国经济学家约瑟夫·熊彼特首先提出的。1911 年，熊彼特《经济发展理论》一书的德文版出版，1912 年该书的英文版出版，书中第一次阐述了经济增长非均衡变化的思想，提出了“创新”的概念。此后，熊彼特又将创新理论作为解释资本主义经济发展和周期的理论。1928 年，熊彼特在《资本主义的稳定性》一书中，第一次明确提出了创新是一个过程的观点。1939 年，熊彼特在《商业周期》一书中，对创新理论做了比较全面的论述，标志着创新理论的初步形成。此后，创新理论不断得以丰富和发展。由此可见，人类文明进步之所以能够不断取得丰硕的成果，主要是得益于人们思想观念的不断解放、技术创新的日益进步和科学技术的广泛应用。

当今时代，伴随着经济全球化、知识资本化、信息网络化进程的不断加快，世界各国都在积极拓展创新发展的新空间，国与国之间创新能力的竞争日趋激烈。

---

* 本文作者：陈永华，男，辽宁朝阳人，辽宁工程技术大学副教授，辽宁大学思想政治教育博士研究生，主要从事思想政治教育研究。

经过比较分析不难发现，世界上任何一个发展速度比较迅猛、发展程度比较成熟的国家，无一例外都是坚持创新发展理念、坚持创新发展道路的结果。不同国家和民族的发展速度有快慢的差别，发展水平有高低的区分，主要原因在于创新能力的强弱。创新已经成为大国竞争的新赛场，谁主导创新，谁就能主导赛场规则和比赛进程①。因此，一个国家若想走在世界发展的前列，一个民族若想屹立于世界民族之林，从根本上来说是取决于该国家或者该民族的创新能力。一个国家若想在激烈的国际竞争中提升自己的综合国力和核心竞争能力，必须不断创新并把握创新的主动权。习近平提出“创新发展理念”，把创新放在国家经济社会发展的核心位置，放在未来发展规划理念的首要位置，正是适应了当今世界创新能力竞争日趋激烈的新形势。这充分体现了以习近平同志为核心的党中央面对新挑战，立足新起点，面向世界，聚焦发展的坚定决心和历史担当。

（二）马克思主义创新思想及其中国化的发展是“创新发展理念”提出的理论基础

马克思主义创新思想及其中国化的发展是习近平“创新发展理念”的理论来源。对于“创新”的重要性，马克思曾经指出：“如果他想用唯一的一个剧本为自己铺设一条通向舞台的道路……他应当把自己的剧本建筑在创新的基础上。”②马克思主张并坚持人是创新唯一主体的观点，强调“只有人才是世界上唯一能够从事自主的、独立的、全面的创造性活动的存在物，只有人的活动才称得上真正的创造”③。马克思恩格斯还多次在其著作中论述了创新在消灭私有制、创造生产力中的巨大作用。列宁大力倡导创新在苏维埃俄国社会主义建设中的重要作用，指出：“在活跃农业和工业间的流转方面，应全面、大力、坚决地发挥地方的首创精神、创新精神和扩大它们的独立程度。要研究这方面的实际经验。这种经验要尽可能多种多样”④。

在马克思主义中国化的进程中，中国共产党人不断从理论层面和实践层面丰富发展了马克思主义创新思想，形成了具有中国特色的创新理论体系。毛泽东注重将马克思主义同中国的具体实践相结合，领导了中国革命和建设的创新发展，为中国共产党理论创新和实践创新道路的开辟做出了不可磨灭的贡献。作为理论创新和实践创新的重要成果，毛泽东思想的形成具有历史的必然性。邓小平可

① 刘延东：《深入实施创新驱动发展战略》，《人民日报》2015 年 11 月 11 日。

② 《马克思恩格斯全集》第 41 卷，人民出版社 1995 年版，第 101 页。

③ 舒远招：《马克思的创造概念》，《湖南师范大学社会科学学报》1998 年第 5 期。

④ 《列宁选集》第 4 卷，人民出版社 1995 年版，第 524 页。

谓是倡导和践行当代创新思想的典范。他领导中国创新实行了改革开放发展模式,设计并探索出了符合中国国情的社会主义现代化发展道路,形成了特色鲜明的改革创新思想。邓小平的改革创新思想既是党的指导思想创新的具体体现,又是党的政策创新的具体体现,更是实际工作创新的具体体现。1978年,在《解放思想,实事求是,团结一致向前看》的专题讲话中,邓小平专门论述了"研究新情况、解决新问题"的重要观点,这充分体现了对创新思维和发展思维的具体运用。江泽民侧重于从国家和民族发展进步的高度对创新思想进行概括和凝练,指出:"创新是一个民族的灵魂,是一个国家兴旺发达的不竭动力。"①这是江泽民对于创新的历史意义及社会功能的深刻认识,是其关于创新思想的著名论断。胡锦涛多次阐述"创新"的思想,强调"要始终把改革创新精神贯彻到治国理政各个环节"②,并提出"提高自主创新能力,建设创新型国家"的号召。在我国经济发展进入新常态的关键时刻,习近平在党的十八届五中全会上提出了"创新发展理念",并将其上升为国家意志和国家战略的高度,这本身既与中国共产党对创新思想的认识一脉相承,又是对中国共产党关于发展理念的重大创新。

(三)我国经济社会发展所面临的实际问题是"创新发展理念"提出的现实基础

改革开放以来,我国经济发展非常迅速,经济总量已经排名世界第二位,但在经济持续快速增长的同时,在经济社会发展过程中长期形成的结构性矛盾和粗放型增长方式等问题表现的愈加突出,发展水平不平衡问题明显,能源、资源、生态环境等刚性约束问题凸显,自主创新能力亟待提升。降低自然资源的投入,加大创新要素的投入,是现代社会经济发展不可逆转的趋势。虽然我国经济规模和经济总量非常可观,但是我国人均资源却较少,传统意义上依靠土地以及劳动力等资源为主导的道路已经行不通,必须转变观念,走创新发展的道路,才能有效化解经济社会发展的现实矛盾,实现持续、健康发展的良性发展态势。因此,要适应和引领我国经济发展新常态,深入实施创新驱动发展战略刻不容缓。

在党的十八届五中全会上,习近平提出并全面阐述了以"创新"为首的"五大发展理念",强调"把创新摆在国家发展全局的核心位置,不断推进理论创新、制度创新、科技创新、文化创新等各方面创新,让创新贯穿党和国家一切工作,让创新

① 《江泽民文选》第1卷,人民出版社2006年版,第432页。

② 胡锦涛:《在中国共产党第十八次全国代表大会上的报告》,http://news.xinhuanet.com/18cpcnc/2012-11/17/c_113711665_3.htm.

在全社会蔚然成风”①。这是习近平针对新常态下我国经济社会发展的实际,站在新的发展高度对创新思想做出的全新阐释,既与马克思主义的创新思想一脉相承,又充分彰显了与时俱进的品质,对于激发新时期新阶段我国经济发展的新动力,增强全社会的创新发展意识,开启我国经济社会新的发展历程,无疑具有重大而深远的意义。

二、“创新发展理念”的主要内容

党的十八大以来,习近平从理论创新、科技创新、制度创新、文化创新、协同创新等各方面对“创新发展理念”做了深刻阐释和论述。这些论述,是对“创新”理解和认识上的升华,是对“创新”内涵与外延的丰富,由此形成了具有中国特色的完整的创新理论体系。

(一)坚持理论创新,提高创新发展的思想认识

理论创新是方向引领。“创新发展理念”的提出,本身就是理论创新的成果体现。坚持理论创新,提高创新发展的思想认识,要勇于解放思想,转变思维方式,坚持创新思维、战略思维和历史思维。

其一,要坚持理论创新,用新的理论引领新的实践。习近平强调,我们党之所以能够历经考验磨难无往而不胜,关键就在于不断进行实践创新和理论创新。马克思主义必须同中国实际相结合,实现中国化、时代化。实践创新和理论创新永无止境。毛泽东思想、邓小平理论、“三个代表”重要思想、科学发展观都是在实践基础上的理论创新。我们要继续与时俱进,推进马克思主义不断发展②。新时期新阶段新实践呼唤着新思想新判断新战略,同时,新时期新阶段新实践也孕育着新思想新判断新战略。习近平关于治国理政一系列重要思想的提出,适应了新时期新阶段新实践的客观要求,同时也是新时期新阶段新实践的行动指南。这也生动体现了以习近平为核心的党中央坚持理论创新的率先垂范。

其二,要坚持创新思维,努力培养创新意识。习近平指出:“生活从不眷顾因循守旧、满足现状者,从不等待不思进取、坐享其成者,而是将更多机遇留给善于和勇于创新的人们。”③坚持理论创新,就是要在日常的工作、学习和生活中善于培养人们的创新意识,引导人们运用创新思维,不断打破常规的束缚,不断因时、

① 《中共中央关于制定国民经济和社会发展第十三个五年规划的建议》,http://pol - itics. people. com. cn/n/2015/1103/c1001 - 27772701 - 8. html.

② 《习近平在七大会址论党的实践创新和理论创新:永无止境》,http://news. xinhuanet. com/2015 - 02/15/c_1114372592. htm.

③ 中共中央宣传部:《习近平总书记系列讲话读本》,人民出版社 2016 年版,第 287 - 288 页。

因地制宜,不断探寻客观规律,在改变中开拓新的发展空间,以创新的思想认识开创新的工作局面。

其三,要坚持战略思维,不断增强创新信心。习近平关于"把创新摆在国家发展全局的核心位置""把创新作为引领发展的第一动力"等重大论断,充分表明了以习近平同志为核心的党中央对于实施创新驱动战略的高度重视和将"创新发展理念"上升为国家战略的坚定信心。这本身就是对全国各族人民创新信心的极大鼓舞。"创新发展理念"对于整个经济社会的发展思路、发展方向乃至发展方式的转变,都具有积极的引领作用,因而必将从战略高度指引经济社会的发展实践。

其四,要坚持历史思维,在继承中创新和发展。习近平指出:"我们是历史唯物主义者,要认识到没有继承,就没有发展;没有创新,就没有未来。必须始终坚持在继承中创新,在创新中发展。"①创新的实质,就是对现状的不满足并寻求改变。坚持"创新发展理念",就是要运用历史思维,强调创新是建立在继承的基础之上,不是与历史相脱离,而是在继承中创新,在创新中突破,在突破中发展。

(二)坚持制度创新,建立创新发展的制度保障

制度创新是保障。党的十八大强调,要把制度建设摆在突出位置,充分发挥我国社会主义政治制度优越性。习近平指出:"全面深化改革的总目标是完善和发展中国特色社会主义制度,推进国家治理体系和治理能力现代化。"②制度创新是建立在理论创新和创新实践的基础之上的,其核心是国家治理创新,关键在于通过制度建设,形成保障创新发展的体制和机制,并在体制和机制的变革中激发创新主体的活力和创造力,进而推进国家治理体系和治理能力的现代化发展。

其一,要着力加强政治制度建设,充分发挥我国社会主义政治制度优越性,不断完善现代化的国家治理体系。要坚持走中国特色社会主义政治发展道路,坚持马克思主义的指导地位,坚持发展适合我国国情的社会主义政治制度,不断提高民主发展水平,充分保障人民当家作主的权利,坚定广大人民群众对中国特色社会主义的道路自信、理论自信、制度自信和文化自信,为创新发展战略的实施营造有利条件。

其二,要大力推行行政体制改革,加快转变政府职能,不断提升现代化的治理能力。转变政府职能,关键在于处理好政府和市场的关系。要使政府在市场经济的运行中强化宏观调节,减少微观干预,提升服务能力,从而进一步促进简政放

---

① 《习近平与"十三五"五大发展理念·创新》,http://www.chinanews.com/ll/2015/11-01/7599416.html.

② 《中共中央关于全面深化改革若干重大问题的决定》,2013年版。

权、政企分开,进一步破除阻碍生产力发展的体制和机制,不断激发市场活力。"要进一步深化改革、扩大开放,加快体制、机制创新,形成科学合理的管理体制以及多元化的投入机制和市场化的运作机制"①,为创新营造良好的社会环境。

其三,要积极推动科技、教育、文化、法律等一系列具体制度改革与创新措施的完善。制度不是一成不变的,需要在实践中不断完善,在改革中不断发展。要坚持现有的合理制度,改革和完善现有制度中的不合理成分,及时建立实际工作需要的新制度,为促进创新发展制定科学、系统、有效的制度保障体系,充分调动创新主体和创新个体的创造积极性,促进大众创业、万众创新良好局面的形成。

(三)坚持科技创新,激发创新发展的强大动力

科技创新是关键。科技创新是国家竞争力的核心,是不断提高生产力的关键,是缩小与世界发达国家创新发展水平差距的重中之重。习近平强调:"谁牵住了科技创新的牛鼻子,谁走好了科技创新这步先手棋,谁就能占领先机、赢得优势。"②在全面实现中华民族伟大复兴中国梦的实践中,应对现代科技创新的激烈竞争局面,只有抢占先机,发挥先发优势,才能赢得新一轮科技革命的竞争。

其一,要推动科技创新与经济发展的真正融合。当前,由于受到创新主体的活力不足、创新成果的转化不充分、政府干预创新主导等现实条件的制约,科技创新及其创新成果在经济社会发展中的作用并未得到完全发挥。推动科技创新与经济发展的真正融合,要健全以市场需求为导向的科技创新机制,最大限度地推动科技创新成果的转化及应用;要完善科技创新激励机制,使企业真正成为科技创新的主体;要切实促进政府职能由干预创新向服务创新转变,营造自由、宽松的科技创新竞争环境。

其二,要完善创新人才培养机制。若想真正实现科技创新,不仅要有良好的创新政策和创新环境,而且必须依靠创新人才创造力的发挥。不具备创新的人力资本,科技创新将无从谈起。因此,必须不断完善创新人才的培养、选拔、激励机制,努力营造有利于创新人才培养的育人环境,营造有利于年轻人才快速成长的政策环境,营造有利于高端人才施展才华的创业环境,最大限度地调动科技创新人才在科技创新中的积极性、创造性,促进科技创新成果更多、更快、更好的涌现。

其三,要提升自主创新能力。一个国家和民族科技实力的提升,关键在于自

---

① 《习近平与"十三五"五大发展理念·创新》,http://www.chinanews.com/ll/2015/11-01/7599416.html.

② 习近平:《当好全国改革开放排头兵 不断提高城市核心竞争力》,《光明日报》2014年05月25日。

主创新能力的提升。当今世界,谁掌握了核心创新技术,谁就拥有了核心竞争能力,谁就能在激烈的竞争中立于不败之地。提升自主创新能力,国家要重视基础研究,鼓励原始创新和元问题研究;要优化资源配置,引导产学研协同攻关、联动创新;要引导创新主体积累重大创新成果和核心创新技术,并在对外交流中不断借鉴和创新核心技术研发,在对外合作中注重自主知识产权的保护。

(四)坚持文化创新,营造创新发展的浓厚氛围

文化创新是精神动力。文化起源于传统,需要在继承中发展,并在发展中促进传统文化的繁荣;文化又来源于实践,在交流中实现传播,并在传播中引领实践不断向前发展。唯有弘扬创新文化,倡导创新价值观念,启迪创新思维方式,营造崇尚创新的社会氛围,才能使创新在全社会蔚然成风,形成全民参与创新、全民推动创新的崭新局面。

其一,要大力弘扬中华优秀传统文化。五千年的中华文明,创造了光辉灿烂的优秀文化,形成了中华民族雄厚的软实力。深入挖掘和传承中华优秀传统文化,从本土的、传统的、历史的文化底蕴中汲取精华与养分,“对传统文化进行创造性转化、创造性发展”①,是实现文化创新的根基。

其二,要大力推进文化创新。党的执政根基、全社会的共同理想、各民族的共同力量,都必须依靠先进文化来凝聚。从价值导向上,要坚持以社会主义核心价值观作为时代引领,大力弘扬爱国主义的理想信念,大力弘扬改革创新的精神追求;从思维方式上,要使人民群众将创新意识内化于心,成为内在品质;从行为习惯上,要使人民群众将创新行动外化于行,成为外在气质,从而与时俱进地激发全社会对创新精神的追求。

其三,要加强中国文化与世界文化的交融。当今世界,各国之间的文化交流空前频繁。多元文化背景下,坚持文化创新,就是要立足传统、放眼全球、与时俱进、关注现实。在与世界的、现代的、现实的文化交流中,汲取世界其他民族的优秀文化,创造出适应时代发展潮流的新文化,彰显中国文化的话语主导,形成创新发展强有力的精神支撑。

(五)推进协同创新,形成创新发展的强大合力

习近平强调:“我们要把推进经济、政治、文化、社会、生态等方面改革开放有机衔接起来,把推进理论创新、制度创新、科技创新、文化创新以及其他各方面创

---

① 中共中央宣传部:《习近平总书记系列讲话读本》,人民出版社2016年版,第287-288页。

新有机衔接起来,整体推进,重点突破,形成推进改革开放的强大合力。”①创新发展的实现,依赖于在经济社会发展的各个领域和各个方面进行全要素、全系统、全方位的变革。

其一,应当从宏观层面发挥“五大发展理念”的引领作用。“五大发展理念”,符合我国经济社会发展的客观规律,符合全面建成小康社会的发展目标,是国家战略思维、战略决策、战略能力的集中体现。坚持以“五大发展理念”为引领,关键是要坚持“创新发展理念”的首要地位和核心作用,以此引领经济社会的新发展。同时,还要认识到,“五大发展理念”共同构成了一个不可分割的整体,分别针对发展动力、平衡发展、和谐发展、联动发展、公平发展问题的解决,各理念之间有着先天的内在联系,任何一个方面都不可缺失和忽略。

其二,应当从微观层面发挥理论创新、制度创新、科技创新、文化创新的协同作用。要推动创新发展的根本性、整体性和长远性变革,引领我国经济社会走上新的发展道路,无论是理论创新、制度创新,还是科技创新和文化创新,都必不可少。理论创新解决的是创新发展的政治方向和思想认识问题,制度创新解决的是创新发展的基本保障问题,科技创新解决的是创新发展的关键动力问题,文化创新解决的是创新发展的精神动力问题。只有这“四大创新”连同其他方面的创新共同发力,才能形成协同效应,有效促进各行各业的持续创新。

三、“创新发展理念”的重要地位

“创新发展理念”是在中国特色社会主义发展的历史进程中逐步形成的,对于丰富和发展中国特色社会主义理论体系,保障“四个全面”战略布局的实现,促进经济社会健康发展具有重要的理论与现实意义。

(一)“创新发展理念”是对中国特色社会主义理论体系的丰富和发展

“创新发展理念”对中国特色社会主义理论体系的丰富和发展,主要体现在两个方面:一是在党的指导思想上;二是在党的创新理论上。从党的指导思想上看,中国共产党在团结和带领全国人民取得革命、建设和改革事业巨大成就的同时,坚持把马克思主义基本原理与中国实际相结合的原则,不断进行马克思主义中国化的理论创新,实现了党在指导思想上的与时俱进。毛泽东思想是马克思主义中国化的第一个成果。包括邓小平理论、“三个代表”重要思想和科学发展观在内的中国特色社会主义理论体系,是马克思主义中国化的最新成果。包括“创新发展

① 中共中央文献研究室:《习近平关于全面深化改革论述摘编》,中央文献出版社 2014 年版,第 10 页。

理念”在内的习近平治国理政的新理念新思想新战略，是对中国特色社会主义理论体系的新发展，是新时期新阶段新实践的行动指南。从党的创新理论看，创新理论是马克思列宁主义、毛泽东思想和中国特色社会主义理论体系的重要组成部分。在继承马克思列宁主义创新思想的基础上，中国共产党智慧而勇敢地不断进行理论探索和实践探索，立足于中国的具体国情，积累了丰富的创新实践经验，形成了独具特色的创新理论体系。不论是毛泽东对于中国革命道路和中国社会主义建设道路的创新探索，邓小平改革开放和社会主义现代化道路的设计和实践，江泽民从整个民族与社会的高度对创新内涵的科学定位，胡锦涛对建设创新型国家的号召，还是习近平提出的“创新发展理念”，都是对马克思主义创新理论的继承与发展，都进一步丰富了中国共产党人关于创新理论的思想宝库。总之，“创新发展理念”，为中国特色社会主义创新理论注入了新的时代内涵，充分体现了理论与实践、历史与现实、形式与逻辑的高度统一，是对中国特色社会主义理论体系的丰富和发展。

（二）“创新发展理念”是实现“四个全面”战略布局的思想保障

“四个全面”战略布局，是习近平在我国进入全面建成小康社会的决胜阶段提出的战略部署。习近平“创新发展理念”与“四个全面”战略布局，有着内在的逻辑关联。实施创新驱动发展战略，致力于全面深化改革，加快调整经济结构，加快转变发展方式，不断提升社会生产力，不断提高综合国力，是实现“四个全面”战略布局的动力源泉。牢固树立创新发展理念，不断解放思想，不断开拓创新，致力于破解影响经济社会发展的体制机制的消极束缚，持续推动经济社会发展走上健康的发展道路，是实现“四个全面”战略布局的有力思想保障。坚持从理论层面、制度层面、科技层面、文化层面等各方面进行创新，致力于建立起中华民族的理论自信、道路自信、制度自信和文化自信，是实现“四个全面”战略布局的理论和实践保障。积极营造弘扬创新的社会氛围，致力于全民族的创新热情的激发、创新力量的凝聚和创新勇气的增强，是实现“四个全面”战略布局的群众基础与主体保障。

（三）“创新发展理念”是新常态下我国经济社会发展的根本遵循

“新常态”这一概念，是习近平于 2014 年 5 月在考察河南时首次提出的。“新常态”意味着一种趋势性、不可逆的发展状态，旨在揭示中国经济已进入一个与过去 30 多年高速增长期不同的、相对稳定的新的发展阶段。改革开放 30 多年来，我国现代化建设取得了巨大成就，经济增长速度和规模都有了长足进步。然而，在经济持续快速增长的背后，我国的经济社会发展还面临着许多突出的问题。在经济全球化、知识资本化、信息网络化的大背景之下，世界各国都在积极拓展创新发展的新空间，国际竞争呈现出日趋激烈的发展势头。中国作为一个发展中大国，我们的综合国力与发达国家相比，还存在着很大的差距。站在国际化的视角看，世界上诸多发达国家的科技进步和经济发展，给我们提出了严峻的挑战，同时也给我们提供了可资借鉴的经验。在经济发展的“新常态”下，只有坚持以“创新发展理念”为指导，深入实施创新驱动发展战略，不断致力于培育新的发展动力、拓展新的发展空间、构建新的产业体系、构建新的发展体制，才能推动我国经济、政治、社会、文化、生态的持续健康发展，进而实现“四个全面”战略布局和中华民族伟大复兴的中国梦。

（原载于《沈阳师范大学学报》2017 年第 5 期）

“创新是引领发展的第一动力”*

——习近平与创新发展理念的提出

党的十八大以来，习近平站在实现“两个一百年”奋斗目标和实现中华民族伟大复兴中国梦的战略高度，把创新摆在国家发展全局的核心位置，围绕实施创新驱动发展战略与加快推进以科技创新为核心的全面创新，提出了一系列新思想新论断新要求。在此基础上，党的十八届五中全会将创新摆在五大发展理念之首，并用习近平提出的“创新是引领发展的第一动力”重要论断为创新发展理念作注解，强调要“让创新贯穿党和国家一切工作，让创新在全社会蔚然成风”①。深入学习领会习近平关于创新发展的重要论述，深刻理解和阐释创新发展理念的提出背景、形成过程、内涵要义，是当前一项非常重要和紧迫的理论工作，对于我们更加自觉地用五大发展理念武装头脑、更加有效地引领我国经济发展新常态，具有重要意义。

一、创新发展理念的提出背景

新中国成立后，我们党一直把创新特别是科技创新摆在重要的战略位置。党的十八大以来，面对世界新一轮科技革命和产业变革孕育兴起、我国发展进入新常态的国际国内形势，创新特别是科技创新又被赋予了新的时代含义。习近平指出：“坚持创新发展，是我们分析近代以来世界发展历程特别是总结我国改革开放成功实践得出的结论，是我们应对发展环境变化、增强发展动力、把握发展主动权，更好引领新常态的根本之策。”②

（一）创新发展是国内发展形势所迫

内因是矛盾变化的根据。提出创新发展理念，首先是国内发展形势所迫，是

---

* 本文作者：唐国军，中共中央文献研究室助理研究员。

① 《习近平关于科技创新论述摘编》，中央文献出版社2016年版，第9页。

② 《人民日报》2016年5月10日。

经济发展进入新常态的内在要求。经过30多年的改革开放，虽然我国经济总量已经跃居世界第二位，但面临的发展环境在2008年国际金融危机后发生深刻变化：海外贸易市场提供的外需快速下降；同时，国内发展不平衡、不协调、不可持续问题十分突出，资源环境压力大、产业层次低、核心竞争力不足、关键技术对外依存度高等问题亟待破解，经济发展已经进入增速换挡、结构调整、动力转换的新常态，处于跨越“中等收入陷阱”的关键时期。日、韩等经济体二战后成功跨越“中等收入陷阱”的国际经验表明，只有把创新打造成为新的发展动力源泉，实现发展方式的根本转变，提升我们在全球价值链上的地位，才能为我国创造一个新的更长的增长周期，从而把发展的主动权牢牢掌握在自己手里。习近平深刻指出：“实施创新驱动发展战略，是应对发展环境变化、把握发展自主权、提高核心竞争力的必然选择，是加快转变经济发展方式、破解经济发展深层次矛盾和问题的必然选择，是更好引领我国经济发展新常态、保持我国经济持续健康发展的必然选择。”①

（二）创新发展是世界发展大势所趋

当前，面对新一轮科技革命和产业变革大势，世界主要国家纷纷制定新的科技发展战略，抢占科技创新和产业变革制高点。对我国而言，正在孕育形成的新一轮科技革命和产业变革与我国加快转变经济发展方式形成了历史性交汇。我们既面临赶超跨越的历史机遇，也面临差距拉大的严峻挑战。习近平对此有着十分清醒的认识，反复强调我们必须增强紧迫感，及时确立发展战略，牢牢把握科技进步大方向、产业革命大趋势、集聚人才大举措，在新一轮全球科技竞争和产业变革中掌握战略主动。②

（三）创新发展是国家民族命运所系

回顾世界许多国家的现代化历程，可以清楚看到，一个国家和民族的创新能力，从根本上影响甚至决定着国家和民族的前途命运。英国崛起依靠的是18世纪以蒸汽机和动力机械技术为代表的科技和产业革命。德国崛起依靠的是19世纪中期以电机和内燃机为代表的电气化革命。美国如今的科技和经济领先地位，依靠的是其强大的科技创新、商业创新活力。历史和现实都表明，只有不断推进科技创新，不断解放和发展社会生产力，不断提高劳动生产率，才能克服经济社会发展的瓶颈和停滞状态。中国近代的历史命运，更是这一历史规律的深刻注脚。近代中国屡遭列强欺凌，科技水平和经济结构落后是一个重要原因。习近平深刻指出：“纵观人类发展历史，创新始终是推动一个国家、一个民族向前发展的重要

① 《人民日报》2016年6月1日。

② 《人民日报》2014年5月25日。

力量，也是推动整个人类社会向前发展的重要力量。"①"实施创新驱动发展战略决定着中华民族前途命运。"②

在精准把握国际国内形势的基础上，习近平反复强调通过实施创新驱动发展战略来抓住机遇、赶上时代进而引领时代的重要性和紧迫性。③ 他说："历史的机遇往往稍纵即逝，我们正面对着推进科技创新的重要历史机遇，机不可失，时不再来，必须紧紧抓住。"④

二、创新发展理念的提出和确立过程

以习近平首次将创新表述为发展理念、首次提出"创新是引领发展的第一动力"论断、党的十八届五中全会将创新确立为五大发展理念之首为标志，创新发展理念的形成和确立过程可分为以下三个阶段。

(一)从党的十八大提出"把握发展规律、创新发展理念、破解发展难题"到习近平首次将创新表述为发展理念

面对国内外发展环境的变化，党的十八大提出，要"着力把握发展规律、创新发展理念、破解发展难题"⑤。要创新发展理念，首先就要认清发展形势。党的十八大以来，习近平从不同角度阐述了我国发展形势的变化。他分析指出：发展环境方面，我国发展的重要战略机遇期在国际环境方面的内涵和条件发生了很大变化，我们面临的机遇，不再是简单纳入全球分工体系、扩大出口、加快投资的传统机遇，而是倒逼我们扩大内需、提高创新能力、促进经济发展方式转变的新机遇⑥；发展速度方面，我国经济已由较长时期的两位数增长进入个位数增长阶段，要突破自身发展瓶颈、解决深层次矛盾和问题，根本出路就在于创新，关键要靠科技力量⑦；发展动力方面，改革开放30多年来，我们更多依靠资源、资本、劳动力等要素投入支撑经济快速增长和规模扩张的要素条件，如今发生了很大变化，必须发挥科技创新的支撑引领作用，加快从要素驱动发展为主向创新驱动发展转

---

① 《习近平关于科技创新论述摘编》，第4页。这"两个重要力量"的观点后来体现在2015年3月《中共中央国务院关于深化体制机制改革加快实施创新驱动发展战略的若干意见》中。

② 《习近平关于科技创新论述摘编》，第25页。

③ 《习近平关于科技创新论述摘编》，第79页。

④ 《习近平关于科技创新论述摘编》，第28页。

⑤ 《十八大以来重要文献选编》上，中央文献出版社2014年版，第7页。

⑥ 《人民日报》2012年12月17日。

⑦ 《人民日报》2013年3月6日。

变①;发展质量方面,我国经济规模很大但依然大而不强,我国经济增速很快但依然快而不优②;发展模式方面,依靠投资驱动、规模扩张、出口导向的发展模式空间已越来越小,不能老是在产业链条的低端打拼,在“微笑曲线”的底端摸爬,不能总是停留在附加值最低的制造环节而占领不了附加值高的研发和销售这两端,这样不会有根本出路。要在国际上硬起腰杆,就要提升科技创新能力③。

在充分认识国际国内发展形势的基础上,习近平在2014年10月25日致2014浦江创新论坛的贺信中,首次将创新表述为发展理念。他指出:“科技引领发展,创新改变世界。”“本届论坛以‘协同创新共享机遇’为主题。希望会议传播创新发展理念、促进创新思想交流、搭建创新合作平台,为推进国际科技创新合作和人类文明进步作出积极贡献。”④后来他又进一步指出,世界经济发展到今天,上一轮科技和产业革命所提供的动能已经接近尾声,传统经济体制和发展模式的潜能趋于消退,“世界经济长远发展的动力源自创新”⑤。

（二）从新常态下“必须让创新成为驱动发展新引擎”到提出“创新是引领发展的第一动力”论断

2014年5月,在综合分析我国经济发展各方面趋势性变化的基础上,习近平做出了我国经济发展进入新常态的重大判断。⑥ 在同年12月召开的中央经济工作会议上,习近平进一步通过全面分析我国经济发展九个方面的趋势性变化,对经济发展新常态做了系统阐述。在谈到生产要素相对优势变化趋势时,习近平指出,过去劳动力成本低是最大优势,引进技术和管理就能迅速变成生产力。现在人口老龄化日趋发展,劳动年龄人口总量下降,农业富余劳动力减少,在许多领域我国科技创新与国际先进水平相比还有较大差距,能够拉动经济上水平的关键技术人家不给,这就使要素的规模驱动力减弱。随着要素质量不断提高,经济增长将更多依靠人力资本质量和技术进步,必须让创新成为驱动发展新引擎。⑦

新常态下,我国经济发展面临动力转换节点。未来的发展依靠什么动力做支撑?哪种动力应该成为推动发展的第一动力?对这个关键问题,习近平在2015年3月5日参加十二届全国人大三次会议上海代表团审议时做了明确回答,首次

---

① 《人民日报》2013年3月5日。
② 《人民日报》2014年6月10日。
③ 《习近平关于科技创新论述摘编》,第26页。
④ 《人民日报》2014年10月26日。
⑤ 《人民日报》2015年11月16日。
⑥ 《人民日报》2014年5月11日。
⑦ 《十八大以来重要文献选编》中,中央文献出版社2016年版,第241—244页。

提出了“创新是引领发展的第一动力”论断。他指出：“适应和引领我国经济发展新常态，关键是要依靠科技创新转换发展动力。”①此后他多次强调要加快形成“以创新为主要引领和支撑的经济体系和发展模式”②。

党的十八大以来，习近平用过“新动力”“关键支撑”“强大引领”“牛鼻子”“先手棋”“第一推动力”“新动源”“新引擎”“驱动力”“原动力”等一系列提法来阐释创新特别是科技创新对于发展的地位和作用。这些提法，为“创新是引领发展的第一动力”论断的提出做了充分的铺垫和注脚。“创新是引领发展的第一动力”，是习近平提出的具有创新性的重大战略论断，是对创新与发展关系的新认识。党的十八届五中全会进一步指出，必须把创新摆在国家发展全局的核心位置。“核心位置”为创新与发展关系确立了基本定位。

（三）从“把发展理念梳理好、讲清楚”到“创新发展理念”的确立

“十三五”时期，我国进入全面建成小康社会的决战决胜阶段。如何进一步推动发展，确保全面建成小康社会目标如期完成，是习近平思考的首要课题。2015年7月20日，习近平在中共中央政治局研究关于制定国民经济和社会发展第十三个五年规划的建议时，提出了“把发展理念梳理好、讲清楚”的问题。他指出，发展理念是发展行动的先导，是发展思路、发展方向、发展着力点的集中体现。要认真总结经验、深入分析问题，把发展理念梳理好、讲清楚，以发展理念转变引领发展方式转变，以发展方式转变推动发展质量和效益提升，为“十三五”时期我国经济社会发展指好道、领好航。③

2015年10月26日，党的十八届五中全会正式完整地提出了“创新、协调、绿色、开放、共享”五大发展理念。为什么要把创新确立为五大发展理念之一？习近平在党的十八届五中全会第二次全体会议上指出：“创新发展注重的是解决发展动力问题。我国创新能力不强，科技发展水平总体不高，科技对经济社会发展的支撑能力不足，科技对经济增长的贡献率远低于发达国家水平，这是我国这个经济大个头的‘阿喀琉斯之踵’。”④他后来进一步指出，把创新摆在第一位，是因为创新是引领发展的第一动力。发展动力决定发展速度、效能、可持续性，“抓住了创新，就抓住了牵动经济社会发展全局的‘牛鼻子’”⑤。

---

① 《人民日报》2015年3月6日。

② 《人民日报》2015年5月29日。

③ 《人民日报》2015年7月21日。

④ 《习近平关于科技创新论述摘编》，第8页。

⑤ 《人民日报》2016年1月19日。

三、创新发展理念的内涵要义

创新发展理念的内涵十分丰富。对此,习近平从多个方面做了许多重要论述,笔者将其概括和梳理为以下六个方面。

(一)创新在五大发展理念中居于核心地位

发展动力决定发展速度、效能、可持续性,而创新又是引领发展的第一动力,这就决定了创新在五大发展理念中居于特殊和重要的位置。习近平指出:"协调发展、绿色发展、开放发展、共享发展都有利于增强发展动力,但核心在创新。"① 作为牵动全局的"牛鼻子",创新对其他几大发展理念的落地有着很强的牵引和推动作用。对于推动协调发展而言,通过使创新成为新的发展基点,可以拓展发展新空间、创造发展新机遇、打造发展新引擎,推动新型工业化、信息化、城镇化、农业现代化同步发展,促进区域、城乡、经济和社会、物质文明和精神文明、经济建设和国防建设等协调发展。对于推动绿色发展而言,通过加强科学研究和技术创新,可以加深对生态恢复治理防护、生物多样性、全球变化和碳循环机理等的规律性认识,破解绿色发展难题,在绿色发展领域抢占先机,建设绿水青山的美丽中国。对于推动开放发展而言,在全球经济治理体系和规则面临重大调整的新形势下,通过抢占全球创新制高点,可以增强我们引领商品、资本、信息等全球流动的能力,增强我们参与全球经贸规则制定的实力和能力,推动形成对外开放新格局。对于推动共享发展而言,面对重大疾病防控、食品药品安全、人口老龄化、教育资源均等化、消除贫困等民生问题,通过科技创新和服务模式创新,可以推动建设低成本、广覆盖、高质量的公共服务体系,让全体人民更有获得感和尊严感。

(二)不断推进理论创新、制度创新、科技创新、文化创新等各方面创新

习近平强调,"创新是一个复杂的社会系统工程,涉及经济社会各个领域"②,必须"不断推进理论创新、制度创新、科技创新、文化创新等各方面创新"③。理论创新突破基本认识障碍,解放人们的思想,为释放创新活力提供思想理论支持,是社会进步的思想理论前提;制度创新突破制度藩篱,为创新活动提供制度支持,是社会进步的条件和保障;科技创新突破知识和技术限制,是撬动社会进步的工具和杠杆;文化创新突破价值导向障碍,为创新活动提供意义支持,是社会进步的精神动力。创新不仅在内容上是全面的,而且创新的不同方面之间也是相互影响

---

① 《习近平关于全面建成小康社会论述摘编》,中央文献出版社 2016 年版,第 60 页。

② 《人民日报》2016 年 5 月 10 日。

③ 《习近平关于科技创新论述摘编》,第 9 页。

的。某个方面的创新能够激发和引起其他方面的创新,某个方面制约创新的因素也可能影响甚至阻碍其他方面的创新。所以,必须强调创新的全面性、系统性,全面破除制约创新的各方面障碍,使各种创新要素互相配合、互相促进,这样才能使创新活力充分释放,形成推动社会全面发展进步的合力。

(三)必须把科技创新摆在国家发展全局的核心位置

习近平指出,创新是多方面的,但科技创新地位和作用十分显要:"在新一轮科技革命和产业变革大势中,科技创新作为提高社会生产力、提升国际竞争力、增强综合国力、保障国家安全的战略支撑,必须摆在国家发展全局的核心位置。"①从人类社会发展规律来看,科技创新是推动经济社会发展的重要杠杆和根本动力,"科学技术是第一生产力";从我国科技发展现状来看,虽然我国科技水平已步入以跟踪为主转向跟踪和并跑、领跑并存的阶段,但关键核心技术受制于人的局面尚未根本改变,我们同发达国家的差距还是主要体现在科技创新能力上。关键核心技术是国际政治、经济、军事竞争的"撒手锏"和"不二法门"。我们发展到现在这个阶段,西方发达国家已经对我们产生了很强的戒备心理,不仅从他们那里拿到关键核心技术不可能,就是想拿到一般的高技术也很难,这就决定了我们只有走自主创新道路。② 为此,习近平在十八届五中全会上专门就实施一批国家重大科技项目和在重大创新领域组建一批国家实验室做出部署。他还在不同场合从加强顶层设计、实施"非对称"赶超战略等方面,就走好中国特色自主创新道路、发展关键核心技术、抢占全球科技制高点提出了许多明确要求。

关于科技创新,习近平还特别强调要"把创新成果变成实实在在的产业活动"③。在经济结构转型升级的过程中,我们一方面要稳住阵脚,在化解过剩产能的同时坚持大力发展实体经济和先进制造业,避免产业空心化;另一方面又要紧跟大势,追赶西方发达国家产业创新与变革的步伐,避免差距拉大。因此,我们必须坚持产业化导向,加强行业共性基础技术研究,努力突破制约产业优化升级的关键核心技术,为转变经济发展方式和调整产业结构提供有力支撑。习近平还具体从网络信息、智能制造、资源能源、环境生态、生物科技、海洋科技等多个方面,分析把握世界产业变革新趋势,就发展产业新体系提出要求。

(四)最紧迫的是要破除体制机制障碍

针对制约我国创新发展的体制机制顽疾,习近平指出,实施创新驱动发展战

① 《习近平关于科技创新论述摘编》,第 30 页。

② 《习近平关于科技创新论述摘编》,第 50、51 页。

③ 《习近平关于科技创新论述摘编》,第 6 页。

略,“最紧迫的是要破除体制机制障碍,最大限度解放和激发科技作为第一生产力所蕴藏的巨大潜能”①。“一个是科技创新的轮子,一个是体制机制创新的轮子,两个轮子共同转动,才有利于推动经济发展方式根本转变。”②长期以来,尽管国家一直鼓励技术成果转化,但实际效果并不理想,症结就在于体制机制改革没有跟上。比如,高校和事业单位的技术类无形资产与一般国有资产实行相同的管理模式,处置审批程序非常烦琐;技术类无形资产价值评估程序烦琐且流于形式,大打折扣甚至不了了之,直接影响科技人员的收益回报;事业单位科技成果的转让收入必须上缴国库,科技人员的创新积极性因此没有得到有效的物质激励;等等。这些体制机制问题,制约着技术成果转化的时效性和科技人员的积极性,迫切需要解决。为此,习近平提出了推进科技体制改革“七个要着力”的要求,强调“要着力从科技体制改革和经济社会领域改革两个方面同步发力,改革国家科技创新战略规划和资源配置体制机制,完善政绩考核体系和激励政策,深化产学研合作,加快解决制约科技成果转移转化的关键问题”③。令人鼓舞的是,近一两年来,国家出台了一系列改革性文件④来解决制约创新发展尤其是技术成果转化的体制机制问题,改革的步伐正在加速推进。

(五)人才是创新的根基

创新活动根本上是人的创造性活动,人的创造力是实现创新发展的源头活水。习近平指出:“人才是创新的根基,创新驱动实质上是人才驱动,谁拥有一流的创新人才,谁就拥有了科技创新的优势和主导权。”⑤创新发展是一个系统性工程,需要方方面面的人才共同推动。科技创新位于国家发展全局的核心位置,就需要培养和使用大量科技人才;科技创新成果要转化为实实在在的产业,就需要大量的企业家人才推动;释放创新活力要破除体制机制障碍,就需要大量有改革创新精神的党政管理人才推动。没有人才优势,就不可能有创新优势、科技优势、产业优势。对此,习近平从如何培养创新人才、营造创新文化、调动各类人才积极

---

① 《习近平关于科技创新论述摘编》,第 16 页。

② 《习近平关于科技创新论述摘编》,第 65 页。“双轮驱动”的思想,后来写入 2016 年 5 月中共中央、国务院印发的《国家创新驱动发展战略纲要》中。

③ 《习近平关于科技创新论述摘编》,第 63 页。

④ 2015 年 3 月中共中央、国务院印发了《关于深化体制机制改革加快实施创新驱动发展战略的若干意见》,2015 年 9 月中共中央办公厅、国务院办公厅印发了《深化科技体制改革实施方案》,2016 年 4 月国务院办公厅印发了《促进科技成果转移转化行动方案》,2016 年 5 月中共中央、国务院印发了《国家创新驱动发展战略纲要》,2016 年 8 月教育部、科技部印发了《关于加强高等学校科技成果转移转化工作的若干意见》。

⑤ 《习近平关于科技创新论述摘编》,第 122 页。

性等方面提出了许多具体要求。

（六）要有强烈的创新自信

要将创新从理念变为现实，就必须在主观上树立起充分自信。习近平指出："要有强烈的创新自信。我们要引进和学习世界先进科技成果，更要走前人没有走过的路，努力在自主创新上大有作为。如果总是跟踪模仿，是没有出路的。"①"我们在世界尖端水平上一定要有自信，这也源于我们道路、理论、制度和文化的自信。"②我们中华民族在5000多年的文明发展进程中创造了许多闻名于世的科技成果，充分表明中华民族是一个有强大创新能力的民族。创新"是中华民族最深沉的民族禀赋"③。近代史上我们虽然落伍了，但是经过新中国成立以来的持续努力，我们在一些领域已接近或达到世界先进水平，某些领域正由"跟跑者"向"并行者""领跑者"转变。这充分证明，我们探索出来的中国特色自主创新道路是正确的。沿着这条道路，我们一定能不断实现新的跨越。不论是从历史、现实上看还是着眼未来，我们都完全有信心、有志气在创新方面取得卓越成就，为人类文明进步做出更多贡献。

四、创新发展理念提出的重要意义

创新发展理念的提出，体现了以习近平同志为核心的党中央高超的战略思维、历史思维和创新思维，具有重大的理论意义和现实意义。

（一）在破解如何进一步解放和发展生产力问题上丰富和发展了马克思主义经济理论

马克思主义认为，生产力在社会发展中具有基础性作用，"人们所到达的生产力的总和决定着社会状况"④。中国共产党人继承和发展了马克思主义关于生产力的观点，认为解放和发展生产力是社会主义的本质要求，是中国特色社会主义的根本任务。创新发展理念的提出，对如何在新的历史条件下解放和发展生产力这个中国特色社会主义的根本命题，做出了新的富有创造性的回答。传统发展理论认为，土地、劳动力、资本等要素对经济发展起主导作用，决定着经济增长的规模和速度。创新发展理念直指现代社会发展面临的需求无限性和能力有限性之间的矛盾，在承认土地、劳动力、资本等传统要素作用的同时，把创新置于推动发

① 《习近平关于科技创新论述摘编》，第39页。

② 《习近平关于科技创新论述摘编》，第45页。

③ 《习近平关于科技创新论述摘编》，第3页。

④ 《马克思恩格斯全集》第3卷，人民出版社1960年版，第33页。

展的首要位置,将知识积累、技术进步和劳动力素质提升作为推动经济增长的基本方式,这就突破了"发展极限论"等绝对化观点,突破了以供给或需求拉动增长的发展路径,为未来社会发展创造了无限的潜力和可能性。习近平指出:"物质资源必然越用越少,而科技和人才却会越用越多。"①创新发展理念的提出,与马克思关于"科学技术是生产力"、邓小平关于"科学技术是第一生产力"等理论观点一脉相承,创造性地运用和发展了马克思主义发展观,使我们党对创新与发展关系的认识、对如何进一步解放和发展生产力的认识取得了新的进展,深化和发展了马克思主义经济理论,为新形势下推动我国经济社会持续健康发展提供了重要理论支撑。

(二)为统筹推进"五位一体"总体布局和协调推进"四个全面"战略布局提供了根本动力保障

当前,我国已经进入全面建成小康社会决战决胜阶段,面对经济下行压力,发展的任务依然很重。要如期完成全面建成小康社会各项目标任务,就必须统筹推进"五位一体"总体布局和协调推进"四个全面"战略布局,将各项发展目标任务落到实处。创新是引领发展的第一动力,我们必须牢固树立创新发展理念,把创新贯穿到"五位一体"总体布局和"四个全面"战略布局各个方面,"让创新贯穿党和国家一切工作"。要发挥创新引领发展第一动力作用,以推动供给侧结构性改革为主线,"加快形成以创新为主要引领和支撑的经济体系和发展模式"②;要"坚持以实践基础上的理论创新推动制度创新"③,不断推进国家治理体系和治理能力现代化;要激发文化创新创造活力,不断推进社会主义文化强国建设;要通过创新推动社会建设,让人民生活更加美好;要以创新为动力推动生态文明建设,建设天蓝、地绿、水清的美丽中国。创新也是全面深化改革的题中应有之意,要用创新思维打破惯性思维,摒弃不合时宜的旧观念,以思想认识的新飞跃、体制机制的新创造、方式方法的新开拓打开各项改革事业新局面。"法与时转则治",新形势下推进全面依法治国,既要坚持过去行之有效的制度和规定,更要结合新的实际与时俱进、创新发展,废止不合时宜的法律规定,根据新的社会实际出台新的法律规定。新形势下推进全面从严治党,也要以理论创新与制度创新相结合为动力,不断用党的创新理论武装全党,用创新制度管全党、治全党,切实增强党在长期执政条件下自我净化、自我完善、自我革新、自我提高的能力。

① 《习近平关于科技创新论述摘编》,第3页。

② 《习近平关于科技创新论述摘编》,第8页。

③ 《人民日报》2016年4月21日。

（三）为我国在全球新一轮科技革命和产业变革大势中赢得主动提供了战略支撑

近代以后，我国在世界一轮又一轮的科技革命和产业变革大潮中发展落后的一个根本原因，就是没能抓住机遇，对世界大势缺乏足够清醒的战略认识和足够有效的战略应对。在面对世界发展大潮时，我们要么茫然无知，要么接触了、知道了却没能进行充分的战略回应，因此一次次错失机会，一再陷于被动。回顾历史，16、17 世纪第一次科技革命、18 世纪中后期第二次科技革命的时候，我们基本上是闭关锁国、夜郎自大、茫然无知的状态，直接导致与第一次工业革命无缘；19 世纪中后期第三次科技革命、19 世纪中后期到 20 世纪中叶第四次科技革命的时候，我们虽然接触到了、意识到了，也通过洋务运动等自强措施作了一定的战略应对，但因为处于半殖民地半封建的社会状态，最终没有能够抓住第二次工业革命的机会；到 20 世纪中后期第五次科技革命①的时候，我们的科技创新虽有亮点但整体发展缓慢，直到 1978 年改革开放后，从以邓小平“科学技术是第一生产力”重要思想为指导制定实施了一系列科技发展战略开始，经过长期艰苦不懈的努力，才有了今天的发展局面。当前，第六次科技革命和由此引发的第三次工业革命②正在孕育兴起，我国发展也正处在这几百年来的最好时期。在这个人类文明将要实现新的突破发展的关键时刻，我们提出创新发展理念和大力实施创新驱动发展战略，恰当其时地为我国在新一轮科技革命和产业变革大势中赢得主动提供了重要的战略支撑，充分显示了以习近平同志为核心的党中央的战略清醒和战略自觉，对于推动中华民族在伟大复兴的道路上大踏步前进、赶上世界潮流甚至引领世界潮流具有重大的战略意义。这也正是习近平反复强调“实施创新驱动发展战略决定着中华民族前途命运”的深意所在。

创新发展理念的提出，凝结着习近平对中华民族前途命运的战略思考，丰富和发展了马克思主义经济理论，为推动我国发展转入创新驱动轨道、在新一轮科

---

① 以伽利略、哥白尼、牛顿等为代表的科学家，在天文学、物理学等领域带来的第一次科技革命，标志着近代科学的诞生。以蒸汽机、纺织机的发明为代表的第二次科技革命，在英国引发了第一次工业革命。以内燃机、电机和电讯技术为代表的第三次科技革命，带动了钢铁、石化、汽车、飞机等行业的发展，引发了第二次工业革命。以进化论、相对论、量子论等为代表的第四次科技革命，以物理学为主体，扩展到天文学、遗传学、地球科学、计算机科学等领域。第五次科技革命以电子计算机的发明、信息网络为标志，表现为电子技术、计算机、半导体、自动化乃至信息网络的产生。参见白春礼：《世界正处在新科技革命前夜》，《光明日报》2013 年 1 月 21 日。

② ［美］杰里米・里夫金：《第三次工业革命：新经济模式如何改变世界》，张体伟、孙豫宁译，中信出版社 2012 年版，第 69—105 页。

技革命和产业变革大势中把握主动，提供了强有力的理论指引和战略支撑。我们要以习近平关于创新发展理念的重要论述为指导，深刻认识创新发展理念提出的时代背景、重大意义，准确把握创新发展理念的内涵要义，牢固树立创新意识、不断增强创新自信、着力提升创新能力，坚定不移地把创新发展理念落到实处，为统筹推进“五位一体”总体布局和协调推进“四个全面”战略布局，实现“两个一百年”奋斗目标和中华民族伟大复兴的中国梦提供根本动力保障。

（原载于《党的文献》2017 年第 2 期）

国家治理思想的创新发展研究*

自十八届三中全会首次将"国家治理体系和治理能力现代化"作为一个科学概念提出后,学术界和理论界对"国家治理"这一命题的探讨不断升温。习近平同志站在全面深化改革、发展和完善社会主义现代化建设的中转站,面对新形势、新任务,在对相应国情、党情、民情的深刻洞察与科学把握基础上,以全新的角度去思考国家治理问题,立足现实,继往开来,在国家治理上提出一系列的思想观点。

一、总体治理模式上的继承与创新

(一)国家治理理念的发展

1. 国家治理思想的根本基础——坚持党的领导:当代我国发展过程中最鲜明的特色是党领导进行改革开放。也就是说,我国国家治理是共产党领导人民共同进行的国家治理,作为国家治理这个极为基本的理论和实践问题的领导核心,中国共产党通过统筹各方、纵览全局的方式协调社会发展进步,虽然在这个过程中政党本身又会受到反作用,但是党的动力指引的地位和作用以及强大持久的领导力在这个任务根本完成之前是不会改变的。

习近平全面深化改革的总目标的确立,被称为"中国共产党以全新的视角思考国家治理问题的改革第二季"。他在具体阐述推进国家治理体系和治理能力现代化这一目标的时候强调,国家治理体系是在党的领导下的治理体系,执政能力的重点是提高党的执政能力,中国特色社会主义制度的核心就是党的领导,完善国家治理体系和治理能力、把握治理方向都要始终考虑这一根本保证。

而在全面深化改革的时代背景下,我们仍必须以"毫不动摇坚持中国共产党的领导"作为国家治理的根本保证,继续加强和改善党的领导,建设学习型、服务型、创新型的马克思主义执政党,提高党的执政能力,发挥党实现国家治理目标的领导力量,以不断取得改革的成功。

---

* 本文作者:信亚楠,宁波大学马克思主义学院。

2. 国家治理建设表达的基本形式——协商民主:国家治理的发展与完善离不开治理体制的良性运转,民主是国家发展的重要保证,国家的治理体系才能更加科学,才能更好地为社会主义服务。从政权或体制的出发点来看,目前党的领导依然是中国民主建设的关键。在深化改革的脚步中,民主的不断加强及其制度适应性已经成为初级阶段的一个重要表现,这也是习近平国家治理思想的现实根据。国家的各项政策的实施是必学建立在民主的基础上的,这样才能体现我们国家制度的优越性以及充分发挥广大人民群众的积极性。"协商民主贯穿于国家各项政策的始终,她既体现了党的领导,又充分发挥了各方面的积极力量;它既让人民的权益得到了保证,又落实了民主集中制这一原则。"这表明习近平同志认识到民主协商在国家管理过程中的重要性,这也是社会主义国家的本质要求。

因此要真正实现国家治理体系与治理能力的现代化,我们要继续构建程序合理、环节完整的协商民主体系,通过多元治理推进各层面代表力的养成建设,保证人民群众参与各层管理和治理制度建成,打破人民群众少参与、难表达的问题,推进国家治理视域下的社会主义民主政治发展。

(二)总体治理方略的继承创新

继承主要以摸着石头过河系统的体制决策带动的改革,习近平所倡导的改革是在原有基础上以人民更好生活、民族复兴为宏愿的全面改革。习近平同志曾指出,之所以改革是因为在建设中国特色社会主义过程中,我们遇到了一系列难题,这些难题也是我们必须及时解决的问题。这些问题不仅仅是出现在政治、经济、文化这几方面,还出现在生态文明、教育体制、党自身等方面,这是前所未有的,为此,我们制定出了一系列顶层设计。可以看出以国家治理体系和治理能力的完善与提升为目标,思考关于深化改革的顶层设计和整体谋划,正是习近平国家治理思想的基本思路。

我国的发展在改革开放以来获得了巨大的成就,但新的发展境遇中也出现了许多复杂的需重点解决的问题。因此在根本上打破传统管理体制、完善治理体系、构建新的治理机制,加强改革的顶层设计已经成为现实需求。因此在阐释十八届三中全会的精神时习近平同志就指出,我们的全面深化改革是在坚持党的领导,坚持社会主义这一国家制度的前提的基础上,由于改革涉及多个领域,对某一特定领域的改革往往会出现"牵一发而动全身"的效果,所以,在改革的过程中既要有前瞻性又要脚踏实地,在处理问题的过程中一定要做到统筹兼顾,密切处理好各个领域之间的内在关联。这种逐渐向社会本位回归的全面整体综合改革方略正是习近平国家治理思想突出和鲜明的特点。

二、制度治理方面的继承与创新

(一)国家治理政治基础的继承——关注制度重要性

治理国家的过程中,制度起着根本性、全局性和长远性的作用。我国国家治理转型与改革开放,正是因为开始重视更带有根本性、全局性和长期性的领导、组织制度问题。所以一定要认识到关注制度的重要性。

十八届三中全会以来,习近平同志就一直强调制度对国家治理的重要性。首先,必须明确关于怎样解释与贯彻全面深化改革的总目标,习近平同志发表了一系列重要讲话,实现制度现代化是推进国家治理现代化的实质这样一个基本思想贯穿其中。国家治理现代化的推进,就是要不断完善和发展中国特色社会主义制度,习近平同志指出:"从形成更加成熟更加定型的制度看,我国社会主义实践的前半程已经走过了,前半程我们的主要历史任务是建立社会主义基本制度,并在这个基础上进行改革,现在已经有了很好的基础。后半程,我们的主要历史任务是完善和发展中国特色社会主义制度,为党和国家事业发展、为人民幸福安康、为社会和谐稳定、为国家长治久安提供一整套更完备、更稳定、更管用的制度体系。"这是对我国关于制度改革和国家治理思想的创造性坚持与发展。

(二)制度建设层次新发展——制度执行力

社会主义制度是一个庞大的制度系统,由多种具体制度共同构成。政治制度、经济制度和文化制度之间相互作用、相互影响,存在密切的联系。因此要通过变革推动社会的整体进步,应着眼于制度的系统性建设。

十八届三中全会提出"推进国家治理体系和治理能力现代化"的全面改革目标,习近平同志认识到制度不好,治理就难以取得好的效果,制度没有执行力,再好的制度也是空谈,国家治理的制度体系和制度执行力两者是相辅相成的关系。因此他提出制度在治理国家时起根本性、全局性、长远性作用,但是如果治理能力达不到,再科学合理的制度也很难发挥它的实际作用。基于这一点,全面深化改革对党的执政能力提出重大挑战不能不说是一场攻坚战,从深层次上看这表明"制度执行力、治理能力已经成为影响我国社会主义制度优势充分发挥、党和国家事业顺利发展的重要因素。"因此围绕着中国特色社会主义的完善和发展形成的制度治理思想是习近平的创新飞跃,是社会主义制度优越性和制度执行力之间有机统一的理论升华。

三、依法治国思想的继承与创新

(一)法治核心的继承——重视依法治国基本方略

国家治理体系即制度体系要具备有效性、合法性,就需要遵循依法治国的原则。依法治国有利于治理权力的合法性,也有利于治理机制的合理性,依法治国是治理国家的基本方略。对此,我国始终坚持"有法可依,有法必依,执法必严,违法必究"十六字方针的国家治理思想,不断指出要"集中力量制定刑法、民法、诉讼法和其他必要的法律。"十八届三中全会的重要《决定》再次强调,"必须坚持依法治国、依法执政、依法行政共同推进",进一步揭示出习近平同志对依法治国思想的重视以及依法治国基本方略在全面深化改革新时期的深层意义。

(二)治理方式的创新发展——法治建设

十一届三中全会以来,我国多次强调加强民主和法制建设的重要性。在习近平同志看来,法治逐渐变成不同群体运用国家制度管理社会事务的基本方式,用法律推动和加强社会公平、促进法治国家建设,成为建设科学、民主、规范的治理方式与程序的重要手段,也是国家治理体系和治理能力现代化进程中不可或缺的关键点。正是这样,习近平同志执政之初就提出了"法治中国"的时代命题,在中共中央政治局第四次集体学习大会上,习近平同志首次明确提出党对政治工作领导方式的转变,也就是指导改革要学会凝聚各方共识、化解社会矛盾、保障社会和谐,学会运用法治思维和方式;并多次指出要开创依法治国新局面,就要坚持共同推进依法治国、依法执政,坚持法治国家、法治政府、法治社会一体化建设。

深化改革的背景下,贯彻落实科学发展观需要法治,全面建成小康社会需要法治,建设社会主义和谐社会、推进国家治理体系和治理能力的现代化都非常需要法治。十八届三中全会《决定》用专门篇章对依法治国的建设进行阐述,表明在更好建设社会主义法治国家上党中央的认识。习近平的法治思想更是让社会主义法治有了更加完整系统的建设与发展规划。

四、总结

习近平国家治理思想以全面深化改革这个总目标为基础,是对于新形势下治国理政方略、内政外交政策等的全面阐述,科学地回答了"怎样治理社会主义的全新社会"这一重大问题。习近平同志不仅在全面深化改革中坚持和发展了国家治理思想,又在科学回答一系列新的重大理论和实践问题的过程中,创造性的贯彻国家治理的新内涵。

参考文献:

[1]习近平:《在庆祝中国人民政治协商会议成立65周年大会上的讲话》,《人民日报》2014年9月22日。

[2]习近平:《改革已进入深水区顶层设计在逐渐落实》,《京华时报》2014年3月30日。

[3]习近平:《关于〈中共中央关于全面深化改革若干重大问题的决定〉的说明》,《求是》2014年第22期。

[4]中央文献研究室:《习近平关于全面深化改革论述摘编》,中央文献出版社,2014年。

[5]张峰:《习近平现代国家治理思想探析》,《特区实践与理论》2014年第3期。

[6]黄海涛、浦昆华:《习近平治国理念探析》,《学术探索》2014年第8期。

[7]吴传毅:《习近平治国理政的基本框架与核心思想》,《求索》2014年第9期。

[8]习近平:《在十八届中央纪委二次全会上发表重要讲话强调更加科学有效地防治腐败坚定不移把反腐倡廉建设引向深入》,《人民日报》2013年01月23日。

(原载于《法制与社会》2015年12月下)